# 探索者之路

## 张道才传

ZHANG DAO CAI

迟宇宙 著

红旗出版社

成功的花，

人们只惊羡她现时的明艳！

然而当初她的芽儿，

浸透了奋斗的泪泉，

洒遍了牺牲的血雨。

——冰心

永远的探索者——张道才

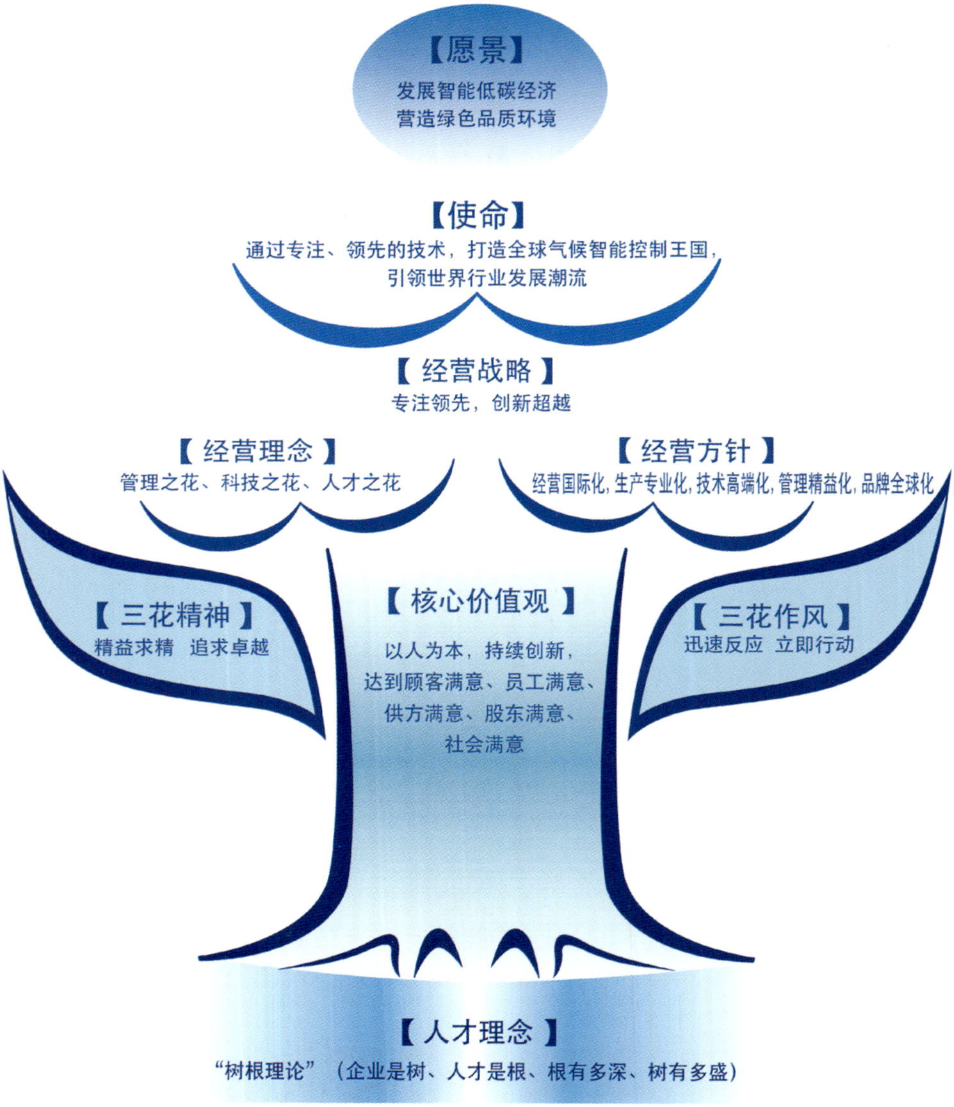
【愿景】
发展智能低碳经济
营造绿色品质环境
【使命】
通过专注、领先的技术，打造全球气候智能控制王国，
引领世界行业发展潮流
【 经营战略 】
专注领先，创新超越
【 经营理念 】
管理之花、科技之花、人才之花
【 经营方针 】
经营国际化，生产专业化，技术高端化，管理精益化，品牌全球化
【 三花精神 】
精益求精 追求卓越
【 核心价值观 】
以人为本，持续创新，
达到顾客满意、员工满意、
供方满意、股东满意、
社会满意
【 三花作风 】
迅速反应 立即行动
【 人才理念 】
"树根理论"（企业是树、人才是根、根有多深、树有多盛）

# ·目　录·



回顾历史，我们总会发现，历史会在偶然间为某些人辟开一条罅隙。罅隙初开的时候，有的人裹足不前，被罅隙后的黑暗所恫吓；有的人从罅隙中侧身而过，成为弄潮儿；有的人干脆将罅隙造成一条大路，直接创造了新的潮流。

## 第二部分 未来之痛 / 089

如果张道才能够早一点听到彼得·德鲁克的忠告，也许在三花第一次多元化扩张的时候，他会保持足够的克制。但历史不能假设，对于探索者来说，只有不断地去行走、探索，才能找到最适合的路径，张道才也不能例外。



## 第三部分 未来之路 / 161

美国诗人罗伯特·弗罗斯特的《未选择的路》，几乎可以用以描述张道才及三花在未来路径上的选择：我将轻轻叹息，叙述这一切/许多许多年以后/林子里有两条路，我——/选择了行人稀少的那一条/它改变了我的一生。

## 第四部分 敲开未来的门 / 231

从创立公司的第一天起，张道才就将人才作为公司的根本。他知道，拥有了人才就拥有了科技与管理，就拥有了未来。有些人拥有未来，在今天看来似乎命中注定，因为他们在混沌未开的时候，就清晰地看到了未来。



## 第五部分 未来已来 / 305

每一个未来其实都摆在我们面前，关键是谁睁开双眼提前看到。未来到来的时候，有的人看到的是表象，有的人看到的是假设，有的人看到的却是滚滚雷声下的巨潮。

·|序　一|·

# 从“底层”提升到“中间层”

郑永年

在《张道才传：探索者之路》出版之际，张道才先生邀我写一个短序，我欣然答应。这里有几个很好的理由。第一，我是数年前通过朋友在新加坡认识道才先生的。这些年，道才先生来往中国和新加坡两地，我们有很多次交流讨论。他比我年长，在和他的讨论中，我学到了很多。道才先生对中国经济发展方面有很多深刻的思考，拿出来和我分享，很受用。第二，前些年，道才先生送给我一本《张道才传：奠基者之路》，我好好拜读了。现在这一本可以说是前一本的继续。两本书读下来，加上这些年和道才先生的交流，我觉得自己对道才先生有了足够的了解。第三，我们都来自浙江，并且我们两人老家离得不远。2007年，我参加了浙江省政府组织的“浙江连线”，到浙江考察，走访了绍兴、宁波、台州和温州等地，拜访了很多企业家。考察完之后，我写了一篇题为《“浙江模式”值得深思》的文章，受到了各方面的关切。尽管那次没有机会去访问道才先生的企业三花，但那次考察还是比较全面的，对浙江的方方面面的发展有了深层次的理解。此后，我对浙江的发展超出了单纯的情感，而多了一层理性的思考。我觉得，如果没有道才先生这一批企业家的故事，那么就很难理解浙江所走过的历程，甚至很难理解中国所走过的历程。

去年刚刚纪念中国改革开放40周年，今年迎来了中华人民共和国成立70周年。在这个时候，出版这本传记，意义非凡。这些年来，“讲中国故事”很是流行，这是应该的，因为在改革开放之后短短的40年里，中国创造了世界经济奇迹。在改革开放之初，中国还是一个被邓小平称为“贫穷社会主义”的国家，现在已经成为世界上第二大经济体；即使从人均国民所得来说，也已经从20世纪80年代初的不到300美元提升到现在的将近一万美元了。更难能可贵的是，在过去的40年里，中国有7亿多人口摆脱了绝对贫困状态。脱贫的意义对像道才先生和我这样来自农村底层的人来说是有深切体会的。

所有这些都离不开财富的创造。一个社会的财富是如何创造出来的？道才先生经历了改革开放前后两个时代，从之前的“贫穷”转型到之后的“富裕”，这就是财富的创造过程。从这个角度来看，这些年我们所讲的很多故事还是过于抽象，很难让一般老百姓理解。改革开放以来中央政策的重要性怎么强调都不为过，因为正是政策的变化才是中国财富创造的前提。但同时，我们也应当意识到“谁来创造财富”的问题。从政策到财富的转变是一个很长的、很不容易的过程。我一直认为企业家是经济的主体，是财富创造的主体。没有企业家群体的崛起，是很难理解中国经济的崛起的。用比较学术一点的话来说，如果国家政策是经济结构，那么企业家就是这个结构内的行动主体。改革开放以来的经验也表明，两者如果能够有效结合，那么财富可以被有效地创造出来；如果结合不起来，或者结合不好，财富创造会困难重重。

因此，中国的成功故事除了讲国家的好政策之外，还要讲企业家的故事（当然还有其他行动主体的故事）。现在比较遗憾的是，这两边的故事都有，但是没有把两边的故事很好地结合起来。我在读道才先生的这两本传记时，就把道才先生的个人故事放到国家各个时期的政策和国际大环境的变化之下，收获就非常大，也很是感慨。

读了这两本传记也获得了另外一个更重要的理论收获，就是有关中国混合经济的。现在人们都称中国的经济为“混合经济”，但对到底什么是“混合经济”没有一个明确的说法。我自己通过将近20年的研究和思考，把这个“混合经济”模式称为“制内市场”，就是说，市场是存在于整个国家制度之内并且受制于这整套制度体系的（可见Yongnian Zheng and Yanjie Huang, Market in State: The Political Economy of Domination in China, Cambridge and New York: Cambridge University Press, 2018）。在2000多年的历史中，除了少数几个较短的时期（王莽改革、王安石改革、朱元璋时期等），中国都是三层资本共存、三层市场共存，即顶层的国有资本、底层的民间资本和国有资本与民间资本互动的“中间层”共存。当这三层资本和三层市场处于均衡状态的时候，经济发展就好；反之，就会出现这样那样的问题，甚至是经济秩序的混乱。这是我的理论思考，但为什么要在这里提出这一点？这是读这两本道才先生传记的反思。道才先生的企业三花从我的理论中的“底层”提升到“中间层”，这本身是一件了不起的事情，因为大量的企业要么始终停滞在“底层”，要么就消失了。只有到了这个“中间层”，企业和国家的关系，和国际市场的关系都会发生重大的变化。在惊叹于道才先生处理这些关系的能力的同时，我更多地在思考，如何确立这三层资本、三层市场的边界和它们之间的关系呢？在很多人抱怨“国进民退”的今天，这个问题的重要性凸显出来。我个人也觉得，对这个问题的认真回答也是对国家经济未来的一份责任。

这些是我读道才先生传记的一些重要感悟。是为序。

2019年8月23日 于新加坡

·|序　二|·

# 初心与境界

吴晓波

三花，一个好听又带来美丽遐想的柔美名字，却是一家刚硬的制造企业！这是我11年前第一次走入地处新昌小城的三花集团时首先冒出来的“一激灵”。当时应邀带领我的团队去三花集团给高管们作战略管理系列培训，我还做了一场主题为“企业战略管理：赢得竞争优势”的讲座。时值三花集团从“成本领先”转向“技术领先”的战略转折期，张道才、张亚波父子同心，决心坚定；而公司内部却弥漫着不安和迷惘。作为旁观者的“学者”，在努力相助中亦难免感觉到一丝担忧。然而，十年过去，事实胜于雄辩，我由衷地为道才先生的战略眼光和企业家胆略，为少壮亚波的“创二代”大器早成感到欣慰。应邀作序，在抢先通读了书稿后，更是感到兴奋！

改革开放40年，浙江的经济社会发展走出了一条独特的工业化道路。

它与许多国家和地区从中心城市发展工业化的模式不同，浙江的模式是从广袤的乡村，从没有资源、没有管理、没有技术、没有人才的环境中，通过企业家的胆略和超凡的创新创业精神，抓住了市场化改革的重大机遇，从无到有地拼搏成长起来的。张道才先生所创领的三花集团的成长历程无疑就是一个典型的范例。正是意识到没有管理、没有技术、没有人才之痛，道才先生才下定决心从这三个方面入手，推动企业的发展，立志打造管理之花、技术之花和人才之花，通过管理、技术、人才的“三花”来建立自己的竞争优势。通过“专注领先”的35年发展，三花集团已经成为享誉海内外的“全球制冷空调控制部件王国”。

在多年深入研究企业，尤其是在与民营企业家诸如任正非、李书福、王水福、徐冠巨等人的交谈中，我明显地感受到几对看似矛盾的关键词：战略定力与战略变革；坚定而执着的方向与主动创新求变；多打“粮食”与强烈的社会责任感。而正是这些“似是而非”的“自相矛盾”，铸就了这些第一代领袖型企业家的独特人格和企业智慧。在道才先生身上，我们可以明显地感受到这些“只能意会，难以言传”的品质。而本书经迟宇宙先生之手，生动地通过一个个成功乃至“失败”的实例，让我们得以更加清晰地看到企业家的卓越品质和过人之处。

为什么在同样的“好环境”和“坏环境”中，许多企业在“好”的时候好不起来，在“坏”的时候有的却脱颖而出？这不是经济学家们用“经济周期律”和“三驾马车”的指标所能测度的，也不是众多“精神胜利法”信奉者“鼓舞士气”所能达成的。这是企业家们站在“科学与艺术的交叉口”，用自己创造性的领导力带领众人创造性奋斗的结果。

对张道才先生这样的企业家，我觉得让人特别钦佩的主要有下列三个方面。

第一，初心与境界。

他们总是从非常朴素的初心出发，总是能够看到更高的境界。道才先生最朴素的初心就是那么简单：“专注领先”。认真做事，追求领先，这就是三花的战略定力之基石。但是，他在初心之上所看到的境界却是创新超越——超越众多普通企业的独特模式：专注领先三花路，创新超越三花梦。它凝聚并引领了“国王班底”“五虎将”“闯业者”们齐心聚力走向一个又一个胜利，它引领了三花集团“从优秀走向卓越”的心智模式。

第二，本土与全球。

他们总是脚踏实地，又胸怀全球。在三花的实践中可以看到，当销售和制造设计部门津津乐道于本土市场的成功时，道才先生却看向了全球在大家脚踏实地登上此山时，他又早早地“望着那山高”，提出了全球视野中的更高目标；当人们苦于本土管理、技术、人才的短缺时，他已经将世界的管理、技术、人才之“三花”纳入了自己的囊中；而当人们对发达国家的“三花”顶礼膜拜时，他却又把人们拉回来扎扎实实地做好本土的事，养好本土的“三花”。

第三，学习与创新。

中国制造的起步无外乎从引进管理、技术、人才，从引进的“三花”起步，学习是必须的！而道才先生这样的企业家却不会止步于“学习”。他们总是在学习的同时，早早地动脑筋致力于创新。用我的理论来说就是“二次创新”，虽然起步时没有能力做原始创新，但是以国人的勤奋和智慧，“二次创新”却是可以大有作为的。从空调中的这个“阀”到那个“阀”，当人们津津乐道于在赢得成本优势的小圈圈里打转，心甘情愿地做好二级供应商时，他却能力排众议地跳出圈子，要求人们“忘却式学习”，扬弃之前的成本优势，去冒险追寻“下一条曲线”中具有更大空间和未来的新能源汽车热管理系统的控制部件和组件产品。正是这群企业家的“认真学习，而不为学习所屈服”的创新精神，才引领了中国制造从跟随到紧跟，再到并跑直至领跑的超越追赶之路。

我一直信奉“来自竞争的繁荣”。正是这样一群从竞争中走出来的优秀企业家，才在平凡的事业中作出了不平凡的贡献，在改革自己命运的同时，也在改变着一个民族和国家的命运！正是有了他们，我们才有了在百年未有之大变局中实现中国梦的坚实基础！

这是一本流畅而内容丰富多彩的传记书，它叙述的不只是一个企业家的故事，更是有智、有仁的领头人带着一群有志者奋斗前行的“群英谱”，是一部给人以心智启发和管理艺术启迪的好书。希望人们能够从中读到快乐，更读到一种境界。

2019年8月25日于浙江大学求是园

·|自 序|·

# 三花为什么

张道才

2014年，我的第一本传记《张道才传：奠基者之路》出版。当时恰逢三花创业30周年，这本传记作为企业庆典的重要文化成果，叙述了我从出生、成长、创业，一直到2014年的奋斗全过程，以及取得的实际业绩。也是在那一年，我总结三花创业30年的经验，将之概括为“专注领先”四个字；展望未来30年蓝图，又提出“创新超越”四个字，要求企业未来30年的发展要超越过去的30年。联起来就是“专注领先三花路，创新超越三花梦”。这是我对三花过去和未来的思考和总结，也是第一本传记在最后提出的精神基调。

第一本传记出版后，很多朋友跟我讲，这本书对我的创业过程作了比较完整的记录，是很好的企业历史读本。同时他们觉得，还可以更深入挖掘：对创业过程中的重要故事、经典案例，以及其中思想性、精神性、灵魂性的内涵，展开比较深的阐述。因此，他们纷纷建议出第二本传记。但是，了解我的朋友都知道，我并不是喜欢张扬的人，觉得有一本传记就够了，最重要的还是把自己的企业做好，所以一开始对写第二本传记并不是很感兴趣。

但随着三花全球化的快速发展，企业战略思想、经营理念、管理逻辑和文化基因的沉淀与挖掘，出版第二本传记显得越来越重要。正如一位老朋友告诫我的，“你要考虑为企业留下点什么，这样一本新传记，不是宣传，而是留给企业的宝贵财富”。所以我才开始更深入地思考和总结创业以来的重要节点与重点案例，包括对所经历的成功与挫折的复盘，并将之以新传记的形式表达。另一位老朋友引荐了著名财经作家和独立媒体人迟宇宙先生为我作传，我和迟老师的团队作了长达半年多坦诚深入的交流，迟老师团队对我的儿子张亚波、张少波，以及我在公司内的重要助手，还有三花创业以来各个阶段、各个方面，包括公司内外的代表人物，也作了大量的访谈，最后就形成了这本新传记。

在35年的创业奋斗中，三花为什么能从一家弱小的“经营无产品，管理无人才，生产无设备”的乡镇小厂，成长为全球制冷空调控制部件行业的领军企业，并在全球新能源汽车热管理领域抢得战略先发优势，布局初见成效，打开了“再造一个新三花”的希望大门?

在新中国40年来的改革开放历程中，有很多比三花更早起步、拥有更多优势、跑在前列的企业，为什么在市场经济一轮又一轮的竞争大潮中败下阵来，风光不再?而三花为什么能够从小到大、从弱到强、从追赶模仿到原创引领、从浙江山区小县城到全球产业大舞台，始终保持旺盛发展的势头，道路越走越宽阔，目标越来越清晰，事业越来越发展?

简单概括起来，这就是一个“三花为什么”的问题：三花为什么能始终抓住未来机遇，并有效实现未来梦想?

这个问题，是这本传记要触碰、挖掘、阐述的核心问题，也是我一直在思考、比较、总结的核心问题。对这个核心问题，我有以下的思考和总结。

第一个思考，是企业发展的方向问题。

企业发展，一定要找到适合自己的产业方向和产品定位，这就是企业的战略。只有战略方向正确，后续的投资和投入才会发挥作用，否则就都是浪费，既是企业资源的浪费，也是社会资源的浪费。

因此，企业家的首要责任就是对企业发展方向作出正确的战略判断。三花在创业基础期首先明确产品定位，从“马路饭店”厨房冰箱的简单零部件做起，再逐渐延伸到家用冰箱、制冷空调、汽车空调以及新能源汽车热管理的控制部件和组件领域；从机械部件，向电子控制集成的部件、模块和系统技术解决方案发展，核心都是在每一个不同的时点，抓住了市场空间大、附加值高又适合自己的产品与技术开发定位。

应当说，在企业发展方向的战略判断上，三花不是没有走过弯路，比如在特定阶段对多元化发展的追求。但我们作了尝试、走了弯路后，很快就调整回来了。这也给了我们一个深刻的体会，就是企业一定要走专业化经营的道路。所以，企业家要作出正确的战略判断，就要深刻理解所处市场的发展趋势，而这就需要高度的专注和敏感，以及强烈的危机意识和风险控制意识。比如我，对于专业以外的事情就不是那么感兴趣，但是对于专业以内的信息，比如市场需求和新技术的变化，就高度敏感、高度关注、高度警觉。当前，中国的人口红利、城镇化、低成本优势等已经到了一个拐点，包括家电、汽车在内的很多市场需求也到了一个拐点，产能过剩，竞争激烈。国际宏观形势也发生了深刻变化：世界环境与资源危机日益严重，绿色低碳科技和智能化的物联网革命正在兴起，全球贸易争端频发，保护主义抬头。在这一形势下，新的市场需求在哪里？产品和技术要怎样提前布局？全球产业链分工要怎样重新调整？这些都是要提前思考、深入思考的问题。早在十多年前，我就深感经济发展带来的环境污染问题必定要解决，低成本、低品质的粗放发展模式也必将难以为继。所以在宏观思维上，我结合行业特点与自身实际，早早地把节能低碳、智能化控制作为产品开发定位和企业发展愿景，加快推进技术创新、新产业培育和全球化经营，在制冷空调主业持续升级的同时，提出和确立了新能源汽车热管理系统核心控制部件与组件的开发定位，为今天的竞争赢得了主动，现在又提出高质量发展的战略目标。只有不断研究和预判市场变化，才能与时俱进，对企业发展方向作出正确的战略判断。在这个意义上，所有的企业家都是探索者，在探索中判断方向、把握未来。

第二个思考，是企业发展的灵魂问题。对于三花来讲，就是管理、科技、人才。

在战略方向确定之后，三花通过管理、科技、人才三要素的组织实施和不断升级，确保战略落实到位。在不同的发展阶段，管理、科技、人才的具体内涵和重点也各有不同，关键就是要符合企业实际，确保战略目标实现。

比如，三花创业早期将重点放在管理素质提升上，狠抓基础管理和产品质量提高十年不动摇，以“成本领先”取得全球市场竞争优势。2007年并购兰柯四通阀业务后，我分析竞争重点的变化，提出从“成本领先”向“技术领先”战略升级。2010年建立三花中央研究院，在全球范围内引进行业顶尖的研发领军人才，培养年轻优秀的研发团队。2012年起加快全球行业并购和制造布局，着力引进全球化经营人才，加强相关团队建设。

当前，中国经济已经进入向高质量发展升级的阶段。我理解的高质量发展，是包含了技术、装备、管理、制度、文化等要素全面发展的概念，而其中最关键的还是人。只有人的高质量发展，才能推动所有要素的高质量发展，因此要把人的进步放在第一位。在三花内部，我提出“搭好发展平台，建好激励机制，营造好创新文化”的战略性课题，研究怎样将这三个点更好地结合运用，使三花能够成为世界行业内优秀人才共同创业发展的良好事业平台。与此同时，人的生命总归是有限的，而企业的生命可以无限，关键就在于做好传承，包括管理、战略和文化的传承。对我来说，创业至今，相比三花企业和产品发展成果而言，我最看重的是培养造就了一批优秀的经营管理人才，顺利实现了从“创业一代”向“创业二代”的传承。以张亚波为核心的新一代经营团队，完全能够驾驭和担当三花全球化经营与发展的重任，实现三花更加宏伟的战略发展蓝图。我对三花的未来充满信心和希望。

第三个思考，是企业发展的社会责任问题。

我们这一代人，可以说是跨度最大的一代人。40年来的改革开放，彻底改变了中国的面貌，也改变了我们每一个人的命运。从新昌最穷的山沟沟里走出来，我最明白贫穷的滋味，也特别能够理解在贫困环境中想通过奋斗改变命运的人们的心情。饮水思源，我们能够创业、奋斗、发展，都是因为党和政府坚定不移推进改革开放，尊重企业家精神，发挥企业家作用，为我们的个人成长和企业发展创造了前所未有的良好环境。因此，企业做到一定程度后，主动承担社会责任，去帮助更多的人成长和发展，先富带动后富，最终实现共同富裕，这就是企业家应有的理想和情怀。

我对企业社会责任的理解，首先就是要把企业经营好，依法经营，诚信为本，照章纳税，这是底线；其次要通过科技创新，创造更多更好的节能、智能的产品和技术，为社会的节能减排作贡献，在国际产业竞争中能够代表中国发出自己的声音；同时要创造更高质量、更多数量的就业岗位，提供更多培训教育的机会，帮助员工成长，使员工适应更多更好岗位的需求，能够在三花这个平台上实现自身价值。这样的社会责任和履责方式，是企业与社会、企业与员工可持续的多赢之道。此外，对力所能及的社会公益和慈善事业，比如在教育、文化、扶贫、养老等领域，企业也要适当参与、有所作为。企业家在将企业发展到一定规模以后，所追求的已经不再是个人财富的积累，而是为国家、为社会作贡献创价值，所追求的也是政府、社会对自己的评价。人这一生，真正的价值不是自己挣了多少，而是为社会贡献了多少、留下了什么。所以，能够有机会、有能力多作贡献，就要多作贡献。这是对时代的回馈，也是企业家责无旁贷的义务。

再回到“三花为什么”的核心问题。当今时代，变化是最突出的主题，我们正面临世界范围内的百年未有之大变局。作为在市场大潮中生存发展的企业，唯有不断探索，努力预判市场的未来，不断打好自己的坚实基础，才能减少变局对自己的冲击，抓住变化产生的机会，顺应时代潮流，迎来新的发展周期。

我们都在路上，我们都是探索者。

是为序。

2019年8月26日 于杭州

·丨引 言丨·

# 你好，未来

未来都是在偶然中遇到的。

它就像一个触点，幸运者灵光乍现，敲开了通往未来的大门。

不同的是，这些幸运者早有准备，而那些同样有机会触碰触点的人，却在懵懂当中与未来擦肩而过。某种意义上，这些幸运者应该被定义为探索者。他们执着于探索未来，才有机会遇见未来。

从来就没有唾手可得的未来，未来潮流来自探索者多年的积淀、永不停歇的探索、持之以恒的奔跑，以及，那么一丁点儿好运气。

张道才就是这样的探索者。

## 中国民企的首次尝试

2010年1月初，来自浙江的三花控股集团董事局主席张道才带着一个考察团去以色列访问。他们的目的是与ICG（以色列绿色控股公司）签约。ICG的母公司是以色列最大的工业公司IC（以色列控股公司）。

ICG拥有以色列最大的海水淡化公司，还投资了一家叫Better Place的电动智能充电装置公司，并且刚刚在中国与奇瑞成立了一家发展电动汽车的合资公司。

在此之前，张道才的长子张亚波已经对ICG进行了考察与谈判。在ICG的未来项目中，张亚波最为看好碟式太阳能聚光光热项目。他成功地向张道才推荐了这一项目，促成后者决定投资ICG的光热项目公司——以色列太阳焦点（HelioFocus）。

在与IC董事长伊丹·奥菲尔（Idan Ofer）经过多轮艰难谈判之后，张道才所执掌的三花集团以1050万美元投入，获得了以色列太阳焦点30%的股权和第二大股东地位，以及碟式太阳能聚光光热技术在中国市场的独家经营权和全球优先制造权。

张道才与张亚波讨论投资考察项目

张道才在特拉维夫与伊丹·奥菲尔签署了合约，后者在两年后成为以色列首富。在签署合约的时候，张道才并不知道，三花对以色列太阳焦点的投资，是中国民营企业对以色列直接投资的首个案例。以色列将之当作一个象征，总统西蒙·佩雷斯接见了张的团队，并且将原定20分钟的会面延长至1个小时。

佩雷斯告诉张道才："现在全球能源主要来源于石油、煤，挖一年总是少一年，再过几百年挖空了怎么办？但是太阳能光热是用不完的。所以，你们这笔投资具有战略性远见，也说明了你是具有战略眼光的企业家。"

那一年张道才61岁。时间已经开始给予他强烈的压迫感。从2005年起他就已经意识到，三花所从事的传统制造业务尽管已经在全球市场上拥有了绝对的领导权，但四通阀与汽车空调膨胀阀已经进入了"红海时代"，竞争越来越激烈，利润率越来越低。

他迫切需要为三花找到一条通往未来的路。

碟式太阳能聚光光热项目是张道才目之所及最好的出路。可是在那一刻，他突然意识到，有一条更好的通往未来的道路就在他的身侧。

## 一个新鲜的事物

在ICG总部，张道才看到了一辆漂亮的电动小跑车。那是一位ICG高管的新宠。他感到好奇。对方告诉他，那辆跑车叫Roadster，出自美国特斯拉公司之手。这款车从2008年2月开始交付，车主名单包括谷歌的拉里·佩奇与谢尔盖·布林，以及eBay的杰夫·斯科尔等人。2008年10月，第一批量产的Roadster下线并开始交付。

尽管Roadster并不完美，甚至问题频出，但它是一个新鲜的事物。在谷歌创始人拉里·佩奇与谢尔盖·布林看来，它就是未来。2008年金融危机爆发之后，因为Roadster研发成本过高，特斯拉曾濒临破产，但人们愿意相信未来，他们为特斯拉孤注一掷。

那是张道才第一次听说特斯拉，也是他第一次见到一辆续航里程可以达到300千米的电动汽车。

他被深深触动了。这和他心中一直在寻找的三花主业的未来产生了奇妙的撞击；他一直在探索的三花新产业的战略布局，在这里邂逅了某种现实的可能。

在35年的创业史当中，他有过几次这样的时刻：一次是遇到了四通阀、汽车空调膨胀阀产品；一次是20世纪80年代末第一次出国看到了丹佛斯的现代化生产工厂；还有就是这次。

这样的震撼时刻，让他有着熟悉的惊喜；也使他在彼时彼刻，敲开了未来的大门。

## 另一个世界的人

在以色列遇见Roadster之前，张道才从未听说过马斯克——那是另一个世界的人，一个互联网世界里的人，是硅谷创业家和冒险家的典范，也是一个典型的“塑造我们的生活，从挣钱的途径到花钱的方式”的人。

特斯拉董事长埃隆·马斯克，既被塑造为时代英雄，又饱尝争议。某种意义上，他就是电影《钢铁侠》中小罗伯特·唐尼饰演的斯塔克，后者聪明、傲慢、刚愎自用、激情四溢。

马斯克习惯于以工程师的眼睛看这个世界。

在上大学前，他一直在问自己：“我一直有种存在的危机感，很想找出生命的意义何在、万物存在的目的是什么。”

而上大学的时候，他最常思考的问题是——这个世界面临的真正问题是什么？哪些会影响到人类的未来？他看好互联网、可持续能源和太空探索。后来他如愿进入了这三个领域，并依次扔下PayPal（贝宝）、Tesla Motors（特斯拉）和SpaceX三个重磅炸弹。

马斯克的创业故事，经由互联网的渲染，已经变得人尽皆知。

1995年，24岁的马斯克进入斯坦福大学攻读材料科学和应用物理硕士学位。但在入学后的第二天，他便决定辍学创业。

他的第一个创业项目叫“Zip2”，第二个创业项目叫“X.com”，都获得了巨大成功。2002年6月，马斯克成立太空探索技术公司（SpaceX），出任首席执行官（CEO）兼首席技术官（CTO）。他开始研究如何降低火箭发射成本，并计划在未来实现火星移民，打造人类真正的太空文明。

2004年，马斯克向马丁·艾伯哈德（Martin Eberhard）创立的特斯拉投资630万美元，并出任该公司董事长。特斯拉公司是一家制造高端电动跑车的公司，马斯克对它的投资显然是基于对电动汽车的热爱以及对这个市场的看好。

互联网、可持续能源和太空探索这三个理想已经实现。那一年马斯克34岁，创业10年。看起来，他的“钢铁侠”时代才刚刚开始。

2008年爆发的金融危机几乎摧毁了马斯克。他的SpaceX公司三次火箭发射都失败了，数千万美元的投入化成爆炸后的大火球；特斯拉计划推出的跑车Roadster也因研发成本过高，几乎将公司拖垮。但马斯克熬过了美国金融史上最寒冷的冬天。

2010年6月，夏天到来。特斯拉在美国纳斯达克上市。这是自1956年福特IPO以来第一家上市的美国汽车制造商，也是有史以来第一家在美国上市的纯电动汽车制造商。就在特斯拉上市前几天，《纽约时报》还曝光说马斯克濒临破产。

特斯拉上市后，马斯克满血复活。他所经历的那些劫难最终变成了可供炫耀的谈资——

“2003 年，为了证明电动汽车的潜力，我创立特斯拉公司。以往很多人都认为，电动汽车速度太慢、跑不远，外形又丑，跟高尔夫球车没两样。”

“为了改变人们的印象，我们开发出了特斯拉Roadster，一款速度快、跑得远、造型拉风的电动跑车。”

## 选择新能源汽车

时间几乎巧合在了从2008年到2010年的两年多里。在没有任何交集的空间里，张道才与马斯克各自以不同的方式苦撑寒冬、寻找未来。

他们有一种相似的东西，使他们对模糊而不确定的前景具有极大的忍耐力。他们都是工作狂，严于律己，也严于律人，对自己所热衷的事物有着近乎走火入魔的痴迷。

在浙江新昌，张道才意识到三花集团必须找到新的突破口。他提出了一个口号——从“成本领先”到“技术领先”；除此之外，他还想在关乎未来的某个领域打开一个缺口，使劲地凿进去。

这是张的习惯性动作。在中国的民营企业家当中，他不是最有名望的一个，也不是拥有财富最多的一个，但他却是一个能够在自己创建的企业里将战略与战术完美结合的一个。

他将战略称为“产业发展方向”，将战术称为“科技创新、管理进步升级的灵魂”。他的战术灵魂与公司的名称相同——“三花”：管理之花、科技之花、人才之花。每次遇见未来的时候，他总能让“三花”绽放起来。

这一次的未来，他选择了新能源汽车。

2008年夏天，张道才在杭州拜访了万向集团的鲁冠球。鲁是中国民营企业家的“常青树”，是中国改革开放的“活化石”，是浙商最杰出的代表之一。他是张道才的老友，更是事业上的兄长。

张道才与鲁冠球长期交好，每年都会有一两次单独的交流。这一次他们畅谈了好几个钟头。他们一致认为，代表绿色、低碳、环保的电动汽车一定会在未来的某个时刻深刻地影响中国。他们决定向这个领域突破，扎下根去，长出一片未来。

张道才说，电动汽车无非就是电机、电控、电池和外壳。万向家大业大、实力雄厚，在鲁冠球的汽车梦中，电动汽车的核心就是这“三电”，而万向首先要解决电池这个技术难题。

“老鲁介绍说，当时万向已经在锂电池研发上投资了几十个亿，包括对美国一家汽车电池企业的并购。”张道才这样回忆。而三花专注和擅长的领域就是“冷与热的转换”，所以只能围绕着新能源汽车的“热管理”做文章。张道才说，汽车总少不了空调和冷热控制管理，传统汽车空调是单冷空调，制热则用发动机余热来提供；而新能源汽车没有发动机，空调系统就需要热泵才行。再加上汽车电池在长期运行中会发热，影响性能和寿命，并直接影响电动汽车的行驶里程，更加需要良好的散热管理。同时新能源汽车靠电池直接启动电机，高速运转带动车轮来驱动汽车，而电机运转会发热，需要及时快速散热。此外，电动汽车大量采用智能化控制元器件，高速运算通讯所产生的电子器件发热问题，同样需要快速散热。所以，新能源汽车的热管理要求远大于传统汽车，热管理就是三花汽车零部件产业转型升级的未来。

张道才的想法很简单——无论你是什么汽车，也不管你是什么技术路线，电动也好，混动也好，氢燃料电池也好，总少不了空调和热管理；提前为未来设计好汽车空调和热管理的控制部件与组件，就一定能抓住汽车行业的未来。这是一种特殊的企业家能力，“在一定条件下能把似乎平常的事物转变成异常的事物”。

自1984年正式创建自己的公司以来，张道才已经形成了一个习惯——先想，想明白了再看，看明白了果断下手。所有的企业家都是赌徒，张是老成持重的那个。

马斯克不同，他简直称得上偏好孤注一掷的赌棍。2011年的时候，马斯克对外坦言，将所有的未来赌在火箭和电动汽车上很冒险。“不过这么投入，才是最大的冒险，因为成功的希望为零。”

2008年之前，SpaceX公司三次火箭发射失败。“所以一开始真的很困难，火箭发射连续失败了三次，非常煎熬，”马斯克回忆说，“但我们从每次失败中学习，终于在2008年第四次发射成功，让猎鹰一号进入地球轨道，那时我已经用光了所有资金，幸好成功了。”

他赌赢了。

平行线上的两个人终于在2010年开始汇集。而将他们牵引交集的，正是那辆身处以色列的Roadster。

碰巧发现的那辆Roadster，进一步坚定了张道才拓展新能源汽车热管理业务的决心。恰在这一时期，美国一家“未来公司A”（**因商业保密协议需要，该公司化名为“未来公司A”**）也碰巧遇到了三花。

2011年，三花终于与“未来公司A”搭上了线。在美国汽车工程学会的一个会议上，三花的几位科学家与“未来公司A”的热管理系统专家进行了接触。他们向“未来公司A”的同行介绍还在研发中的新产品——车用电子膨胀阀，后者邀请他们到“未来公司A”总部进行产品和技术介绍。

“未来公司A”对三花的考察持续了两年多时间。2014年初，“未来公司A”给三花下了一个批量订单。三花从此成为“未来公司A”的供应商。

在全球范围内，当特斯拉的Model X成为市场宠儿之后，整个电动汽车市场被带动了起来。2017年7月28日晚间，特斯拉在加州弗雷蒙特工厂举行Model 3上市交车仪式。当埃隆·马斯克开着一台红色的Model 3驶上舞台时，现场一片欢腾。

潮流涌动，美国与中国几乎同时掀动了新能源汽车的巨浪。作为新能源汽车热管理的先行者，三花一把抓住了机会，成为那些弄潮儿身边重要的同行者。

2016年，三花在“未来公司A”取得多个核心控制部件的独家配套，是供应部件项目最多的企业；同年，三花对奔驰-迈巴赫新车型的二氧化碳冷媒空调系统实现Lin（一种低成本的串行通讯网络，用于实现汽车中的分布式电子系统控制）控制的电子膨胀阀独家配套，走在全球行业最前列。2017年，三花还获批成为“纯电动汽车空调与热管理系统技术国家地方联合工程研究中心”，荣获“全球汽车供应商杰出创新贡献奖”（行业内的“奥斯卡奖”）。

对整个三花新能源汽车部件业务熟稔于心的张荣荣博士说，三花最早是与通用汽车（GM）合作做电动汽车热管理系统，后来GM的项目下马，三花就开始自己干，最终在“未来公司A”身上抓住了未来。

“回头来看，早期做电动汽车的热管理系统控制部件与组件的决策，指引了整个工作的大方向，”张荣荣说，“中间也有很多波折，2011年、2012年市场往下走的时候没有放弃。”

之所以“没有放弃”，除了三花汽零（汽车零部件）团队的坚持与努力外，更重要的是张道才对未来的坚持，以及咬定未来绝不松口的战略定力。

战略定力，任正非称之为战略耐心，它不仅体现了企业家的心境，更体现了他们面对各种考验、各种环境变化时的定力。没有战略定力，战略摇摆不定，就谈不上战略，至多是一种手段，而战略一旦沦为手段，就会变得浅薄短视。没有战略定力，战略就会变成策略，就会在妥协中扭曲变形，就会在巨大的人性考验面前一败涂地。

任正非在2016年的全国科技创新大会上发言说：“从科技的角度来看，未来二三十年，人类社会将演变成一个智能社会，其深度和广度我们还想象不到。前途越是不确定，越需要创造，这也给千百万家企业公司提供了千载难逢的机会。我们公司如何努力前进，面对重重困难，机会也危险重重，不进则退。如果不能扛起重大的社会责任，不坚持创新，迟早会被颠覆。”

“大机会时代，一定要有战略耐性。”这是任正非的重要结论，也是张道才在经营实践中一直坚守的最重要的原则。

也正是在2016年5月30日的全国科技创新大会上，习近平总书记在讲话中指出：“纵观人类发展历史，创新始终是一个国家、一个民族发展的重要力量，也始终是推动人类社会进步的重要力量。不创新不行，创新慢了也不行。如果我们不识变、不应变、不求变，就可能陷入战略被动，错失发展机遇，甚至错过整整一个时代。实施创新驱动发展战略，是应对发展环境变化、把握发展自主权、提高核心竞争力的必然选择，是加快转变经济发展方式、破解经济发展深层次矛盾和问题的必然选择，是更好引领我国经济发展新常态、保持我国经济持续健康发展的必然选择。”

“创新驱动发展”，是中国的选择，也是张道才与三花35年来的成长道路。

## “成功的花”

事实上，在过去的几年中，特斯拉的日子并不好过。如果不是疯了，马斯克一定是被Model 3不断出现的问题给折磨得焦头烂额、焦虑不堪。

特斯拉Model 3早在2016年4月1日发布，马斯克声称Model 3将拥有车主一切渴望的东西：梦幻的造型，超长的续航，强悍的性能，高度的智能，还有亲民的价格——

风阻系数达到了令人震惊的0.23（现在的轿车风阻系数一般在0.28至0.4之间，风阻系数每降低0.01，就意味着这款车的经济性和动力性有惊人的提升），在大规模量产的车型之中，没有一个车型能够达到如此之高的空气动力学性能。

为了达到如此炸裂的空气动力学性能，Model 3去掉了前脸的进气格栅，后来几乎所有的纯电动汽车，都去掉前进气格栅。同时，他们将门把手设计为在触碰之后才能弹出来，这种设计也成了标杆。

这款车型，采用了领先业界数代的三元动力电池——圆柱形的“2170”，NCA（镍钴铝）的比例达到令人震惊的9：0.5：0.5。哪怕是现在，中国最主流的动力电池制造商，还在努力生产NCM622型（镍钴锰配比为6：2：2）三元动力电池。也许在2019年的时候，才会有部分的车型，用上NCM811型的三元动力电池。

……

一切都看起来很美。

但它很快在2017年7月28日的上市交车仪式之后，成为马斯克的噩梦。Model 3因不断出现各种意外而无法量产，而量产能力一直是特斯拉业绩的晴雨表，能对股价产生直接影响。

马斯克开始睡到了工厂里。他多次告诉媒体，他已经开始频繁地在特斯拉Fremont工厂的地板上过夜。他之所以睡在地板上，是因为工厂办公室的沙发过窄。72个死忠粉为马斯克进行众筹，要给他集资买个新沙发。

美国《商业内幕》杂志采访了42位特斯拉现任和前任员工，询问他们在工作中是什么感觉，答案是“紧张”。一位Model X焊工每日工作10～12个小时，有时候一个刚训练几分钟的工人就可能被征召开始工作。特斯拉一位员工因为孩子出生缺席了特斯拉的活动，马斯克大怒：“你要弄清楚，什么对你更重要？我们正在改变世界、改变历史，如果你不打算全力以赴，那你就别干了。”

《经理人》杂志将特斯拉形容为“职场地狱”，员工无法兼顾家庭。马斯克却称：“当我们破产以后，你会有很充裕的时间陪伴家人的。”人们说马斯克冷酷无情，但他对自己也是如此。他在一篇自述中描述了最近一年的生活状态：“整日整夜，没有孩子，没有朋友，除了工作，一无所有。”

2018年8月，马斯克在推特上发布信息称：考虑将特斯拉私有化。这一消息引发市场的轩然大波，最终，以特斯拉和马斯克各罚2000万美元为条件达成与SEC（美国证券交易委员会）的和解协议。马斯克也交出特斯拉董事长的位子，彼时，他的口碑和信誉降到了历史低点。

但马斯克又一次“满血复活”了。“他（马斯克）总能发生莎士比亚式的奇迹转折。”2019年2月19日，马斯克发了一条推特：“2011年特斯拉还没有造出任何一辆汽车。但是8年后，特斯拉在2019年的产量将会达到50万辆。”与上一次惹麻烦的推特相比，这次是个好消息。好消息的依据是，马斯克坚信特斯拉已经解决了量产瓶颈，又从地狱中爬出来了。他的疯狂和偏执、傲视一切、打破常规、富于独创精神，终于再次冲破了上帝为他设定的生死峡谷。

张道才极为欣赏马斯克的这种偏执。当三花的工程师告诉张道才，他们看到马斯克睡到工厂的地板上的新闻后，他觉得马斯克的管理也许会遇到各种问题，特斯拉的量产会受制于瓶颈，但马斯克对工作的热情，对技术的偏执，对解决问题的疯狂，是其他人无法超越的。

## 清醒的判断

新能源汽车是一个确定无疑的未来。智能网联新能源汽车市场被描述为一个数十万亿美元的市场。

彭博新能源财经（BNEF）于2018年发布的一份长期预测报告称，随着新能源汽车对内燃机汽车在成本方面逐渐建立起领先优势，到2025年，全球新能源汽车的销量将从2017年的110万辆增至1100万辆，而2030年将继续攀升至3000万辆。中国将引领这场变革，2025年，在全球新能源汽车市场中的比例将接近50%。

由于新能源汽车带来的巨大冲击，内燃机（汽油机和柴油机）汽车的销量预计在2025年左右开始下降。到2040年，全球新能源汽车的销量将达到6000万辆，相当于全部轻型车（乘用车和皮卡）市场的55%。共享汽车的规模仍然较小，但却是一个不断增长的细分市场。

报告预测，到2030年，新能源汽车在轻型车市场的销量占比将在欧洲达到44%，在中国达到41%，在美国达到34%，在日本达到17%。

目前，全球已有9个国家宣布将在2040年前后淘汰内燃机汽车。传统汽车制造商向电动汽车过渡成为必然。

新能源汽车能够异军突起，与移动互联网时代的突然到来也有密切关联。汽车产业的巨变来自两个方向，硬件上是从内燃机到电动机，软件上则是移动互联网技术的应用。

从3G时代到4G时代，以及马上就要到来的5G时代，革新的不只是通信速度，更是基于数据传输速度的“系统”，此前制约新能源汽车的很多绳索，仿佛一下子被剪断了。互联网与新能源交集到一起，对传统汽车工业产生了巨大冲击。

特斯拉是最早发起冲击的，也带来了最猛烈的冲撞。巨大的冲撞使整个世界震动，人们开始意识到，新的工业革命已经到来。

张道才对此一直坚信不疑。他此前就坚信，能够“节能减排”的产品才是未来的产品，能够降低能耗的公司才是未来的公司，而新能源汽车一定是未来的汽车，三花能够为新能源汽车提供热管理系统，就一定会遇见未来。

早在2016年，在新能源汽车的先导产品已经对国际标杆客户实现量产配套，并借此打开一系列后续产品配套机遇的时候，张道才就将新能源汽车热管理业务明确定义为“公司的战略性新产品、新产业”。而到了2019年5月15日的一次三花核心团队的内部会议上，他说:“这是我们看到的发展前景乐观、可以再造一个新三花的产业。在发展的过程中，我们没有上大批量产品的经验，又有这么多新产品在发展，出现一些问题也是正常的。目前，汽零业务团队产品多，进度急，问题多，也进入了客户反馈交涉集中的阶段，确实压力很大，挑战很大。因此要抓住重点，有所取舍。"

张对全球新能源汽车发展有着清醒的判断。他相信，"当前发展新能源汽车的企业很多，70%以上都是在烧钱，将来都是没有前途的。只是现在还看不准哪些企业是在烧钱，没有前途"。

"但我们可以有个基本预判——有两类企业做新能源汽车成功的可能性比较大：一类是老牌的汽车制造商，转型过来做新能源汽车，有丰富的造车经验沉淀；一类是做互联网和IT比较成功的企业，与汽车行业碰撞，然后联手合作起来做新能源车。成功概率最高的是这两类企业，合作成为一体，可以弥补各自的不足。我们跟他们合作，满足那些主流客户的需求，这才是有价值的。至于其他没有足够技术积累的企业，我们要投入相应的精力和资源做开发，而当前资源已经很紧张，所以就要有取有舍。要把客户分一分，对于第一类的客户项目就要抱紧，确保成功；资源要集中投入到有价值的方向上去，这样才能给我们带来更大的发展。"

## 通往未来的引路者

"未来公司A"与"未来公司B"都属于"是做互联网和IT比较成功的企业，与汽车行业碰撞，然后联手合作起来做新能源车"的典范。它们是三花通往新能源汽车未来的引路者，某种程度上也是三花最好的广告载体。

有一次"未来公司B"紧急委托三花开发一款新产品，当时三花已经在其新车型上配套了好几个产品了，开发这一新产品时间紧、难度大，很容易出现问题。三花汽零总经理史初良告诉负责开发的鲍俊峰博士，如果想做这个项目，这是最快量产的一个机会。“客户已经把风险跟你捆在一起了，而且客户的对应新车型当时已经有了很大的订单量。一定要做，而且要压上最多的资源去把这个事情做好。”

三花集团总裁张亚波也在内部会议上说，战略项目要有战略思维来对应，当前处于全球汽车行业的变革时期，行业前沿公司的任何一款新车在推向市场后，都会被竞争对手解剖和分析；我们的产品在其中的应用，是最好的广告，因此要确保配套成功。

“其实那款车上面，不管是冷却系统还是空调系统，都用了很多新的设计，国内其他客户在做类似系统设计的时候，都会很重视那款车上的设计和产品选型。这对我们来说是最好的广告，相当于竞争对手被淘汰了之后让出来的一条路。”鲍俊峰说。

当三花开始涉足新能源汽车领域之后，硅谷与互联网驱动的新的工业模式，也在倒逼三花提升组织能力与研发能力。

邹江博士说：“汽车行业跟别的行业不太一样，比如，答应汽车厂什么时候要给它方案、样件或者别的什么，你是不能延迟的；你一旦延迟，就把它整个的计划都搞乱了，风险就更大了。”

## 布局三花

汽零业务的崛起，使三花的格局发生了重大转折。在此之前，三花是一家传统的制造企业，在家用空调四通阀和汽车空调膨胀阀市场上有着领导者地位。然而，这些代表当下的产业尽管为三花持续提供着利润，却始终无法使张道才看到三花通往未来的宽阔大道。它们很好，曾经为三花提供了未来；但它们有局限，因为它们是时间的产物，是时代遴选的结果。它们依旧有未来，但只是一个小未来，因为属于家用电器和内燃机汽车的黄金时代已经结束，而属于新能源汽车的时代才刚刚开始。谁抓住了这个大机遇，谁就抓住了未来。

对于张道才来说，三花的布局某种程度上就像是一个牌局。他要不停地摸牌、出牌、洗牌，直到手中凑齐了“同花顺”。在他的“同花顺”里，牌没有大小之分，只有使命的差异。

三花的家用、商用事业部代表着当下，是三花能够走下去的基石。谁也不能为了未来而饿肚子，当下其实就是未来。

三花的汽车热管理在新能源汽车中的配置，比起在传统汽车中的配置，无论性能还是数量，要求都要高很多，因此代表着未来，是三花能够支撑新未来的一场博弈。它们是三花未来的当下。

三花的投资业务，则是当下与未来的连接器，是纽带和血脉。它用资本的力量在当下与未来之间建立了连接，使人们看到当下与未来并非割裂，而是相互关联、彼此依靠。

张道才曾经思考过，有那么多同时代的创业公司，名气比三花大、规模比三花大、产品比三花多、人才比三花强、政策比三花好，可谓“天赋异禀”。可是为什么它们如今都消失不见了，而活下来且越活越好的却是三花？

事实上，无论对于当下还是未来，张道才35年来始终关注的，其实只有两个词：方向和灵魂。或者用流行的商业用语来讲，就是战略能力与战术执行力。战略能力决定了三花能够正确地判断未来、选择方向，并坚定地走向未来，不偏离方向；战术执行力决定了三花执行战略的实现度，决定了三花是否能将当下变成未来，能将未来变成下一个未来的当下。

管理、科技、人才，是张道才的“三花”，是三花成长过程中的战术分解，也是三花最终能够成为三花、张道才最终成为张道才的灵魂。有时候“三花”体现为技术创新，有时候体现为管理创新，有时候又体现为质量要求。张是一位有理想的实用主义者，在商业经营的实践中，“有用才是硬道理”。

在2019年5月15日三花核心团队的内部会议讲话中，张道才说：

在这里我要提醒各业务单元：海外建厂投产，要立足于一开始就要做好精益制造，高水平策划、布局和实施，不能把国内已经被淘汰的某些粗放的生产方式带到国外工厂，特别是高成本国家的工厂去。否则，海外工厂建设就会成为包袱，反而给公司增加负担。

同时，对国内和全球市场的机遇抓取，核心还在于技术创新，能真正提供符合客户需求的新产品、新技术，这是应对市场拐点和中美经贸摩擦的根本之道。所以，作为总经理，既要通过大量调研，有对未来市场和形势的预判能力，对于看清楚、看准的东西，要有定力，坚持到底；同时，也能够提出科学、具体的应对策略和措施，组织团队，脚踏实地做好落实。

这两段话，实际上代表了他全部的管理思想与商业智慧精髓，也代表了三花能够遇见未来的基因所在。

没有谁能够躺在那儿遇见未来。机遇总是垂青有准备的头脑，而未来总是喜欢托付给值得托付的人。

## 通往未来的船票

人们很难依靠今天的论据来推断，究竟是张道才偶然遇到了三花的未来，还是他依靠商业天赋与远见卓识为三花设计出了未来。唯一可以确定的是，他在2008年已经开始端详与新能源汽车相关的缺口，他只是需要一个时机，端起凿子，狠狠地凿下去。所以，我们也可以将之归结为他的好运气，或者他特殊的想象力。

当张道才为三花找到了未来之后，他开始向幕后退隐，开始更多关注公司的战略，让年轻的张亚波带领着王大勇、史初良、倪晓明、陈雨忠在前线冲刺。

他相信三花已经拿到了一张通往未来的船票。在这条船上，特斯拉和传统的汽车巨头依旧是头等舱乘客，三花搞到了一张最便宜的船票。

这不要紧，时间会解决问题。船票就如同扑克牌，洗着洗着，坐经济舱的就换成了二等舱，坐头等舱的却跌进了经济舱，谁也不能保证自己永远霸占着头等舱最好的席位。

有一段时间，张道才对于他带领三花所取得的成就颇为得意。三花在好几个细分市场都是全球领导者，三花中央研究院和布局在海内外的研发力量，已经有5位中国“国千”和“省千”人才、60多名博士、500多名硕士、2000多名专职研发人员。有一次，他说起了曾经希望三花成为“东方丹佛斯”的愿景。但说着说着，他突然意识到，曾经的国际竞争对手已经不再是他的目标，他的参照系已经变成了更高层次的行业玩家。当三花追随着新的巨头们一起登上了未来的方舟之后，它已经告别了原来的竞技场，开始与更强的对手同台竞技了。

“这样哦，也许600个博士也不够呢！”

但张道才很幸运，他有一个能够统揽全局的大儿子，还有一个亲手带出来的管理团队。他们如今年富力强，雄心勃勃，对未来充满期待。虽然品尝过挫折的苦涩，但因为不停地打胜仗，他们已经习惯了胜利。

很多人对张的评价都是基于两点，一是做好了一家公司，提供了一个民营企业从野蛮生长到现代管理并保持创新冲动的路径；另一个是解决了接班人问题，为家族企业接班提供了一个完美范本。

很少人意识到，尽管张道才并不善于用华丽、雄辩和专业的文字进行总结与梳理，但他确定无疑地形成了“张氏商业逻辑”与“管理思想”。

尽管没有任何人是以与别人完全相同的方式赢得成功或遭遇失败，但张的商业实践比起马云和马化腾这样的互联网大佬来更具普适性。他的故事可以告诉我们——

如何在剧烈变革的时代中抓住属于自己的机会？

如何洞悉商业的秘密？

如何在混乱中保持初心？

如何在35年以及更长期的商业实践中，把控好每一个务实向前运行的节点，在每一次关键时刻作出正确判断？

埃隆·马斯克逢人就说，他要在火星退休。SpaceX在加州霍桑镇的工厂，1500个工程师正在为这个目标努力着。门边挂着的是一幅巨大的火星照片。巨大的前波音777制造工厂里，停放着猎鹰9号火箭以及胶囊状的太空船——“龙飞船”。

张道才没有想过退休，他一直记得他的老友鲁冠球曾经说过的一句话：“奋斗者的终点，就是坟墓。”在鲁冠球病逝之后，一提起这位兄长，他就会不断重复着这句话。

船票刚到手，他还想起航，还想指引着新的经营团队，起航！

## ·丨三花人物图谱丨·

张道才：三花创始人、缔造者与精神领袖，“百年三花”战略发展的总设计者。他是第一代浙商的代表之一，一位充满激情与冒险精神的企业家。

张亚波：张道才长子，三花事业的继承者和“再造一个新三花”的创业者，“新浙商”的代表之一。他是一位“创二代”，也是一位家族事业的看护者。

张少波：张道才幼子，在三花房地产与投资业务中扮演着重要角色。他与张亚波的关系，可谓浙商二代的范本。

任金土：张道才创业早期最重要的伙伴，三花的“财政大臣”。他是张道才最信任的人之一，在三花历史的关键时刻，他从未缺席。

王德锋：张道才最重要的创业伙伴之一，是三花早期的“大将军”。他与吕增海、汪钦尧、吕正勋、徐丹之等一起，构成了张道才早期的“国王班底”，是三花辉煌创业史的亲历者与见证者。

王大勇：张道才的“五虎将”与最信任的助手之一，几乎参与了三花所有核心产品的研发、制造与销售，被评价为“非常成熟的经营者”。同时，他也是“三花智控”的总裁。

史初良：张道才的“五虎将”之一。他受命组建了三花中央研究院，打通产业与研发的壁垒；如今领衔拓展三花新能源汽车热管理业务，冲在“再造一个新三花”的最前线。

倪晓明：张道才的“五虎将”之一，三花国际化业务的开拓者。他参与了三花历史上绝大多数重要的并购。他曾目睹过三花的窘况，也曾见证张道才的荣耀。

陈雨忠：张道才的“五虎将”之一，三花早期的核心产品，几乎都少不了他的身影。他曾是工程师，如今是总经理。在张道才的布局中，“五虎将”都必须超越自身业务能力，承担更重要和更全面的使命。

陈金玉：三花新的“财政大臣”，投资并购的重要人物，张道才的“五虎将”之一，以直言不讳著称，被认为是“火眼金睛找问题的三花忠实干将”。

黄宁杰：三花首席科学家，被张道才称为“三花科技的代言人”，具有全球视野的战略高参。

翁伟峰：三花的内务大总管，内部运营管理的关键人物，建设“百年三花”人才团队的主力推手。

张荣荣：第二代三花创业的重要开拓者，新能源汽车热管理发展的得力干将和国际化先锋。

尹　斌：技术出身的管理者，长期以来忠实于三花事业，被张道才视为三花上新台阶、走在最前面的“闯业者”。

未来公司A、未来公司B、未来公司C：三花汽零业务在全球的重要代表性客户，因商业保密协议原因，分别称之为“未来公司A”“未来公司B”“未来公司C”。

第一部分

# 寻找未来

回顾历史，我们总会发现，历史会在偶然间为某些人辟开一条罅隙。罅隙初开的时候，有的人裹足不前，被罅隙后的黑暗所恫吓；有的人从罅隙中侧身而过，成为弄潮儿；有的人干脆将罅隙造成一条大路，直接创造了新的潮流。

# “乱花丛中”的机会

熟悉张道才的人都知道，张不是一个容易头脑发热的人。他在介入一个领域之前，会反复对其进行研究，直到看准了方向，踩对了步点，才会一头扎下去，狂飙突进。

托马斯·卡莱尔相信，英雄创造了历史。但我们回顾历史的时候总会发现，历史会在偶然间为某些人辟开一条罅隙，让他们有机会成为英雄。有的人裹足不前，被罅隙后的黑暗所恫吓；有的人从罅隙中侧身而过，成为弄潮儿；有的人干脆将罅隙造成一条大路，直接创造了新的潮流。

罅隙初开的时候，谁能书写历史？

张道才确定无疑是一位时代英雄，对于三花而言更是如此。他一手创立了这家公司，带领它成为受人尊敬的行业领导者。他为它奠基、描绘蓝图、设计未来。他为它创立了基本的游戏规则——战略方向和战术执行力。

“三花”是他的生命，也是他的战术秘诀——管理、科技、人才。在每一个时代，“三花”的具体内容不同，但逻辑是一致的。

在通往未来的时候，三花的科技选项变成了新能源汽车热管理，管理选项变成了追求质量，人才选项变成了中央研究院及下沉的研发人才体系建立，以及以张亚波为首的新一代管理团队的构建。

没有什么虚头巴脑的炫目动作，对于企业经营者来说，一切都是实打实的，甚至是土得掉渣的。事实上，没有光彩夺目的时代英雄，每一位真正的时代英雄都是负重前行，任正非如此，马云如此，张道才也如此。

## 老大哥的鼓励与启示

2008年夏天，张道才带着助理去万向集团拜访鲁冠球。

“老鲁很聪明，也很有思想，是全国乡镇企业的一面旗帜，什么都走在前面。每年，我们都会有一次深度交流。”

鲁冠球是浙商的老大哥，也是张道才的老友。他1969年7月带领6名农民，集资4000元创办了宁围公社农机厂。经过辛苦经营，鲁的农机厂变成了赫赫有名的万向集团，而鲁也成为改革开放的风云人物、杰出的民营企业家，赢得了来自官方与民间的双重褒奖。

鲁冠球一见到张道才，就兴冲冲地拿出几块锂电池板向其展示。“现在再去搞传统汽车没有必要了，日本及欧美的一些发达国家已经有非常成熟的技术和产业，要搞就搞新能源汽车。”

老大哥的话触动了张道才。张道才那时候也有一个汽车梦，只是与老大哥的汽车梦相比，他的梦更精细，更具想象力。

鲁冠球的汽车梦始于20世纪90年代。1999年，万向集团与浙江省政府联合成立了电动汽车项目组，确定了“电池—电机—电控—电动汽车”的发展路线。2001年，鲁冠球成立了动力电池公司及研发中心；第二年锂离子动力电池产品便正式下线；2005年，鲁冠球整合动力电池公司与电动汽车研发中心，成立万向电动汽车公司，开始示范运行研究。

2008年正是鲁冠球最雄心勃勃的时刻。那时候全球金融危机已经蔓延，但

张道才拜访万向集团董事局主席鲁冠球

中国通过刺激计划却率先复苏。一笔笔中国资金到国外寻找并购标的，中国企业成为全球市场上最炙手可热的买家。

金融危机最激烈的2008年，万向开始全面推进企业国际化，充分利用中美资源差异，优化配置，加快全球产业平台构建。在那几年里，万向先后并购了全球最大传动系统制造商DANA（德纳）和美国汽车水箱最大供应商Vista-Pro。

鲁冠球的“汽车梦”看起来既不可动摇，也不可逆转。他立志要成为一个新能源汽车市场上的大玩家。他甚至放言：“我不造汽车，我儿子也要造。儿子成功不了，我孙子继续。”

鲁的“汽车梦”于2017年10月25日戛然而止。那一天，他因病告别了所热爱的这个世界，享年74岁。但是万向的汽车梦并未结束，鲁冠球的儿子、万向的继承者鲁伟鼎在追悼会上说：“父亲临终前还嘱托我要把公司照顾好，特别是新能源汽车。”

鲁病逝之后，张道才时常会想起这位老大哥。“奋斗者的终点，就是坟墓。”鲁冠球曾说。张有时候会想，同样作为一名奋斗者，同样作为一名探索者，他的终点会在哪个位置？

一家企业要想活得长远，创造未来，理想只是一个驱动器，至为关键的是，它要为未来提供价值，为未来市场所需要。这是企业存在的意义。

2008年夏天的那场会面之前，张道才就已经确定了要走“新能源汽车”的道路。“汽车进入千家万户后，尾气排放会成为大问题，新能源汽车是大势所趋。城镇化发展的趋势和气候环境保护的迫切性，将会为新能源汽车的发展带来无限商机。”他说。

与此同时，鲁的热情与坚定使他更加确信，他并不是孤独前行。他的身边有战友，有同行者，还有为他们鼓掌呐喊的助威者。

万向追求整车梦，但三花不同。整车不是三花的目标，三花有自己的专业，且已经在汽车空调零部件市场拥有了一席之地。三花不想成为未来整车市场上的“战争机器”，而是想成为新能源汽车时代的“军火商”。

## 认准了方向

在与鲁冠球会面之后不久，张道才将新能源汽车热管理系统确定为三花的未来方向。当时三花内部很多人并不看好张道才指出的“未来”，有些人甚至以为这只是张一时的头脑发热。然而张道才认准了方向，义无反顾坚持了下去。

熟悉张道才的人都知道，张不是一个容易头脑发热的人。他在介入一个领域之前，会反复对其进行研究，直到看准了方向，踩对了步点，才会一头扎下去，狂飙突进。这固然是他的性格使然，也与他在辛苦遭逢中将三花从小做大、从弱做强的经历息息相关。

30多年来，张每每于最鼎盛之时为公司寻找未来，幸运的是，他每次都找到了一个适合三花的未来。我们很难理解，这种未雨绸缪，究竟是一种企业家的战略远见、是天赋，还是那种从新昌西郊公社的破厂房中挣扎崛起、负重前行的危机感使然。

2005年，三花在A股上市之初，张道才就已经提出了转型升级的要求——向“节能低碳、绿色环保”进军。三花除了在制冷、空调主业进行产品延伸发展之外，也伺机在战略型新兴产业寻找机会。

“新能源汽车”，是张道才于“乱花丛中”找到的机会。它并不遥远，而且看起来很美。

他不会让它从手中溜走。

# 在以色列邂逅“未来”

一句话：他探索了未来，发现有的未来看起来很美，却并不属于三花；而专注主业的未来，更有可能带给三花新的希望。

未来有时候看起来很美，一旦触碰却很疼痛。2010年的时候，当张道才在以色列邂逅“未来”之时，他触碰到的是一个看起来很美的未来。

## 进军太阳能

在此之前，2009年7月11日，时任三花控股集团副总裁的张亚波与时任三花集团总工程师的史初良到以色列转了半个月。他们是去寻找项目的。他们在以色列听了20来个项目，最后选了4个项目向张道才汇报。

专题会议上，张道才一下子选中了碟式太阳能光热项目。张亚波也看好这个项目。时任三花集团总裁秘书莫杨还记得当时张亚波在他父亲选中这个项目时的评价：

“你真厉害，我们脑袋都搞晕了，每天都听以色列人讲，我天下第一，我的项目最好，技术最好。信息量太大了，真是轰炸一样。”

与当时屡遭欧美市场堵截、进入寒冬期的太阳能光伏产业相比，张道才相信被称为“绿色太阳能技术”的太阳能光热发电不仅对环境没有污染，也不像光伏产业那样对多晶硅等原材料存在过度依赖。在他看来，太阳能光热产业的前景和光伏产业不可同日而语，光热有着更光明的未来。

那年12月，经过半年多的调研考察，三花股份出资1050万美元，之后又增资534万美元，获得HelioFocus公司30%的股权，共同开发太阳能热电技术，进军绿色新能源产业。以色列总统西蒙·佩雷斯在官邸接见张道才一行，盛赞三花对绿色太阳能的投资“极富战略远见”。

张道才也正是在那次以色列之行中偶遇了特斯拉。那个时刻的特斯拉并不起眼，也不像今天的特斯拉一样拥有世界级影响力，但是张道才却从它身上看到了某个未来的突破点。

从以色列回到杭州之后，张道才更加确信他找到了两个未来的突破口，一个是太阳能光热项目，另一个就是新能源汽车。

在2010年，太阳能光热带来的“未来”似乎更快、更直接，也更诱人——

阿拉善大漠地广人稀，太阳光照长，一年降水只有十几毫米，张道才和他的老伙计任金土开着车在整个内蒙古转悠选址，最终敲定了这个地方。

2013年10月29日，面积达27万平方千米的三花绿色太阳城首期1兆瓦8碟示范项目在阿拉善建成。如今8个巨大的聚光碟依然耸立在大漠戈壁，只是它们不再是三花未来的选项。作为一种探索，它们完成了自己悲壮寂寥的使命。

## “自己人”的奋战

邹江、鲍俊峰等5名博士及多名硕士组成的团队参与了三花绿色太阳城的早期建设。

邹江博士从本科到博士都在清华完成，在研发团队内被称为“三清博士”，清清瘦瘦、斯文腼腆的他因为这一项目而与内蒙古的风沙大漠整整结缘3年。而另一位博士鲍俊峰来自浙大，博士毕业后先去瑞典皇家工学院做了1年博士后，2007年回国后旋即加入三花。

2009年，张道才一行去以色列考察签约的时候，邹江、鲍俊峰都是其陪同队伍的一员。HelioFocus在太阳能光热发电接收器方面的独创技术吸引了张道才的投资，也引起了邹江和鲍俊峰的注意。

在之后的两三年里，他们两个人将大部分精力放在了对该项目的跟踪和实施上。2012年，随着项目展开，鲍俊峰更是拖家带口来到内蒙古阿拉善参与项目建设。

其实，他们并非毫无疑虑。在他们看来，投资一家科技型初创公司肯定是要烧钱的，但烧钱要烧到什么程度？能否得到回报？老板能否坚持？这些都不确定。

“三花作为一家民营企业，能够前瞻性地投入巨大资源和资金到一家国外公司，其实非常不容易。”

那几年，邹江在内蒙古和杭州之间来回出差成为工作常态，本来颜色略深的皮肤更是因内蒙古大漠的炽热阳光而晒得更黑。而对于鲍俊峰来讲，举家迁往大漠是必须作出的选择。他是项目的技术对接人，他必须出现在项目建设的现场；除此之外，他也相信这是他人生的重要时刻，失去这样的机会，他会终生追悔。

三花的太阳能光热项目处于内蒙古西部的乌海境内。乌海是黄河边上的一座小城。黄河西面是乌兰布和沙漠，东面便是这座小城。

项目地就在乌兰布和沙漠的南端，要过河，每天来回要开四五十千米的车。多年后鲍俊峰回忆说：“项目实施的时候，前前后后大概有两三年时间在内蒙古。孩子2岁，为了实施项目，夫人支持我工作，辞去了在江苏的小学老师的职位，和我一起到了内蒙古，负责以色列公司在当地的人员招聘。我作为三花技术的对接人，负责整个项目的实施，包括现场分包商的协调。”

“我专注技术，总是想能不能把这个事情落地，看着它能够成长起来。现场条件艰苦，当时也是带着一帮兄弟去的，我是他们的主心骨。面对这个条件，我肯定要扎下根来，事情才能够做好，否则的话，这帮一起去的同事们也不可能安心去做。所以当时和夫人商量之后，为了支持我的工作，全家都去了。”

当时条件艰苦，靠近沙漠，每年春季和秋季沙尘暴都很厉害。风沙来了，简易彩钢房门一关，就在屋子里听外面的各种声音。风沙会从窗子缝隙中钻进来，风一停，沙尘停了，再开门出去干活。有时候开车在路上，风沙起来了，便只能把车靠边停了。那时候车子会晃，风沙“砰砰砰砰”地敲打玻璃窗。“我在南方长大，从来没见过这种阵势。”

在内蒙古示范项目实施过程中，鲍俊峰发现，虽然HelioFocus在技术上确实有独到之处，但商业化却很艰难——“如果规模化没有达到一定程度，成本是没办法摊薄的。而受限于运营成本、发电成本、规模化等难题，在出现新的技术突破前，光热无法和光伏技术竞争。”

项目在希望与艰难的交织中前行，未来通往何处毫不可知。鲍俊峰唯一可以确定的是，他收获了一支队伍。

这支队伍中有来自美国匹兹堡大学的硕士王景鹏。鲍评价他“又聪明又勤奋，很有文人情怀，是可以为知己者死的人”。太阳能光热项目中，王自学建模，把整个散热套管的散热模型建出来了，一天到晚在焊接炉边用各种工艺参数去试验，经常一搞就搞到很晚，凌晨三四点钟才回家。

东南大学硕士尹芳芳，是一个聪明的山东姑娘。她有一个迥异于其他女同事的特点：喜欢动手。比如现场拧螺丝、调东西，她都自己去干，不叫男同事帮手。“女汉子，性格泼辣但挺细心。她当时在我们团队，协调以色列进口物资报关，这项工作要求严谨认真，她做得很棒，后期调试现场也做了很多工作。”尹芳芳后来跟着鲍俊峰一起参与了新的项目，对应“未来公司A”“未来公司B”“未来公司C”的客户，做项目经理。

也许是天不遂人愿，也因技术路线太过超前，两三亿的资金投入并未见到太大成效，而后续的多轮融资需求又接踵而至，一轮更比一轮大。而以色列HelioFocus公司的第一大股东ICG（以色列绿色控股公司）则向三花提出：只要三花继续投资，他也将继续投资。这无疑给张道才出了个难题：我本来是相信你的技术判断，看着你有信心才投资的，现在你反过来要看我的信心？最后，张道才痛定思痛，最终决定壮士断腕，先是关停，最终出售了这个项目。

## 凡是过往，皆为序章

张道才后来复盘的时候说，这种项目应该属于国家战略。“国家能源公司、能源部副部长都去现场看过，都是讲好的，但是他们也非常小心。我们找要转型的烧煤的大公司合作，他们听了也讲好，但最后也没有进来，搁在那里了。作为一个民营企业再去弄，也不是我们的专业。”

三花首席科学家黄宁杰则认为，三花对这个项目的技术判断就存在不确定性，因为这项技术没有与市场对接的性价比，即时机不对，所以没有产业链支撑。那段时间国内煤价走低，风电还没有并网，光热发出来的电根本没有市场，更不用谈成本的问题了。

当太阳能光热项目成为三花往事，张道才聊以自慰的是，他似乎并没有在财务上损失太多——通过出售这个项目，他收回了不少成本。对于投资这样有前景的战略性产业，张道才还是确信的，但由于不是自己擅长的产业，没有足够的技术基础，老话讲“隔行如隔山”，所以中途决定放弃了。但张道才由此吸取了一些教训，就是必须专注自己的主业去延伸发展，毕竟多年经营的主业积累了一定的技术、市场、人才基础，因此会更多一些成功的希望。

一句话：他探索了未来，发现有的未来看起来很美，却并不属于三花；而专注主业的未来，更有可能带给三花新的希望。

他意识到，仅靠投资和购买并不能为三花带来确定的未来，三花要想探索出未来的道路，必须依靠“自己人”，在主业相关的延伸领域里探索。有了自己强大的研发团队，技术会有的，技术方向也不会偏离。

在此之前，三花的研发体系经过了多次摇摆，其根本原因无外乎——“自己人”的实力到底有多强？技术与市场的短期融合度到底要多大？这个问题迄今依旧困扰着三花，也深深困扰着全世界所有的制造企业。每家企业都在探索属于自己的最佳立足点。

探索者不会一无所获。

张道才最大的收获是邹江、鲍俊峰的那支队伍——“自己人”。这是一支经过实战检验的队伍，他们对于未来有渴望，对于成功有野心，他们愿意再次将自己投进对未来的探索中。

经过内蒙古太阳能战役的磨炼，2014年，邹江、鲍俊峰他们回到三花，开始了更重要的探索——电动汽车热管理系统。

# 叩开“未来”的大门

坚持是张的特质。看不准的事情他会反复看，不断测试；一旦看准了，他比谁都“固执”，非要坚持到底不可，哪怕撞了南墙都不后悔。

## 坚持“无人区”探索

2007年，张道才提出从“成本领先”走向“技术领先”，可是到底怎么做到“技术领先”，大家都不清楚。

四通阀的技术，三花已经在竞争中确立了领先地位，未来向何处去，终归要依赖于整个家电市场的走向；汽车空调膨胀阀的技术，三花当时正在追逐，但有一条清晰可见的路径，通过不断增加研发投入，实现“技术领先”并不难。

难的是如何踏入“无人区”，以及如何在“无人区”中保持前行的方向。

在瞄准了新能源汽车，确信新能源汽车热管理领域是三花的未来之后，张道才找到了“无人区”。

然而在他提出要搞新能源汽车热管理系统的控制部件与组件时，所有人都觉得不靠谱，包括那些从全球老牌汽车制造商如通用汽车请来的资深专家也不怎么认同。大家都觉得三花作为汽车空调的部件制造商，在研发、市场和品牌方面力量薄弱，就这么“十几个人、七八条枪”，要在一个需要无数技术和市场品牌积累、投入巨额研发资源的领域跟国际行业品牌企业竞争，纯属天方夜谭。

唯独张道才坚持了下来。他的思路很简单，就是看到中国人口多，农村人口不断向城镇转移，这么多人口集聚在城市里，汽车又已经开始进入家庭，如果传统汽车的尾气排放问题不解决，对空气和环境污染的影响将越来越不可忍受，而出路就在清洁环保的新能源汽车。所以他坚信自己的判断。有一次他回忆往事时，不无得意地说：“所有人都不赞同，包括黄宁杰博士、海睿这样的国际专家，就我坚持了。”

坚持是张的特质。看不准的事情他会反复看，不断测试；一旦看准了，他比谁都“固执”，非要坚持到底不可，哪怕撞了南墙都不后悔。这种近乎偏执的坚持，像是熊彼特定义企业家精神的“坚强的意志”，又像是任正非反复论述的“战略定力”。

任正非在2016年5月30日全国科技创新大会的汇报发言中称，华为“正在本行业逐步攻入无人区，处在无人领航、无既定规则、无人跟随的困境”，“前进在迷航中”。

“华为现在的水平尚停留在工程数学、物理算法等工程科学的创新层面，尚未真正进入基础理论研究。随着逐步逼近香农定理、摩尔定律的极限，面对大流量、低延时的理论还未创造出来，华为已感到前途茫茫，找不到方向。”

“重大创新是无人区的生存法则，没有理论突破，没有技术突破，没有大量的技术累积，是不可能产生爆发性创新的。”

“华为跟着人跑的‘机会主义’高速度，会逐步慢下来，创立引导理论的责任已经到来。”

这是任正非与华为的选择，也是张道才与三花的选择，就如同华为在2015

年年报中宣称的那样——“不在非战略机会点上消耗战略竞争力量。”

在此前的多年里，三花曾经进行过一轮多元化尝试，张道才也曾冀望借此机会做大做强，但它们大多遭遇了挫折。

经由了太阳能光热项目之后，张道才意识到，只有带着三花禀赋的战略机会，才是真正的战略机会，才值得去投入战略竞争力量。以前他在四通阀上是这么干的，后来在汽车空调热力膨胀阀上也是这么干的，如今他也要在新能源汽车热管理这个领域这么干。

然而坚持与最终将未来之路走通，并非同一概念。张道才的战略能够贯彻落实，三花新能源汽车之路能走通，除了他带着张亚波与史初良的谋划外，张荣荣博士是个非常关键的枢纽点。张荣荣有三个特点：一是研发能力很强，二是对生产线很熟悉，三是经常跑市场。

## “下一代产品做什么”

2005年夏天，张荣荣从上海交大制冷空调低温工程专业博士毕业加入三花。他在微通道项目上做了一年多研发经理后，被史初良选中并向张道才推荐，2010年起，转到三花中央研究院从事汽车零部件研发。

当时三花的汽车空调部件事业部刚刚站稳脚跟，关键产品就是热力膨胀阀。热力膨胀阀个头小，在汽车空调系统里的地位却很重要，仅次于压缩机。只要能搞成热力膨胀阀，三花就会在汽车空调系统中拥有一席之地，占据一个不可或缺的位置。

那段时间，张荣荣到处跑市场，跑得甚至比营销人员都多。“研发首先要去跟客户交流技术，看产品是否满足其应用要求。”他说。

用于空调系统冷媒流量自动调节的汽车空调热力膨胀阀如今已经成为三花的拳头产品，经过十几年的发展，三花已经掌握和发展了其核心技术，摇身一变成为汽车空调热力膨胀阀全球主要供应商。

就在张道才一边醉心于以色列光热项目一边探索新能源汽车的2010年，有一次张荣荣从新昌到杭州向其汇报工作。张道才问他："热力膨胀阀的下一代产品做什么？"

张道才所有的战略意识，聚焦的都是"下一代产品"。对于这位从新昌西郊公社走出来的中国第一代创业企业家来说，"产品"才是真正的战略，没有产品的战略都是空谈。

三花的新能源汽车战略方向那时候已经确定。整个中国也开始朦胧地意识到，新能源汽车代表着中国汽车业的未来——不只是能够为高速发展的中国节能减排、降低污染，更重要的是可以为中国汽车工业提供一次"换道超车"的机会。

然而一切都未明了，新能源汽车尚未成为国家战略，"新能源"也尚未成为汽车工业的主流，传统汽车厂商依旧固守着内燃机怡然自得，全力冲刺电动汽车的"造车新势力"只有两三家，尚未形成气候，日后大名鼎鼎、改变汽车工业格局的特斯拉，当时也只是突然蹿出来的一个"毛头小子"，并未在汽车工业的一潭死水中引起涟漪。

"但是主席非常明确电动汽车是以后的方向，"张荣荣说，"中央研究院也是主席很重要的里程碑式决策。"

张道才的这两个决定，对于未来的价值到底有多重要，在当时并未彰显出来。然而时间越是往后推移，张的远见卓识就彰显得愈发清晰。

新能源汽车热管理系统确定的是未来的战略方向，是路线正确与否的问题；中央研究院确定的是技术实力，是战略保障能力，是"三花"的管理之花、科技之花与人才之花的融合，是战略能否得到实现的根本——亦即"正确的路线确定之后,干部就是决定的因素"。

产品是张道才战略与战术的融合点。张荣荣多年后回忆说，中央研究院建立以后，就开始研究具体做什么样的产品。“有很多系统专家和市场同事去找产品，三花有非常好的客户群，客户也在推动我们做一些事情。”

他们从一开始就锁定了三个产品：热泵模块、自动空调控制器和电子膨胀阀。这几个产品都获得了成功，但比较成功的还是电子膨胀阀。“这两三个产品往市场上推的时候，客户的需求就慢慢过来了，这种需求再加上我们对行业的理解，一步步把下一个产品定义出来。这对后续热泵系统市场的打开有很大作用。”

汽车产业发展是一个缓慢而艰难的过程，每一次革命都伴随着巨大的争议，也意味着巨大的机遇。当汽车诞生的时候，人们并不知道，未来之路将会因此改写；当福特推出“T型车”的时候，并没有人意识到，那是一场汽车工业的革命。然而，历史却更换了道路……

张道才很清楚，汽车工业又到了一个革命的时刻，三花必须抓住这种百年一遇的机遇。作为技术深度与广度可以与航空业相媲美的一个产业，汽车业带来的诱惑让人无法抵抗，鲁冠球甚至为此执着了一生；也正因如此，大部分诱惑仿佛镜花水月，只有切中肯綮的人和企业，才能找到未来。

中央研究院的技术人员也意识到，他们在热泵领域的每一次尝试，都将使三花从民用领域向工业领域迈进一大步，都将使三花实现从普通家用产品到技术性更高的汽车产品的跨越。“从机械产品到电子产品，往前每走一小步，其实都非常艰难。”张荣荣说。

家用热泵中有一个很重要的产品叫四通换向阀。

车用热泵需要四通换向阀吗？

车用热泵系统该怎么设计？

张荣荣他们带着问题去分析，沿着设想去推演和论证。他们知道，车用热泵系统比家用热泵系统复杂很多，四通换向阀只是其中一种解决方案。冷媒产品、水系统产品、油路产品，一系列的创新都需要符合整个电动汽车发展方向，顺应产业的潮流。

## 系统与部件之争

如何从一些小小的问题点匹配上产业未来、引发出更大的产业潮流？张荣荣他们并不清楚。但是在2008年夏天往后的那些日子里，在张道才拜访鲁冠球回家之后，他们就已经全力以赴地投身于电动汽车热管理系统的设计中。

“大家对热管理都不清晰，我们正好抓到了这个点，理解客户需求，给客户提供了相应的产品。”

但是在他们推演未来的那段日子，没有人知道热泵系统对汽车零配件产业来说是很好的方向指引。争议横亘在他们眼前，弥漫在他们头顶。

很多专家认为热泵系统不值得，因为传统汽车的冷却系统节能效果差，但成本较低；热泵系统虽然能耗比较低，但成本较高，带来的收益跟投入看起来并不匹配。这种“不匹配”的产品只能是实验室的产品，是概念产品，而非市场产品。石墨烯技术已经很成熟了，却不能用于电池市场，也是因为成本太高，无法量产——然而谁都无法否认，石墨烯技术会影响未来的电池乃至电动汽车市场。

一切成本问题，终归是个时间问题。拉长决策的视野，放宽时间的界限，决策者就会看到不一样的未来，遇见不一样的市场。

张荣荣的原则是紧跟市场。这是他从张道才那儿学到的。“领导做决策要看到五年十年以后的东西，很多时候争论会激发思考，让我们更多去考虑行业发展。”他说，“现在很多车厂都在走热泵路线，争议已经基本上消失了。”

张荣荣对于“系统”有自己特别的理解。在他看来，系统是由所有零部件组成的，开发系统代表你有能力研发整个系统，但真正的产品还是零部件，零部件都匹配好了就是一个系统。他说很少看到OEM（原始设备制造商）把整个系统都装好了，还一个个零部件卖给ODM（原始设计制造商）去组装的。

当时整个三花在汽零业务上都在研究系统升级，但落脚点还是生产零部件。张荣荣知道，要在OEM里扩展零部件市场份额，就必须做系统研发。有了系统能力之后，你才能成为行业中不可替代、不可或缺的那部分，你才能与那些“巨无霸”们血肉相连。

张道才恨不得每天都待在张荣荣他们身边。他对技术着迷，更对未来着迷。张荣荣他们搞电子膨胀阀的时候，每到关键节点，张道才都会跟他们一起听产品研发报告。他鼓励他们，启发他们，毫无保留地包容和支持他们。

经过了七八年时间的研发、改进、升级，三花的电子膨胀阀在2015年开始量产，而热泵系统也成为电动汽车热管理的主流发展趋势。有了热泵系统，有了电子膨胀阀，三花便开始围绕系统四处开花。各类控制阀件、电子泵、换热器等零部件，甚至集成模块，也伴随着客户的需求和系统的配套一并出现了。

未来绝非一帆风顺，“无人区”中危机四伏。

张荣荣说，这中间也有很多波折。

“事实上最初也是客户在推动我们做。我们当时考虑产品升级的时候，通用汽车（GM）是第一个提出需求的。通用认为电子膨胀阀是以后的发展方向，这也切合我们的需求。”

通用汽车曾经是汽车工业的霸主，第二次世界大战期间，美国流行一种说法，“通用汽车就是美国”。工业管理中的很多创新，都是通用汽车率先推出的。管理大师彼得·德鲁克所获取的很多重要成果，也是以通用汽车作为研究模板的。

2008年的全球金融危机中，通用汽车几乎破产，但它最终缓了过来，重新成为巨人。全世界都相信，他们不能失去通用汽车。这种相信，经过了2008年的考验之后，似乎成为一种迷信。

通用汽车是一家非常严谨的公司，把一个新产品推向市场前要做很多验证。张荣荣他们与通用的某款插电混动汽车合作开发了差不多3年。“开发投入非常大，他们经常过来听我们的进展，看开发报告，到实验室里去看测试，探讨市场需求，”张荣荣说，“但那时候电动汽车是在走下坡路的，他们这款车型销量不是很好，导致很多新技术没有用上去，更没有正式量产。”

开发投入那么大，却一无所获，这对张荣荣他们来说无疑是一次巨大挫折。张道才总会恰逢其时地出现。他看到一些行业信息，知道行业进入了低谷，张荣荣他们遭遇信任危机，便跑去他们那儿，给他们打气，对他们作出鼓励。

张道才跟张荣荣他们说，他相信这个产品（电子膨胀阀）符合节能减排、绿色环保的战略方向，对将来的电动汽车乃至传统汽车都有非常好的作用，他决定坚持做下去。他甚至下了命令，要求把公司的很多车换上电子膨胀阀做试验。

那是市场最为冰冷的2011年和2012年，人们都看到了未来，但谁也不知道

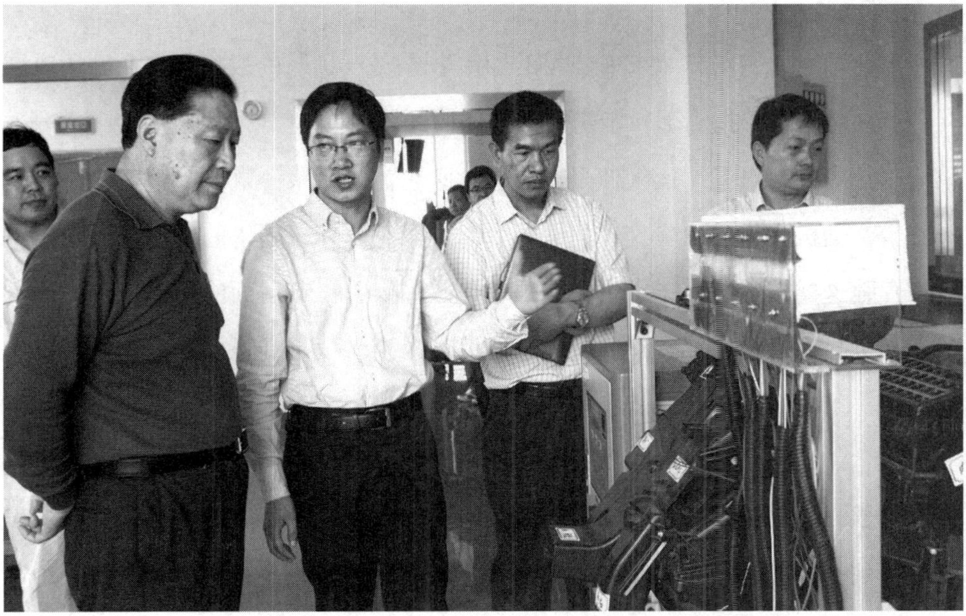

2012年5月28日，张荣荣（右三）向张道才介绍新产品

未来到底在哪一天才会绽放出来。人们只能选择放弃，或者选择熬下去。

三花没有放弃，张道才也不允许他们放弃。2014年，特斯拉的Model X开始量产，成为新潮流的引导者，特斯拉和马斯克再次屹立潮头。整个电动汽车市场步入井喷期，国内的“造车新势力”也开始启动发力，一切看起来都很美好。

三花最先抓住了机遇。

2011年的“行业冰川期”，三花第一次与“未来公司A”握手；“未来公司A”对三花的考察持续了两年多时间。2014年初，“未来公司A”给三花下了一个批量订单。三花从此成为“未来公司A”的供应商。2015年，三花第一次为“未来公司A”批量供货。

从早期车型到最新车型，三花的产品在“未来公司A”的汽车上越来越多，三花对于“未来公司A”的影响力，对于整个新能源汽车的影响力也越来越大。张荣荣觉得，这一切都来自三花早期做电动汽车热泵系统的决策。它指引了方向。

与此同时，三花与“未来公司B”和“未来公司C”的战略合作业已达成。在一个共同未来的指引下，未来与未来碰撞到了一起。

三花的方向对了，运气似乎也愿意青睐它。张荣荣一直说，三花汽零走的每一步，是机会也是风险。“如果那个时候没有这几家新兴的‘未来公司’，没有奔驰这样的传统汽车巨头在推二氧化碳冷媒，三花后面的路可能仍然非常艰难。机会永远是给那些有准备的人的，如果当时没有准备好，这些机会仍然会丧失。”

对于三花来说，一个重要的时间点是2011年。在那一年，三花与“未来公司A”握了手，并且在四年后建立了亲密关系。本书引言中曾经提到，2011年在美国汽车工程学会的一个会议上，三花的几位科学家与“未来公司A”的热系统专家进行了接触。他们向“未来公司A”的同行介绍了自己的电子膨胀阀，后者邀请他们到其总部进行产品和技术介绍。

张荣荣他们后来去“未来公司A”总部与其热系统团队进行了交流，并向他们推荐了电子膨胀阀等一系列产品。当时那些同行并没有表态，但合作的种子已经种下了。

几年之后，种子发芽。

在与“未来公司A”探索合作的过程中，三花先是成为“未来公司B”的供应商。

“未来公司B”与“未来公司A”都属于行业的颠覆者与领导者。进入“未来公司B”的第一个产品就是电子膨胀阀，然后各类新产品都陆续出现在了“未来公司B”的新车上。最新出现在“未来公司B”新车上的某款重要新产品，从开发到量产只花了半年时间。史初良亲自主导了这一项目，鲍俊峰团队攻关完成了这一项目开发。

这是一个奇迹般的项目。史初良、鲍俊峰他们用这样一个奇迹告诉所有的“未来公司”乃至整个新能源汽车领域：三花来了。

三花真的来了。

## 三花有能力

从阿拉善的沙尘暴回到杭州的春暖花开之后，鲍俊峰在2014年开始组建团队，做电子水泵和油泵的开发。

北京时间2016年4月1日11时30分，特斯拉在美国发布了Model 3车型。新能源汽车的滚滚浪潮再次在全球涌动，也给三花这样追求“换道超车”的企业带来了新的机遇。幸运的是，为了这一天，三花不仅很早就开始了准备，并且已经具备了一定的技术、产品和人才基础。

邹江（左二）和团队成员一起讨论产品研发问题

那年10月底，三花成为“未来公司A”定点供应商，“未来公司A”提出了一款新品的开发需求，要求次年年中实现批量供货。当时三花连模具都没有，更谈不上生产线了。他们唯一拥有的是此前做同类产品测试试验时曾经积累的一些概念样件。

“未来公司A”的新车上市已是箭在弦上，而这一产品在“未来公司A”的车里是核心部件，如果没有这款产品配套，关键设备的驱动就会出现问题。

对于“未来公司A”来说，这是一个关键时刻，他们需要援兵。可是援兵在哪里呢？

他们想起了一个人：邹江。

三花的邹江博士曾经为“未来公司B”配套开发过热管理循环里的关键换热产品。他的项目也曾经历过波折。刚开始的时候，邹江是与另外一家国际知名同行公司竞争这个项目，却处于劣势。对手的技术、生产、品牌和市场关系等方面都要比三花成熟得多，并且已捷足先登给客户送了样。邹江回忆说："当时除了一台真空炉和像炉火一样的激情外，我们几乎啥也没有。"但在几轮技术方案竞争和实验数据比对后，邹江团队却靠着新的设计方案后来居上，超越竞争对手，拿到了单子，顺利完成项目开发和量产交付，也赢得了"未来公司B"的信任。

或许是因为对"未来公司B"技术攻关的成功往事，也或许是三花拥有了行业口碑，这一次"未来公司A"也找到了邹江的团队。

一方面出于达成合作的意愿，另一方面也是出于证明自己的野心，邹江他们不顾时间已非常紧张的局面，从一片空地、一个空车间开始搭建生产线，进行工艺探索。

他们没有被非常紧张的开发周期桎梏，没有被竞争对手的干扰桎梏，没有被自己的固有经验桎梏。尽管他们此前只是做了一些原理性的仿真和设计，还根本谈不上成型的"产品"；尽管团队成员也都不是资深成熟的工程师，很多试验都要摸索。他们还是决定对自己进行一下压力测试。他们也知道，做成了，三花将会赢得尊重；做不成，机会将会变得渺茫。

离原定送样的期限还剩几天，样品做出来还存在内漏。邹江他们什么都顾不上了，没日没夜再设计、再采购、再打样、再测试。行业内常规的开发周期，被邹江团队通过优化设计和验证方法，以及发扬拼命三郎精神，缩短为只用了1/3的时间。最终邹江带着合格样品亲自去了客户那里做展示。

在产品送样测试的过程中，邹江团队不仅展示了自身设计方案的优势和可实现性，同时对客户青睐的业内的另一种技术方案，在通过技术手段详细论证分析后给出了设计风险报告。经过测试，"未来公司A"接受了邹江团队的技术分析结论，也接受了三花的解决方案。

这件事情对三花汽零乃至整个三花而言具有里程碑的意义：客户认识到三花不仅仅是一家以客户为中心、能够对客户需求作出迅速响应的供应商，也是一家有着较强自主技术开发能力、能够切实解决客户需求中的“技术痛点”的供应商。

邹江的那次戏剧性波折，给所有的“未来公司”们提供了一种认知——三花有能力在最短的时间里完成别人完成不了的开发。

所以，当同处新能源汽车业界前沿的“未来公司C”新车型的某项热管理产品开发遇到了类似问题，其指定的一家国际老牌供应商始终解决不了一个样件的发热问题时，它便同样转向了三花。

此时此刻，距离该车型的量产时间也已经很紧了。不接这个活，三花没有责任；接了这个活，万一做不好交不了货，三花就要为此负责。那时候很多人劝史初良不要接这个“烫手山芋”，史初良在请示了张道才与张亚波后，觉得这样的机会对于三花而言可谓天赐良机，一旦拿下，三花就会与“未来公司C”牢牢捆绑在一起，共赴未来潮流。除此之外，“未来公司C”也有一种示范效应，当三花征服了苛刻的“未来公司A”“未来公司B”和“未来公司C”这三巨头之后，就意味着它可以征服整个行业，成为行业的第一选择。

通常来说，汽车行业开发一个产品至少需要两年时间，但留给鲍俊峰他们的只有不到1/4周期的时间。鲍俊峰说，他们决策的时候更加注重为客户服务和负责的态度，毕竟他们已经拿了很多“未来公司C”的订单。

“它原来的供应商出了问题，一时跟不上客户的进度了。而我们之前已经有开发这个新产品的规划和需求，正好赶上了这个契机，”他说，“很多时候是市场倒逼你去做产品开发，不做就会丧失这个机会。通过评估，我们觉得风险还是比较可控的，毕竟三花有基础能力在。那时候我们另一款类似产品已经开发出来了，只要足够资源配上去，客户要求的这款新品开发还是能够做出来的。”

鲍俊峰他们唯一不能确定的是，对于这款挑战性的新品，他们会开发到什么程度。但他们愿意全力以赴地去面对这个挑战。对“未来公司C”来说，这

鲍俊峰（左二）和团队成员一起讨论产品开发方案

也是他们的背水一战。他们之前在这一产品的开发方面也已经做了很多工作，积累了不少数据。“未来公司C”的工程师与三花的工程师聚在一起，将三花的工艺制造优势发挥到了极致。几个月后，新产品开发了出来，测试过关，进入了量产。

又一次，三花用结果告诉整个新能源汽车行业，他们能超出预期、创造奇迹。

这是三花敲开所有“未来公司”大门的故事，也是其在新能源汽车领域的“大跃进”。这次跃进之后，它成了走在行业前沿的疾行者——不是因为它足够光艳照人，而是因为它拥有通往未来的技术与能力。

特斯拉2017年7月28日推出的新款车型Model 3，给了公众对未来绿色出行、智能出行的崭新信心和希望，迅速吸引了全球汽车产业和资本市场的目光，在全世界再次形成了智能电动汽车的滚滚巨潮。

2017年4月3日，三花的车用电子膨胀阀荣获2017年度美国《汽车新闻》PACE大奖（“全球汽车供应商杰出创新贡献奖”），这是中国汽车部件企业首次获得此殊荣

2017年5月25日，“纯电动汽车空调与热管理系统技术国家地方联合工程研究中心”在三花中央研究院大楼正式揭牌，中国科学院院士周远（左三）、清华大学教授张扬军（左二）等专家出席

而稍早之前的4月，三花汽零的电子膨胀阀荣获了2017年度美国《汽车新闻》PACE大奖，即“全球汽车供应商杰出创新贡献奖”。这是汽车工业中的“奥斯卡”，颁发给“能够改写行业游戏规则”的企业，是业界创新的风向标。拿到了这个奖，意味着在“创新”领域，三花汽零已经是全球汽车供应商中最重要的玩家之一了。值得一提的是，这也是该奖项创立23年以来，第一家中国汽车部件企业获得该奖。一向沉稳低调的史初良，在底特律的颁奖现场也抑制不住激动的心情，对同事们说，“三花今天创造了历史！”

一个月后，“纯电动汽车空调与热管理系统技术国家地方联合工程研究中心”在三花中央研究院大楼正式揭牌。三花在新能源热管理上的创新与实力，得到了整个国家与行业的认可。

这是对付出的回报，是对张道才远见的回馈，也是对那些技术人员的褒奖。

邹江在回顾产品开发过程时曾多次说过，汽车换热器这么一个“铝疙瘩”，从设计到工艺、设备、工装等各个环节，每一个领域都是难关险道横亘。作为这个产品的技术负责人，邹江面临巨大的压力：投资近亿元的技改、客户只有不到一年的项目SOP（标准作业程序）目标，还有团队的创建、沟通和磨合等等。这些都是让人喘不过气来的压力。

鲍俊峰曾经说，从白手起家疯狂拼搏的日日夜夜，到今天行业破冰的曙光初现，整个过程我觉得已经不能用“有责任”“敬业”这样单薄的词语来形容邹江了。

有人这样问过邹江：“你为什么能做到持久专注的疯狂拼搏，有没有坚持不下去要动摇的时候？”邹江说：“我听人说过这样一种生活境界——当你老了，牵着小孙子的手出门散步，走过自己设计产品的旁边时，你可以很骄傲地跟小孙子讲，这是你爷爷开发的产品！我很向往这样的境界！”

邹江一直说，汽车行业跟别的行业不太一样，你一旦延迟，把计划搞乱了，风险其实更大了，所以倒逼的其实是汽车企业自己。“‘未来公司A’的第一个项目——充电桩冷暖阀门，我们原来没做过，就通宵搞。样件就是焊不好，怀疑有人做坏了，还要协调。时间都非常紧，逼出来，逼得你睡不着觉的那种。”

2014年年底，邹江发现，他们的一个焊件换了一种焊接材料后出现了疙瘩。他们折腾了一个多月也没找到原因，最后史初良都要跑过来跟他们开分析会。问题最终解决了。

2015年的时候，为了一个部件，邹江一晚上跑3个城市，宁波供应商搞不定，马上去了苏州，然后再回杭州。“很多客户项目，就是想证明自己，只要有客户机会，都要去抢。客户找不到合适的，那我们上呗。接近四十了，不惑之年有一点好处，感觉心理抗压能力稍微强一点。”

## 竞技场升级

“未来公司A”是一个苛刻的客户，却通情达理。它们通常会给三花提供一些费用，主要包括为批量导入而准备的模具费、试验费。此前通用汽车提供过前期研发费，因为它们认为三花开发的电子膨胀阀是一个比较具有前瞻性的产品，“但主要的研发费还是我们自己承担的”。在与戴姆勒-奔驰合作的$CO_2$高压冷媒项目中，戴姆勒两种费用都给了，前期给研发费，批量导入给开发费。“因为$CO_2$冷媒戴姆勒算是全球第一家，是非常前沿的系统，需要解决的技术问题很多。”

能够拿到开发费用，对于三花来说同样是实力的证明。它说明了世界顶级公司信任你，愿意与你一起去探险，找到未来的方向。

当“未来公司”们、通用、戴姆勒、宝马这样的巨头公司与三花建立了亲密关系之后，三花就变成了新能源汽车行业里的“香饽饽”，每一家新能源汽车公司都想与其建立合作关系。谁都希望与成功者建立合作。这是“马太效应”，赢家通吃。

沃尔沃来了，国内的“造车新势力”来了。三花从后排的跟随者开始向前排移动。以前三花更多是向马勒贝洱、德尔福、法雷奥这些一级供应商提供产品，现在他们可以更多地与奔驰、大众、奥迪、宝马、通用、特斯拉、丰田等车厂直接打交道了。另外一个明显的行业地位例证是：在传统常规能源汽车领域，三花的单车空调配套部件货值不到100元，以机械控制部件为主；但是在新能源汽车领域，三花的热管理控制部件和组件的品种、数量、性能要求均明显上升，以电子控制和集成模块为主，单车配套货值在1000元以上，给其中一家国际知名新能源汽车制造商的单车配套货值达到了3000多元，某款车型的单车配套货值更是高达5000多元。

“我们已经走到跟OEM前期合作很靠前的一个位置上，拿到第一手信息，对市场需求的把握比较准，方向不会走偏。我们跟OEM合作，可以做一些前瞻性的产品，地位完全不一样。”邹江说。

张道才亲身体验到了这种变化带来的快乐。他曾经在一次会议中说，在新能源汽车领域我们已经成为更重要的供应商，挤到了第一排，竞争比以前更激烈了，对手能力也更强了。他喜欢这种新的竞争，这是强者之间的对话。

事实上，很难说三花与传统汽车空调制造商即他们的直接客户会产生怎样的竞争关系。三花此前一直低调，心心念念致力于为汽车行业客户提供满意的产品和服务，就像他们在家电领域一直在做的一样。但是现在，三花意识到，随着新能源汽车的兴起，系统商跟部件商的界限已经模糊，与客户出现利益交叉是不可避免的；在新领域中，不仅三花的研究在从热管理部件向系统延伸，客户的产品也在从系统向部件下沉。

这是时代的需求造成的，也是汽车工业变化带来的必然结果。市场和客户的需求在不断变化，十年前通用、大众这样的巨头也会依赖一级供应商的能力，但如今OEM自身能力在提高，开始有了自主决定权。在整车厂的新能源汽车业务的采购名单上，三花如今经常与马勒贝洱、德尔福、法雷奥、汉拿、银轮同列。

在张荣荣看来，市场的博弈终归是利益的分配，只要存在利益关系、供需关系，能够为客户提供有价值的服务和产品，该合作的还是合作，哪怕某些领域存在一定的竞争关系。“就是一个博弈，三花已经是重要玩家。跟客户在合作达成共识的范围要做到让客户满意，在范围之外的东西只要没达成共识的，该怎么开发还是怎么开发，做好开发也是为了更好地让客户满意。”

事实也的确如此。对于张道才来说，新能源汽车的行业界限变得模糊，提供的是机遇，是为客户提供更好产品和服务的机遇：一方面在产品系列上要避免与客户在核心业务上竞争；一方面要深入研发系统，为更好开发部件提供宽广的知识支撑。“如果他没做这个决策，超前布局新能源汽车热管理系统的研发和部件的开发，对这个行业边界越来越模糊的机会，三花不可能抓得这么快。”

张荣荣曾经跟史初良讨论过，做汽车零部件一定要做系统研发，不做系统研发就不知道零部件应用的需求和风险点。“要开发系统，研究系统，才能更好地做部件和组件，这点大家都有共识。我们的阀卖出去三四十块钱，但汽车空调厂卖给整车厂可能是五六十块钱，甚至报到一百块钱以上。如果做复杂程度更高的集成类产品，打开的难度更大。”

在此之前，三花作为汽车零部件供应商，卖的是一些零部件和组件而已，系统厂、OEM也不可能把整个系统全部交给一家公司去做。它们通常会拆分选择，比如前端模块是系统供应商A，空调箱总成是系统供应商B，零部件TXV是三花，压缩机是系统供应商C。总成有一些冷凝器、蒸发器，是系统厂家的核心业务。现在新能源汽车热管理系统起来后，增加了电池热管理系统、热泵模块等。它们也害怕有人做了新能源汽车热管理系统后，整个总成业务只剩下前端模块。

张荣荣说，系统供应商会把整个系统研究好，跟整车制造商客户匹配好，但是他们卖的并不是整个系统。“国际大公司不会把整个系统全部给一家，比如通用、大众、奔驰，他们前期开发会找一家系统厂一起开发，之后让零部件厂商竞标，只不过买的模块大一点或者买的总成多一点、零部件多一点。有购买整个系统需求的都是国内开发能力较弱的车厂，有的公司可能整个系统都是一家系统供应商的，系统供应商再去采购很多零部件，自己则只做一些热交换器、塑料模具件。”

2018年7月，三花控股集团宣布以21.2亿元对价，收购宁波福尔达。福尔达是一家汽车智能集成模块和部件供应商，以汽车内饰功能件的开发为主，经营汽车空调智能控制器、空调伺服电机、汽车内饰件、汽车灯具等产品，很早就进入了日本OEM供应商体系，并已成为丰田、大众等全球日系、德系主要汽车制造商的战略供应商，在浙江宁波、上海、天津有多个制造基地与研发中心，以内部精细化管理见长，但在海外制造布局、全球市场覆盖等方面存在着短板。

对福尔达的成功并购，意味着三花汽零业务更深地攻入了日本市场，也意味着三花在这一领域的产品线更加丰富，业务更加延伸，客户群体更加完整，竞争优势更获提升，是三花汽零推动细分行业整合的新进展。

“供应链形成以后要打破很难，但一旦你攻进去也是很稳定的。相比较而言，欧美市场更加开放，只要哪里有好产品就会去哪里找市场。但最核心的一点还是回到研发，你得有好产品。”

在日本市场上，矗立着一位汽零业务的巨人：电装。电装在世界五百强中居于中间位置，不但是汽零行业仰望的高峰，对于很多其他行业来说，同样是高山仰止。

作为市场上的强者，电装此前对三花并不重视，也保持了封闭的姿态。稍早前，三花汽零常务副总经理尹斌去电装访问，电装表现出了极大的重视。尹斌离开的时候，对方扔下了两句话——你全球并购制造基地，我不关心；你全球并购研发中心，我就要注意你了；没有三花的热管理技术，新能源汽车热管理行业很难这么快兴起，我们该合作还是合作。

作为日本供应商的典范，电装一直跟不二工机是强纽带关系。1998年，张道才到日本访问，他看完电装后又去看丰田，回国后感慨万千。遍览中国的汽零公司、整车厂商，20年过去了，很多公司都没有达到电装和丰田那时候的水平。

尹斌说："电装之前没有把三花放在眼里。现在我们也进去（配套）了，关键还是在于我们提供了他们需要的热泵系统里的产品。至少他们在技术上认可三花，愿意跟我们交流，原来可是门都进不去的。每当大家讨论日本市场为什么进不去时，理由总是日本市场是封闭的，张主席却用这样一句话来结尾——说到底还是我们不够强大。"

同样的逻辑，邹江意识到，当他们征服了大众和戴姆勒电动汽车平台之后，接下来便是要攻克宝马。宝马是三花的战略性客户，三花是宝马的二级供应商。但这次不同，这次三花与宝马建立的是直接关联。他们已经为宝马开发出了好几个产品。

以前与宝马合作，光是审核就要折腾半年；如今与宝马合作，对方会表示出极大的诚意。这是三花在新能源汽车领域赢得的尊重，也是2011年叩开"未来公司A"的大门时，上苍所给予的馈赠。

对于三花来说，馈赠意味着考验。以前考验的是他们如何赢得客户尊重，如今考验的是他们的控制力。

"项目五个十个的时候，都能顾得过来，到一百个的时候，战场控制能力就受极大的考验了。大家都没日没夜地忙眼前的事情，真的没有精力去顾及产业的发展。近期讨论，会把有经验的人挑一部分回去做研发，因为市场一直会有新机会新需求，就看你怎么抓住。"邹江说。

## 汽车空调膨胀阀异军突起

在敲开“未来公司”们的大门之前，三花在汽车零部件领域的突破，走过了一段漫长而艰辛的旅程。

1994年至2002年，在与日本不二工机合资的漫长8年里，三花并未如当初约定的那样得到汽车空调膨胀阀的核心技术。

1998年，张道才成立了上海三花电气有限公司，专门做汽车空调里的控制部件。大学毕业不久的张亚波是这家公司的负责人。吕虎是张亚波的高中同班同学，1996年大学毕业后在上海航天局导弹设计总部做结构设计。吕虎学的是航空航天机械制造，但张亚波相信他可以成为自己的创业伙伴。

那时汽车“国产化”正轰轰烈烈地推进，上海三花做上海大众桑塔纳2000空调的控制器产品设计开发，在德国供应商产品的基础上做国产化。张亚波带着吕虎他们一个房间睡五六个人，没日没夜地干。

“公司在上海北蔡，靠近上海汽车空调厂。我们底子还很弱，客户给样品和总装图，我们要画出图纸来。那时候软件不能转换成CAD，扫描一张零号图，找模具工具给每个人去开发，然后拿回来装起来，啪啪会散了。”

2001年，吕虎主动请缨做汽车零部件销售，销售部部长王新潮让他去应对法雷奥。三花在法雷奥原来只有贮液器的业务，后来控制面板等产品都做进去了。

吕虎的突破能力被张道才看上了。2002年末，张道才物色秘书，选中了吕虎。给张道才做秘书的三年中，吕虎杭州新昌两头跑，跟着老板到处出差。那时候三花在上海的房地产业务刚刚开始启动，经常开会到凌晨两三点钟。“主席精力好旺盛，我28岁的小伙子有时也跟不上。”吕虎有时候感慨说。

加入WTO以后，中国汽车产业发展迎来新的春天。2002年，三花与不二工机和平分手，第二年三花便成立了自己的汽车空调部件事业部，开始自主研发汽车空调膨胀阀，以新锐姿态杀入汽车零部件市场。

2004年，三花的汽车空调膨胀阀成功打入日本三电。但随后向其他日本企业推广产品时却发现，产品的10万次寿命测试远低于日本汽车行业100万次寿命测试要求。在日本，三电还不是汽车空调行业的领导者，而美国的寿命测试要求是37.5万次。三花面临着巨大的攻关压力。

此前尹斌在三花做了10年四通阀研发，这一年他刚刚调到汽车空调部件事业部任技术部长，便遇到了这个难题。没有任何办法，他唯一能做的就是埋头、静心去做技术改良，解决问题。

“10万次到37.5万次其实是一个突破，前前后后花了6个月的时间。37.5万次突破以后到100万次就比较快了。整个汽车零部件市场突破以后，2005年通用汽车我们也进去了，然后是法雷奥。我们和不二工机两家都进入了通用汽车的体系。”

倪晓明与史初良一起去通用汽车进行测试。他们成功拿到了通用汽车的3C认证，这对三花汽车空调膨胀阀意义重大。有了通用汽车的测试报告，他们再去法雷奥、马勒贝洱推广产品时，很容易就获得了他们的信任。十几年过去了，通用汽车对三花来说依旧是战略客户。三花生产的1700万套汽车空调膨胀阀里，有差不多600万套使用在通用汽车的产品上。尹斌说，这叫作“技术找对了，客户也找对了”。

十几年来，汽车空调膨胀阀的价格下降得越来越厉害，市场开始进入“红海时代”。卢建刚博士在2005年的时候负责通用汽车的相关实验室，他记得2005年史初良与倪晓明去通用做3C认证的时候，门就像突然被打开了一样，三花一下子挤上了汽车空调膨胀阀这条小船。膨胀阀价格高，10美金一个，三花的膨胀阀价格低、质量好，在市场上可谓异军突起。随后，三花的膨胀阀很快在美国市场上打开局面，占据了通用汽车采购量的半壁江山，在欧洲市场也很快推开了。当三花通过价格打破了竞争格局之后，属于三花的汽车空调膨胀阀时代开始了。

与很多产品先在国内发展再杀向国际不同，张道才一开始就确定了汽车空调膨胀阀由外而内的策略，先在国外打开市场再回到国内推广。

张道才的想法很简单，汽车工业的巨头都在国外，欧洲是大众、宝马、奔驰、沃尔沃，美国是通用、福特，日本是丰田、本田，这些公司在中国都有合资企业，拿下了主战场，中国市场也就能自然覆盖形成竞争优势了。

这是企业家的战略判断，是一眼看到本质的能力，是商业天赋。很多人终其一生都无法突破眼界的桎梏，而张道才只须看一眼就做到了。

三花汽车空调膨胀阀的第一个客户是日本三电，然后是法雷奥、德尔福，再往后是马勒贝洱。那时候国产汽车使用的汽车空调膨胀阀大多是铜阀，国外汽车则使用铝阀，可以说是泾渭分明的汽车市场区隔。

2006年，张道才决定把汽车空调部件事业部独立出来，成立三花汽车零部件有限公司，并从新昌搬迁到杭州下沙。随后浙江三花汽车控制系统有限公司、杭州哈德森汽车部件有限公司等相继成立，建立起粗具规模、功能完备、覆盖全球、后劲强大的汽车空调零部件产业发展体系，并规划向汽车智能控制系统领域优化升级。

那几年里，三花主攻汽空膨胀阀和贮液器，一部分控制器业务放在上海。业务做得有声有色，但营业额在快速成长的同时却也看到了未来的“天花板”，每次战略研讨都很难找到新的战略增长点。王辉团队在2009年的一个产品项目改变了这一切。

## 突破“天花板”

2009年，王辉博士团队开始研发汽车空调电子膨胀阀。那时候张道才在三花成立了中央研究院，这是迄今为止公认的前瞻性正确决策。尹斌说：“从现在来看，热管理也好，整个部件也好，研究院当时的研发布局是比较合理的。”

王辉团队以机械结构设计见长，在完成电子膨胀阀初期开发后，他们把这一项目转入了中央研究院，交由张荣荣博士团队接手。张荣荣团队具备电控技术开发能力，在机电结合方面对产品做了新突破。这产品原是通用汽车公司提出的研发项目，通用自己却觉得“没有应用把握”而中途放弃了它；三花坚持了这个项目，最终用它叩开了“未来公司”们的大门，使它成了一个失之东隅、收之桑榆的故事。

吕虎是叩开“未来公司”们的大门的关键人物之一。吕虎在给张道才做了三年秘书之后，公司派他去美国开拓市场。起初的两年，吕虎主要在美国销售汽车轮毂，那是三花通过并购在东北建立的新业务。多年之后，这场并购被证明为是一次并不成功的尝试。

轮毂技术含量低，要靠规模才会出效益。吕虎在美国卖轮毂，注定无法拥有大规模，只能“小打小闹”。汽车电子空调膨胀阀开发出来之后，吕虎在美国的业务开始变得主动起来。

2008年的时候，吕虎手中只有德尔福的业务，年销售额不过50万美元。但是德尔福是通用汽车的一级供应商，三花因此便进入通用汽车二级供应商序列。

在传统汽车产业，整车厂商控制一级供应商，一级供应商控制二级供应商，二级供应商与整车厂商之间没有直接的业务联系。吕虎一直在想，三花能不能走出这个怪圈，争取到一些主动权。

正好在此时，三花的汽车电子空调膨胀阀产品需要得到通用汽车的直接认证，他就与倪晓明、史初良一起来到了通用汽车。那时候正是金融危机后最凄惨的时光，通用汽车在破产的阴霾中艰难度日。吕虎来到通用汽车的时候，工厂里冷冷清清的，“该拆的全部拆完了”。

通用汽车的日子不好过，他们做产品测试的时候，系统供应商给他们的开价又很高，远超出一个濒于破产企业的承受范围。吕虎会谈判，抓牢了对方的心理。他主动跟通用的项目经理说，你要样品来找我，我免费给你；你要测试数据，我国内给你测试好，我把工程师派过来给你们做现场服务。

通用的项目经理叫埃德温，好几次开会的时候都不留情面地说三花的产品就是copy（模仿），测试数据是艾格尔霍夫最好，不二工机第二，你们最烂。吕虎说，你把数据给我，我们把问题解决掉。吕虎回头就找了公司一位叫章剑敏的老师傅。老师傅很厉害，一个星期不到，样品做出来送过去，一点儿问题都没。

## 两位老通用的加盟

埃德温非常喜欢研究，30年前就玩EXV（电子膨胀阀）。吕虎投其所好，问他要不要再玩一把。“那时候日本顾问水谷老先生还在，就从日本到美国专门去给他们解释。从一开始，交流就多了，对方更深一步理解了我们的能力和企业的作风、做法。”

后来史初良想招一些专家，吕虎他们就四处去找。2009年，埃德温答应加盟三花。那时候通用汽车在金融危机中艰难转型，而埃德温看到了三花对技术研发的决心和能力，更适合他发挥所长，心里就有了换个地方的念头。

那一年夏天，吕虎专门陪着埃德温夫妇从美国到了杭州。张道才很细心，知道埃德温信教，除了安排他们在公司考察、讨论外，还专门让秘书带埃德温夫妇到杭州各个教堂去转转、看看。

张道才在杭州风景秀美的九溪景区有套别墅，他安排埃德温夫妇住进了他的别墅。埃德温的夫人很喜欢那幢看得见风景的房子，拍了几百张照片，开心得不得了。埃德温是虔诚的天主教徒，非常爱他的夫人，起初还有的一丝犹豫也在他夫人对居住环境的热切喜爱中打消了，就留在了杭州。

埃德温喜欢交际，他住的别墅后来变成了200千米范围内通用汽车合资公司美国员工聚会的大本营。埃德温也非常敬业，当他决定要来之后，第一件事就是开始考虑要添什么设备。吕虎说："现在我们跟福特做好多试验，客户跟他谈有信任感，他在通用那边帮我们把EXV做起头，来了以后继续做EXV。"

吕虎因为经常到埃德温的实验室混，也认识了Harry（海睿）。海睿原来是埃德温的上司，资深的通用管理层人员。他经历了通用的破产萧条。埃德温每次回通用都会跟他讲三花对他很好。2014年，海睿主动找到吕虎，试探加盟三花的可能性。吕虎看出了海睿的心思，把话挑明，为海睿与三花之间搭了线。

"最后海睿愿意来，一个重要原因是他跟张荣荣等一批博士进行了交流。他觉得有这样的人才团队的企业是有未来的。"

史初良对这两位老通用的评价是，埃德温是做技术研发的具体工作，海睿是做技术管理，产品、行业等不一样，交流的人也不一样，却都"可以在技术路径、技术方向、产品方向等方面给我们很好的指导"。现在，海睿担任三花（底特律）北美技术中心主任，再一次成了埃德温的老板。埃德温在海睿的手下继续做研究。吕虎说，埃德温不久前在气候箱实验室做实验，因忘了喝水而差点晕倒，敬业和拼劲还是和小伙子一样。

张道才对海睿评价也非常高，他认为这个美国人在战略管理方面是有思想的。"海睿来了以后帮我们做了产品路线图和技术路线，有些产品比较具有前瞻性，现在不一定做，但整体思路上还是有一定程度的提高，变得更加系统化，"吕虎说，"因为他是站在车厂的角度看产品。"

海睿的到来让三花的汽零业务销售方式发生了改变。

三花原来做汽车部件业务有点像做家用产品的模式，核算成本，能省则省，只有一个业务员在欧洲常驻，临时性的工作需求往往聘用当地留学生完成。海睿听说后，跟张道才说，你们靠这么几个人把业务做这么大很不容易。听起来像是褒奖，实则是用这种委婉的方式提醒三花：汽车业务真要做开来，这种方式是不够的。

张道才听进去了，他明白海睿的用意。他更加激进，说："我们的业务员要把销售办公室设到汽车厂里边去，要跟汽车厂的技术工程师天天在一起交流，我们每天都要有十几个人在天上飞……"时至今日，张道才所描绘的图景已经有部分成了现实，光北美常驻底特律且经常跑车厂的销售工程师就有十多个。

埃德温与海睿还给三花带来了"副作用"——每家整车厂商都有自己的战略路线图，长则五年十年，短则三年。供应商根据车厂路线图做产品线开发。因此，如果能够得到车厂的战略路线图，对供应商设计自己的产品技术路线、获得车厂的研发合作项目、锁定未来订单将具有重大意义。

有一年通用到三花考察，为了取得通用的战略路线图，吕虎铆足了劲，"把办公室都设到了通用"，"加上埃德温和海睿跟他们磨，最终磨出了一条路"。

"项目营销过程中，采购只是第四步到第五步之间的事情，前面第一步到第四步全部事关技术。因为汽车是人命关天的东西，企业对产品技术更加严谨，一个车召回就是几十个亿。对车厂来讲，只有技术做好了，产品才是安全的。汽车是技术密集型行业，不光是资本密集。"

在美国磨砺了这么多年后，吕虎意识到，美国大部分企业家就是职业经理人，目标明确，只关心报表、数字、销售，不关心长期目标，甚至把企业拆了卖掉，美其名曰"优化资产"。

也正是在这个背景下，吕虎才会觉得在职业经理人扎堆的汽车行业内，马斯克是个绝对的"怪物"。"美国这么拼命的企业家很少。特斯拉产量上不去，他扛睡袋躺在生产线边上，有问题一起分析，累了就躺一会儿，每天只睡两三个小时。”

“他的理念就是，物理规律上行得通的，在现实中就一定可行。他看准的东西就会咬紧牙关干。”

在张道才身边做过3年秘书的吕虎说，马斯克的行为方式，与张道才有相似之处。

本质上，他们是同一类人，是在“无人区”中探路的人。

# 挣扎中前行

你跟着别人跑，你只能做到“成本领先”；你去主导研发、你去定义产品，就能做到“技术领先”。

## 旧金山“头脑风暴”

2017年6月26日，旧金山机场凯悦酒店。

张道才原本是去客户公司访问的，正赶上客户公司一家工厂出现了着火事件，公司上上下下忙得一塌糊涂。原本要会面的大老板来不了了，两个负责接待的副总连一个小时的会谈都无法保证。

张道才就跟随行者说，人家正在忙的时候我们去拜访，估计人家也没心思接待，而且也觉得烦，索性我们大气一点，等他们生产恢复了我们再来。

他们在那边逛了3天。26号早晨，吕虎、莫杨、张荣荣、刘宁他们一起吃早餐。早餐过后，他们坐在那儿聊天。他们聊了市场，聊了过去两三年精力集中在产业公司，而市场反映出后续产品跟进有些乏力的情况；他们也聊了研究院的重新定位，聊了产品。

“我们在讨论市场需要什么样的东西，三花有什么样的能力。当时，张荣荣和吕虎也一直在讨论。‘研发太多面向市场一线了，接下去要开发什么样的产品需要好好想想，’他们理了一下泵、阀、热交换器、控制器这几类产品，‘怎么去定义我们的能力，中央研究院应该建立什么样的能力。’聊着聊着，我们的思路更加开阔了，想法也更加有结构性了。”莫杨回忆道。

他们聊得越来越兴奋，就约着一起找张道才聊。在张道才的房间里，他们将这场早餐会演变成了一场“头脑风暴”，甚至无意间解答了张道才心中一直思索的疑问。“头脑风暴”的效果超乎所有人意料，被张荣荣称为“有历史意义的一天”。

“聊到后面，老板说，今天要做个纪要。”莫杨说。后来他根据记忆，还原出了那“有历史意义的一天”。

主席与参会人员对汽零业务当前发展中与系统厂客户关系处理的策略问题、新能源汽车与无人驾驶汽车的市场和技术发展趋势、公司战略性研发的定位和布局等问题展开了自由而充分的讨论，形成了以下基本结论：

一、公司原考虑在拓展传统汽车零部件业务的同时，展开新能源汽车空调与热管理系统的研发和市场交流。这引起了个别客户的疑虑和关注，对三花汽零提出解释和承诺的要求。考虑到当前汽零业务发展的实际，决定对该客户以及行业内也可能提出类似问题的其他客户，统一对应口径如下，并明确成为公司今后几年要实际执行的行动策略：

1. 三花的产品技术发展定位是“研究系统性能，开发经营部品及子系统”，即在研究新能源汽车热管理系统的基础上，根据客户需求，更好地为客户开发和提供部件和组件产品。

2. 对于新能源汽车热泵空调系统，三花只做内部研发，不直接向市场与客户推广；在系统性能真正取得研发突破、掌握一定主动地位后，再可以向专业汽车空调系统公司提供技术服务，展开技术合作。

二、根据汽车行业特别是新能源汽车、无人驾驶汽车的发展趋势，公司真正的发展路线，是要通过加强与各类汽车制造商的直接交流和对应，直接获取市场最前沿的需求信息，根据客户需求开发多种新产品，直接对汽车制造商作出响应，成为汽车制造商的直接供应商。对于和汽车空调系统客户的关系，争取做到不直接、正面对峙和竞争；在同类部品存在竞争关系时，可以采取加强合作经营的方式。三花在汽车制造商的地位越巩固，对汽车空调系统客户的谈判地位就越主动。因此，对于主要的整车制造商客户，要有专门的市场、经营和技术团队，与其展开经常性的信息交流，既通过三花迅速反应、以客户为中心的服务态度，也通过不断成功配套的产品项目，不断提升整车厂客户对三花的信任程度，加快拓展三花与整车厂客户的合作关系。

三、汽零业务当前的工作重点，必须是抓好产品质量，稳定推进重点项目的批量生产成功，做到客户满意。对外可按照新能源汽车客户的要求和节奏加快项目推进，对内则仍要按照传统汽车行业的流程和要求，认真验证产品的质量和可靠性，狠下功夫，做到产品质量过硬、内心踏实。要把产品质量问题看深看透，以后才能赢得更多更好的市场机遇。

四、在此基础上，公司要进一步思考产品和技术发展方向：要对公司现有核心技术系列，如流体（阀件类）、热交换、电机（泵类）、电子控制技术等作出全面梳理；然后与客户作深度互动交流，分析市场需求及发展趋势，全面整理三花核心技术与市场需求的结合点，深化三花的产品、核心技术发展战略和路线图；再通过立项开发，加大人才引进和培养，加强研发设备投资等手段，使研发战略和发展路线不断得到落实，使三花更好地服务客户需求，走到全球行业前列。

五、三花这几年在宏观经济环境不佳的背景下，市场销售火爆，经营形势向好，得益于早些年打下的产品和技术研发基础。中央研究院作为公司战略性研发的载体和发动机，当前各研发团队已实际划分到产业公司，协同推进产业化，而发展到一定时间之后，公司必须将基础技术与生产技术、应用技术的开发适当分开，根据不同技术的研发特点，适当分工，加强协同，形成“技术研发—市场推广—验证通过—批量供货”的良性循环：

1. 一方面，要加强中央研究院建设，使中央研究院在与市场保持交流互动的前提下，不断加强公司内部基础技术、核心技术的研发，提升公司的核心竞争力和可持续发展能力；以戏曲演出团队做比喻，如果各种角色都能聚集功底深厚的名人名家的话，那么对于任何一个演出剧目，演出团队只要稍加排练就能上演一台好戏。中央研究院就是要“练功底”，建设成为汇聚各类专业和优秀人才、全球行业内领先的杰出研发团队。

2. 另一方面将生产技术和应用技术集中到产业公司来开发，主要面向客户应对、现场工艺优化、降低生产成本等实际问题的解决，重点保证客户对产品质量和技术性能的要求。

3. 重要技术的开发都要“专利先行”，优先考虑从源头上实现保护，建立起有效的进入壁垒，防范和打击行业内对手的不正当竞争。

六、可以对博世、电装、西门子这样的全球技术领先型公司作些深入和扎实的调研，分析他们的技术路线、经营格局和发展模式，作为三花对标学习的标杆企业。三花做任何事情，既要清楚把握前瞻性的、大的发展方向，又要把时代发展需求和自身实际条件结合起来，转化为战略路线图和具体发展规划，在实现每一步发展目标后，再进行下一步的发展。战略规划也要根据市场实际作与时俱进的必要调整。这样才能踏准、踏稳发展的步伐，公司也才有持续发展能力。如果能够按照当前聚焦新能源汽车和制冷空调家电领域的热管理系统开发应用，以“专注领先，创新超越”的思维逻辑做下去，三花未来就一定能成为一家伟大的企业。

七、对于上述第四、第五、第六点，要在7月9日的总裁班子扩大会议上作专题讨论，各业务单元技术负责人均参加。由各业务单元汇报本单元的市场发展重要趋势和产品技术发展规划，充分展开讨论，梳理公司的研发战略和产品技术发展的具体规划目标。

这份名为《“17·06·26”旧金山汽零技术产品发展路线讨论会议纪要》的文件，可以称得上三花历史上密级最高的文件。它几乎完整呈现了三花对于未来的野心，以及寻找未来的策略——

“我们也要去研究博世、电装、西门子等跨国公司的管理，如果照着这条路走下去，我们也有可能成为一家伟大的公司。”

那时候的张道才已经不再担任公司总裁，不用再像做董事长时那样专注于公司的战略与未来方向。然而年龄并未对他施加足够压力，他对未来依旧充满热望。

事实上，张道才比任何人都清楚，三花汽零业务如果仅满足于当前的火爆市场，迟早将会遭遇瓶颈。从2010年开始，一直到2015年，三花在新能源汽车领域一直在跟着新兴的“未来公司”们与戴姆勒走，它们的需求决定了三花的方向，当产品开始批量生产、市场需求直线上升之后，三花呈现出了一片繁荣。每个人都欢欣鼓舞，但张道才却忧心忡忡。

张道才知道，三花在新能源汽车领域的优势来自前瞻力。三花起步比竞争对手早，技术积累得比对手丰富，对市场的理解比对手深刻，产品比对手略有高度。他们在寂寞当中坚守了自己选定的正道，当市场培育起来后，先发优势最终带来了回报。

需求变得旺盛，市场竞争便会加剧。会有更多的玩家进入这个市场，已经批量生产的产品，会有对手进行研究、剖析，继而推出类似产品。“这个时候如果我们不去做持续研发和超前研发，肯定会被别人赶超。”

如何保持持续的竞争力？

三花可以比别人超前三年五年布局，但如果有大玩家进入市场，用密集的资本与技术攻略，领先三五年的优势极有可能被别人一两年追上，继而超越。

张道才又想到了自己之前一直在公司内强调的路径，从“成本领先”战略向“技术领先”战略升级。你跟着别人跑，你只能做到“成本领先”；你去主导研发、你去定义产品，就能做到“技术领先”。在成熟市场中，技术领先者永远都能分到最大的那块蛋糕，更重要的是，技术领先者对未来的技术趋势拥有天然的定义权。

## 张道才的技术地图

2010年建立的三花中央研究院走过了一条先抑后扬、厚积薄发的道路。在最初的几年内，研究院始终没有实现张道才的预期。每个研究人员都很忙，没日没夜地操劳，也开发出一些新技术，但找不到足够的市场需求，用史初良的话来讲，是“叫好不叫座”。而在市场人员看来，他们在干的都是一些不挣钱的项目，技术概念或许很好，但是量产成本太高，客户不会买单，看不到前景。

整个公司对研究院私下里也充满非议，觉得研究院干什么都不成。特别是制造工厂的那些工程师尤其如此，他们虽然学历比研究院的博士们低，但他们干出来的产品能卖出去，可以得到客户的认可，为公司赚到钱。而在三花，为公司挣钱是王道。产品实现了价值，工程师们就会变得越来越自信，而他们获取资源的能力也会越来越强。

张道才了解研究院的苦恼，也理解研究院院长史初良的焦虑。史初良他们是他的“子弟兵”，某种程度上也是他的孩子。他看着史初良从一个大学生成长为三花的核心力量。如今这位年轻人头发白了很多——内心的焦虑都转成了白发。

张道才不希望研究院变成产业公司的研究院，因为研究院一旦关注短期产品，就会丧失其真正的价值。但他也不希望研究院变成一个“坐而论道”之处——三花是一家企业，企业的研究院需要研究的是与企业未来发展相匹配的、可转化为经济效益的技术。

在市场前端磨砺多年之后，吕虎也意识到，没有前期研发就没法做到“技术领先”，吕虎把这种“前期研发”称之为“三花的基础研发”。在经历了阿拉善光热项目之后，张荣荣意识到，只有能够实现量产、产生效益的技术，对公司来说才是拥有价值的。当他们开始碰撞的时候，共识便开始产生，而这个共识，正是张道才所需要的。

“很多产品要靠不断地琢磨、耗时间跟客户交流，做一些看似无用的东西来定义。有两个产品我现在在思考，第一个是制冷系统里非常前期的喷射器产品，市场上是没有的，但就像我们做电子膨胀阀一样，也没有应用的先例。没有应用先例的产品必须靠研发人员耗时间去琢磨，去跟客户交流，去找它的应用优势。就像我们当初做ESV（试验安全车）一样，整整3年时间，要请外国的专家，要搞很多试验车，投入很多试验条件，肯定也会有很多人说三道四。但这事你不去做，这个产品永远不会成功。”

在旧金山的“头脑风暴”中，吕虎担心的并不是销售本身，而是后续的研发能力。他认为当下的研发太面向市场一线了，会使新产品的方向紊乱。

应该开发哪些新产品？

应该将目光聚焦在哪些产品线？

应该具备什么样的能力？

他们的激烈争论，最终成了张道才的经纬，使张道才再次确信，唯有“技术领先”，才是三花的未来之道。他跟那些年轻人说，他要“把这个思想宣讲透彻，让大家形成共识”。

张道才的经纬事实上就是一张技术地图——梳理出主打技术及其应用领域，找到空白点，将技术延伸进去。这张地图有一纵一横两条主轴：横的是产品线上的技术体系，以满足客户现有的和潜在的需求为主，有明确的时间节点、市场预期，这方面由业务公司的研发人员完成；纵的是技术路线，是基础技术，也是张道才心中的核心技术。这是研究院该干的事情。它要成为三花未来的底盘，要专业、前瞻和有深度。研究院需要有人专门做研究，不要热火朝天，不要锱铢必较。为未来储备弹药，怎么能锱铢必较呢？

技术地图出现了，意味着张道才的技术战略就完成了，简单来说就是切准市场，一手抓当下，一手抓未来，同时进行工艺装备的知识产权保护，补齐短板，有攻必破。

这是一个完整的技术体系，业务公司的研发主攻需求端，研究院主攻供给端，以需求端的研发牵引和支持供给端研发，以供给端的研发引领未来的需求端。

然而汽零局部的小气候终究还是没成为三花的大气候。“汽零实现了从零到1，三花复制汽零的经验就是从1到N了。汽零也在转型，跟大企业PK的时候，还是需要有支撑的东西，现在好在有产业基础了，怎么样再往前走一步也是比较重要的。”

影响研发体系的关键因素，并非技术本身，而是相互的不理解，和由此而生的不信任。“很多实际事情一碰到，生产的人员不理解研发的价值，研发的人员不理解生产的价值……其实很多时候自己去体验一把，就知道了。”

张荣荣相信，研究院从“市场—研发—制造（产业化）—市场”的链条循环起来，将会使三花在新的高度与对手竞争——这是三花后续的“命门”，确切地说，这是三花的生机。

在三花的这一道通往未来的生机中，张道才确定无疑是那个巨大的发动机。他的奋斗年头很久了，是浙商中的“老爷车”，但他超过1000马力的动力输出，依旧可以带着整个三花往前冲刺。

在他的身后，是执掌三花未来的张亚波，是张亚波的团队，是史初良和黄宁杰这样的领军人物，是尹斌、张荣荣、邹江、鲍俊峰这样的骨干团队，是个性很强的崔凯博士这样的各路人才……

崔凯是三花内部的“另类博士”，说“另类”，是因为他在公司的种种与众不同的故事。他负责家电微通道产品的研发，一直希望打通一条从研发到生产以及销售的路，尽管这取决于各方资源的支持力度，也取决于他从研发到全面管理的转型。莫杨曾经说过，“以他的性格来讲，现在是回不了头了，他要倒也是倒在前进的路上”。这种类似“野蛮生长”的冲劲，是崔凯被称为“另类”的其中一个原因。

事实上，三花并不缺乏野蛮生长的能力，更不缺乏勤奋与付出。三花所缺乏的是张道才，是张道才式的战略观、全局观和方法论。

三花只有一个张道才，这意味着整个三花只有一个人能够站在大战略的高度思考未来。战略意识的培养需要时间，需要超越自身利益的通透与超脱，更需要对未来的期许。所以，张道才在一次高层会议上谈发展战略，讲到兴起处，说道：“三花要持续发展，只有一个‘张道才’是不够的，起码要有三四个。”

有时候业务主管站在业务角度思考研发，那么研发就是个“赔钱货”；有时候财务部门站在报表角度思考新项目，那么新项目往往就是“败家子”——“我给你两千万的研发费用，你居然还不知足。你如果是在外面创业的话，不知死了多少回了……”

立场不同，意味着对同一事物的认知各异，意味着张道才的战略会在推进的时候遇到分歧，甚至挫折。

张亚波努力改变这种现状。他相信在三花的文化土壤中，有了一个“另类”崔凯，就会出现第二个崔凯，虽然代价很大，但这样的未来值得下注。技术创新的三花，需要有对“另类”的包容。

有一次开会，一位高管抱怨先途电子的一个变频控制器项目做得不够理想。张亚波说，不要光说他们做得不好，你得多想想如何去帮助他们。对于先途电子的经营团队，张亚波是要“帮助”的；对于崔凯，张亚波是要“帮助”

的；对于一切朝向三花未来的，张亚波都希望他的管理团队能够形成共识——

如果我们去帮他一下，他能够变成什么样？

这是一种认知能力，是一种思维惯性。张亚波知道，打破固有的思维惯性很难。他采用了很多方式来除旧布新，甚至请了外部的培训公司在三花内部搞“领航班”“远航班”“启航班”，试图输入和统一新的管理思想，让每个领导者变成更加正向的领路人。

这很难，但张亚波知道，唯其如此，三花才能沿着张道才描述的那个方向走向未来。如果不转变某些固有的观念，三花的管理者们都站在各自的局部思考问题，三花将会在路上遇到各种分岔——会有人动摇，会有逃兵。一旦共识形成，所有的岔路都将变成风景，三花就可以抵御诱惑，一路走下去。

## “莫干山会议”的碰撞

2018年1月，先途电子管理团队在莫干山开了一个会，内部称“莫干山会议”。在很多叙事里，“莫干山会议”被寄予厚望——在三花原有文化的基础上，进行融合与重塑。

先途电子是一家做变频控制器的内部创业公司，被张道才与张亚波父子作为“可堪承载未来”的智能控制产品方向重点支持发展。在此前的几年里，先途电子因亏损和方向漂移而承受了种种压力。2017年，先途电子终于盈利了，整个团队的信心一下子被激发了起来。

“莫干山会议”正是这种激发的呈现。在“莫干山会议”上，先途电子的管理团队提出了3年10亿元、10年100亿元的销售目标。这两个目标在当时的三花内部听起来有些像“天方夜谭”，但是在2018年1月的莫干山上，Lewis、Jack F他们却确信无疑，即使是被认作“保守派”的副总经理陈石国，最终也接受了这样的目标。

对于先途电子来说，“莫干山会议”解决的核心问题并非确立两个目标，而是塑造了一个团队。先途电子的管理团队来自五湖四海，有民企的，有国企的，还有外企的。他们身上带着原有企业的文化和思维习惯，对三花文化的理解存在差异，因此当若干种文化碰撞的时候，分歧便产生了，某些时候分歧加剧，就会演变为剧烈冲突。

在莫干山，他们讨论了几个问题：

我们团队这时候应该怎么往前走？

我们的核心竞争力是什么？

我们应该有什么样的价值观？

他们进行了激烈的碰撞，在某些具体细节上甚至进行了争吵——这种争吵，也是会议主持者Lewis默许的，就是要通过争吵，把思想的深层分歧点给暴露出来。譬如有人提出先途的一个口号应该是“成就客户”，但陈石国认为这与三花原有的“顾客满意”相背离。

陈是三花的老员工，当时先途电子老出质量问题，陈被张亚波派往先途电子帮助Lewis和Jack F他们。

张亚波选择了陈的考虑，一是陈石国在生产制造方面有丰富经验，虽然理论高度有欠缺，但实战经验丰富，可以帮助先途电子做好生产管理；二是陈是三花培养出来的干部，“他忠诚，再苦再难他不会溜”。在张看来，先途电子正是攻坚的关键时刻，需要一个陈石国这样的人顶住一切压力往前冲。

张亚波不想频繁换人，“一换人就会出现动荡，经验沉淀不下来”。陈石国被认为是那个要去沉淀一些东西的人。

Jack F他们提出“成就客户”，是因为变频控制器行业变化快，需要有更多的主动性，要走在客户的前头。Jack F引经据典，说华为就是成就客户的典范。

陈石国当即表示反对，他认为三花的口号是“顾客满意”，“顾客”是第一位的，这个词是坚决不能动的。

他们争吵得面红耳赤，尽管大家心中都明白，“顾客”与“客户”没有本质差异，“顾客满意”与“成就客户”也并非价值观上的背离。他们谁也没能说服谁。Jack F后来说，在陈石国眼里，“‘顾客满意’真的是三花不能动的东西，无论如何就是把头给砍下来，他也不会动的”。

最后他们选择了投票，19个部门长以上的管理者，有16人选择了“成就客户”。陈石国尊重结果，但保留意见。Lewis是老大，争论的时候他没有发表意见；投票的时候，他也没有保留“一票否决权”，而是投出了自己的一票，“成就客户”。

Jack F后来说，尽管投票的结果是“成就客户”，但“客户”这个词不能代表所有的内容。在经过了文化上的碰撞之后，整个先途电子的管理团队理解了三花为什么选择“顾客满意”，以及三花文化的根本是什么。

“莫干山会议”在整个三花内部引起了不小的震动，一个原因是他们提出了两个“不切实际”的目标，另一个原因是他们竟然动了三花的“宪法”。

张亚波后来说：“他们在莫干山开了一个会议，碰撞得比较激烈，主要是陈石国和其他人的碰撞，结果好像还是蛮不错，大家基本上达成了共识。陈石国也需要成长，这个平台自身也在成长。人都是锻炼出来的啦。”

然后，关于先途电子的议论告一段落了。

先途作为三花内部相对独立的创业项目，曾经长期亏损。2016年有人报价2.5亿元想买先途，张道才拒绝了。“我不卖，2.5亿元说明了它的价值，说明了我的坚持是对的。”

20年前，美国兰柯公司要买三花的四通阀业务，张道才反复权衡之后，也看到了四通阀业务的价值，选择了拒绝，而且在10年后收购了兰柯。

在三花内部，也有很多人相信，“莫干山会议”从文化概念上来说，具有裂变的意义。它意味着三花变得更加开放、包容，融合性更强。

他们从先途电子身上看到一家磕磕碰碰、亏损了六七年、换了三四拨人的公司，如何在艰难中找到一条出路，最终树立了信心，试图赢得未来。

张道才和张亚波支持他们的选择。他们相信先途正在升级的过程中，先途的升级也是三花升级的一个缩影。

张道才说："我原来提出的要补短板，从原来的机械行业企业向机电一体化方向发展，结合电子技术推动产品升级，向智能化控制发展，成为符合信息时代需求的企业，这是大方向。Lewis和Jack F这两个人是关键，一个搞市场，一个搞技术管理，我们又派了陈石国管内部生产管理，现在三个人形成核心。如果有起色，市场看准了，技术方向看准了，还要加大力度，可以放大胆子去闯，我是很支持他们的。"

作为细分行业确定无疑的霸主，三花已无须证明自己在四通阀、膨胀阀领域的地位与话语权，但是张道才一直的创业梦想，不是成为一个附属者、追随者，而是成为一个领导者、弄潮儿。他愿意为这样的未来去冒险。他挑中的切入口是变频控制技术。

但是他们也并非毫无疑虑。张氏父子都知道，变频控制器产业是否拥有真正的竞争力，并不在于能否实现10亿元、100亿元的销售目标，而在于是否拥有一流的人才。"核心还是人才，你招到一流的人，就有一流的技术，就能做出一流的产品，你就是一流的企业。"

## 先途技术的"三国演义"

人才之花，是"三花"绽放得最艳丽的那朵花。有了人才，就会有技术，就会有管理，就会有客户，就会有未来。

2008年，全球最大的电信设备供应商之一的加拿大北电网络申请破产保护，电信设备领域剩下的三巨头是诺基亚、爱立信与华为，诺基亚拼命地抢北电的技术和生产设备，爱立信则是抢北电的客户资源，只有华为一门心思地抢人。

任正非知道，有了人就有了技术，就有了客户资源。技术与客户都是静态资源，只有人才是动态资源。经过10年发展，华为已经成为全球电信设备领域真正的强者。“人”，这种动态资源，这种战略性竞争资源，起到了至关重要的作用。

张道才父子同样理解“人”的作用。

在先途电子，Lewis提出来要股改，张氏父子就同意拿20%的股权给管理团队，对他们进行激励，鼓励他们开拓市场，提升研发能力。

Jack F是张亚波引进的一个人才。他于2014年底加入三花，曾经在LG惠州与LG总部工作过，后来在国内一家家电品牌企业做变频控制器研发。2007年去北京理工大学读了MBA，毕业后开始了创业历程，创业方向便是变频控制器。

Jack F的创业公司做得不错，深圳的和而泰、诸暨的盾安，以及蓝海华腾都曾表达了合作意向，Jack F最终选择了拒绝。在此过程中，他与Lewis也有了交集，开始了解三花的变频控制器业务；一位原企业的老同事介绍他认识了张亚波后，他们见面谈了几次，Jack F就决定连人带公司一起加入三花。

打动Jack F的有两个原因，其一是张亚波容忍他抽烟。创业之后，为了缓解压力，Jack F养成了抽烟的习惯，一天两包烟。他与张亚波详谈的几次，无论是在酒店还是在张的办公室，他一支接一支地抽烟，而不抽烟的张亚波整个过程中都没表示出反感。“这一点让我非常关注，这是一个细节。”

另一个原因，也是最重要的原因，是张的坦诚。张亚波对变频控制器业务在三花未来扮演的角色非常清晰，他也坦诚地告诉Jack F，三花正处于转型期，做了几十年机械类业务，现在希望往机电一体化方向走。他也讲了先途电子在整个三花的地位，讲了先途团队的情况，以及之前团队之间的分歧与矛盾。

Jack F选择了三花。

在Jack F到来之前，先途电子经历了漫长的煎熬。

从2002年开始，日本松下就开始决定使用中国生产的四通阀件。当时中国生产的四通阀件与松下采用的标准有差异，松下就派出了技术管理人员到供应商工厂进行技术指导。

松下派到三花的那个人叫成相茂。成相茂说，他认识的张道才是“思路非常广的一个人，愿意去倾听各方面各个层级的意见，然后自己再在这个基础上做一个很客观的判断”。这样一个评价，对于曾经做过教师的张道才来说，是中肯的。

2010年，成相茂正式加入三花，开始进行变频控制器的研发。成相茂到来的时候，三花的变频控制器业务几乎为零，没有工厂，甚至没有办公场所，但成相茂看到了张道才对他的尊重与期待，也看到了未来。

在成相茂到来之后，广州松下团队的4个研发人员辞职了。在得知他已经在三花以后，就“慕名而来”，正好这4个人都是变频控制器研究方面的人才。

他们组建了三花最早的变频控制器研究团队。

选择变频方向是张氏父子好多年前的计划。在三花选择变频之前，日本空调企业已经普遍采用了变频技术，海信空调在20世纪90年代引进了日本的变频技术，变频在中国开始发展起来。

在张道才的理解中，变频跟其他的零部件不一样。“如果说压缩机是心脏，那么变频控制器就是大脑，是由软件对整个指挥系统进行控制。‘大脑’一般是不会交给别人去做的。”

对于整个电子产业来说，变频控制器是核心部件，甚至可谓最核心部件，掌握了最先进的变频控制技术，就意味着掌握了整机核心技术的未来。张道才愿意为此放手一搏。

张的这种执念，或许与电装有关。日本电装公司以前只是丰田的一个部门，叫电装开发部。因为这个部门不产生利润，丰田觉得它没有什么用，就把它打发出去，让它自生自灭。后来电装自己发展了起来，成了丰田不可或缺的力量。电装也成为排名中上游的世界500强公司。

丰田很多控制技术都来自电装——不仅是空调控制，也包括马达控制，都是由电装来做。成相茂曾经说过，控制不要仅仅局限于某一个产品，而是要覆盖很多东西。控制是未来万物互联时代的一个核心枢纽，从这个维度来看，变频控制技术是遥控未来的那个关键按钮。

张亚波早就意识到变频控制技术的重要性。在找到成相茂之前，他与张道才曾经与另一个日本专家的团队谈判过，但觉得那个人不合适。遇到成相茂之后，他们就下定了决心。

尽管是民营企业家，尽管对利润毫无疑问有着质朴的追求，但张氏父子还是希望能够打破日本公司在变频技术上的垄断，掌握未来变频的核心技术，虽然这可能意味着巨大的前期投入，甚至会对当前利润带来负面影响。

张亚波有一次与黄宁杰一起到美国出差。他们参加了一个关于温室气体的

2013年10月26日，三花变频控制器研究所所长成相茂（右一）向来访的吴敬琏教授（左三）展示控制器产品

学术研讨会。他关注到，欧美在应对温室气体排放的时候，都选择了直流变频技术。这是一种能效更高的技术，一种通往未来的技术，三花必须抓住。

张道才甚至为未来的这家公司想好了名字，先途。Lewis说，他理解的“先途”是一个有先进技术基础（含软件技术），并且对未来发展很有希望的含义表达。

或许对于张道才来说，“先途”还有另一重含义——先人一步，踏上征途。只有探索者才会这么做，只有对未来与“无人区”充满渴望的企业家，才会选择这场漫长的旅途。

成相茂到了三花之后，除了做技术工作之外，还带着为三花寻找变频控制器客户的使命。他走访了很多空调厂家，有中国的、日本的、也有美国和欧洲其他国家的。

依照他对三花十几年的了解，阀件类产品正在为三花创造利润，它们是三花的过去与现在，但如果把目光放得长远一些，变频控制器却是一个代表三花未来的选项，“能够给三花带来一个新产业”，而他也希望能在三花实现事业的新发展。

在成相茂的设想当中，三花的变频控制器能够在工业空调和汽车空调上得到应用，会在马达控制甚至马达本身都有所突破。

成相茂毕竟是空调系统专家，他并不擅长电控。但是成相茂是一条纽带，通过这条纽带，曾经供职过松下的电控专家三浦贤一郎以顾问的身份来到三花。三浦是个“老电控”，是日本战后电控领域的第一代专家。张道才刚开始与三浦接触的时候，后者还是马来西亚国家所聘的专家，合同期未满。张道才与三浦紧紧握手，默默等着三浦合同到期。张道才的热诚与耐心得到了回报，在与马来西亚的合同期满后，三浦来到了三花，并且只用了几个星期就解决了当时困扰三花已久的一个电控技术难题。搞技术的人最服真本事，三浦在研究院中立即赢得了尊重和信任。

就在成相茂开始设计先途电子未来的时候，一家浙大背景的叫“五海威龙”的智能控制研究团队也在进行变频控制器研发。差不多与此同时，Jack F也在珠海进行创业。几方力量在各自的方向上探寻，最终因为三花而走到了同一个起点。

他们之所以走到同一个起点，是因为张道才，也因为张道才所冀望的未来。日本专家严谨务实，对确定标准、风险可控的产品开发极为擅长，但对具有较大风险和不确定性的创新则心存疑虑。他们不了解张道才这代中国企业家的雄心与使命，一直跟张道才传递一个信息：做一线大客户的风险太大，还是做二三线客户稳妥。

张道才相信自己的判断，洞悉三花要赢得未来，就必须与潮流的领导者同行。倘使变频控制器只做二三线客户的开发，先途就毫无前途可言。他坚持要做美国开利这样的一线项目。成相茂与三浦既然对开利项目有顾虑，就无法成为攻坚的力量。在权衡之后，他将开利的配套开发任务交给了中国本土的“五海威龙”团队，还通过“五海威龙”渠道引进了浙大出身的技术专家李善根。李善根与“五海威龙”团队展示出了极强的创新能力，赢得了开利项目，也为先途打开了通往未来的大门。

2012年，成相茂的团队与智能所进行了整合，但中日团队在技术路径的矛盾还是不能得到解决。两个团队各有所长，日本团队的专长是注重体系与标准，在项目突破后，如何用体系与标准来保证量产的一致性、稳定性，要靠日本团队。但是要去创新突破一线客户的项目，日本团队的瞻前顾后却容易成为桎梏。中国团队则是老师傅作风，创新点上的脑筋很灵，但是太过随意，过于依赖个人天才的行为方式，又成为批量化、商业化的障碍。

对于熟知中国历史的张道才来说，这意味着一场路径选择。日本团队更像现代战争中的正规军校生，讲战术，讲战法，讲标准，讲“不出错”；中国团队就相当于野路子出身的游击队，点子多主意活，讲结果，讲效率，以成败论英雄。他们各擅胜场，都不完美。张道才需要的是他们的融合，需要的是一支有创新能力，能打硬仗、打胜仗的正规军。

为了消弭矛盾，找到未来的路径，张道才与张亚波父子觅来了Jack F。

2015年，Jack F的团队整合进了先途电子，技术上的“三国演义”开始了。

日本团队、“五海威龙”团队、Jack F团队，这三个团队来自不同的公司，有着不同的管理方式、技术方案和开发标准。他们都是原公司的老专家，要改变彼此的工作惯性几乎不大可能。他们唯一形成的共识，就是在内部管理上，遵循了三花的管理方式。

张道才后来说，Jack F是真正的专业开发人才，在借鉴了日本的开发程序与管理经验后，“他们把软件、硬件，包括工艺生产过程，全盘考虑进去”，形成了创新。在先途第二代、第三代产品上，就显现出来了Jack F和三浦两方面技术结合的优势，这也奠定了先途的新希望。

## “我等得起”

在不断的博弈之后，Jack F成了先途电子技术方向的“话事人”。经历过创业的Jack F深刻理解张亚波的处境——年年亏损，他有没有想过关掉先途？张亚波说，“我等得起”。

Jack F后来回忆说：“先途的发展，可能更多的是团队在承载一种使命感；这个过程中可能压力会比较大，但压力更多在Lewis和我这个层次，老板（张亚波）不管是在运营会议上，还是在平时交流过程中，都没有将压力作为一种强烈的推动力去推动，而是作为一种希望，让先途团队自身去面对。他没有把这种压力用外力来消解，而是希望先途用自身的动力去把压力做空。”

事实上，三花正在发生变化。在阀类竞争大获全胜之后，张道才与张亚波开始将眼光放得更加长远。

2010年之前，三花内部孵化的新产业创业项目基本都失败了；2010年之后，三花的内部创业项目，即使遭遇亏损，也基本按照既定步骤在往前走。

“2010年之前，除了与主业相关的项目以外，其他新创业项目无一例外都失败了，无非结束的方式不一样而已；2010年之后的新项目，很少有挂掉的，而如果放在2010年之前，这些项目恐怕不知死多少回了。”莫杨说。他目睹了三花的“内部创业史”，见惯了创业项目的起起落落，继而发现了2010年这个时间节点的端倪。

先途没有在半路夭折，一个重要的原因是，张氏父子将三花内部对创业项目的“批斗会”改成了“帮扶会”——这家公司亏损，哪方面能力跟不上，就帮助它；创业公司要人的时候给人，要枪给枪要炮给炮，而且不能给老弱病残，要给精兵强将。

“现在之所以能这样包容，某种程度上，那是10年之前某些反思的成果，”莫杨说，“也包括现在三花的日子过得还好，有条件包容。这也是很重要的。”

10年前，三花进行多元化实践，无一例外遭遇挫折。张道才选择了放弃。这种壮士断腕的勇气，多年后被证明是正确的。但是人们在复盘的时候总会问：如果当初没有放弃，是否会有不同的结果？

假设毫无意义，但总结经验教训却是企业家的常规动作。

2010年之后出现的这些项目当中，最终承载使命的，一个是做变频控制的先途电子，一个是做家电控制部件的亚威科。张亚波知道它们的价值，他必须选择“我等得起”。

2017年，先途电子实现了盈利，Lewis对未来充满了信心。他的信心，有一个源自Jack F。Jack F在整个2017年不停地对他说，我们的变频控制研究团队已经位列中国变频行业第一梯队了，技术实力甚至超过了一部分大型整机厂家。

在“莫干山会议”之前，先途销售额还不到2亿元，但在产业地图上，先途进了权重股名单。

在Jack F看来，三花创业的第一代领导班子，已经完成了历史赋予他们的使命，带领公司做到了相当大的规模，在某些产品上已经成为全球第一，完成了对很多跨国公司的替代和超越。对于他们那代人来说，这是伟大的成就。

“那接下来怎么走？新的经营团队要完成自己的使命，成就自我，这肯定需要一些巨大的变化。”

先途之所以在2017年实现盈利，受益于“煤改电”。Jack F说，煤改电是一个增量市场，这个市场上原有的产品要扩展，需要有一些新东西进去。煤改电对产品上有要求，主要性能是发热，也有一些制冷要求。以前有个说法，黄河以北空调很少，所以煤改电的市场主要在黄河以北。

煤改电市场在2015年就开始启动了，Jack F2014年就开始做水机（空气源热泵热水机）客户。那是Jack F来到三花的第一年。他迎来了自己人生中的新挑战。

控制器产品开发周期长，客户的验证周期也长，很多客户都是市场上转完后才决定是否上量。一旦决定上量，就意味着一个两到三年的周期。2014和2015年的积累在2017年被放大呈现，先途盈利了。

Jack F相信，先途真正的客户是有潜力的中小客户，因为格力、美的这样的客户都是自制控制器，它们不大可能将“大脑”交给先途，但先途可以局部参与，做好服务；产品的研发要提前几年做好准备。煤改电市场先途抓住了，正是因为先途提前进行了研发。

问题是，煤改电之后呢？

## 父子俩的担忧

2018年11月8日，在三花杭州总部召开了一次总裁班子会议，当时的会议纪要文件这样记录了对先途公司的讨论：

先途电子Lewis总经理汇报本单元月度经营/运营情况与后续重点工作计划，其中1～10月营业收入完成年度计划55.6%，同比下降11.2%；考核利润完成年度计划30%，同比下降59.5%。

那份文件同时还记录了张亚波与张道才对先途电子的评价：

张亚波："先途电子要进一步明确核心战略业务的关键地位，调整业务思路，向技术领先型公司、能够在行业内起到引领作用的方向努力。"

张道才："先途电子的经营问题在于没有抓住开利这样的核心客户作持续开发突破，而是把精力分散到二、三线客户和产品项目上，因此始终无法真正打开经营局面。三花投入很大力量开发变频控制器业务，是基于智能控制领域产品拓展的战略考虑，如果只能实现千万元规模的利润，那是得不偿失的。先途电子的实际经营工作也很辛苦和不容易，但经营团队还是要深刻透彻理解专注、聚焦的经营战略，理解变频控制器业务对三花的战略意义，从工作思维、工作方法上深刻检讨和改进，提出真正符合公司发展要求的经营目标与工作计划。"

这是Lewis第一次面对来自张道才与张亚波的双重压力。这对父子并非对其业绩的下滑表示不满，而是对先途"误入歧途"感到忧心——作为企业的最高领导者，张道才与张亚波从先途身上看到的是战略价值，是超越时间的未来。他们不希望先途被短期营业额与利润的机会主义追求所困扰，为此他们甚至忍受了先途六七年的亏损而从未想过退出。

如今先途却在思考如何拓展二三线客户，思考市场份额。这种偏离战略方向的行为让他们感到不安。

张道才一直有一个观念：一个人也好，一家公司也好，一个国家也好，必须顺应潮流。所谓"世界潮流，浩浩荡荡，顺之则昌，逆之则亡"。国家顺应了潮流，就能够重新崛起；公司顺应了潮流，就能够拥有未来。

什么样的公司代表未来？

为什么那么多公司倒下了，而三花却活了下来，而且越活越好？

这些直抵商业本质的问题，张道才一直在反复叩问自己。

一家公司必须有清晰的战略方向，这是企业生存最本质的诉求，是其存在的价值所在；战略方向确定了，要有强大的、坚定不移的战术执行力。

现在，先途的战略方向可能开始动摇，这是先途高管团队在选择上出现了摇摆。也许他们的战略方向没错，也并没有动摇，那么一定是在战术执行上出现了问题。无论哪一个问题，都会要了先途的命，断了其未来生路。

尽管全球历史上，大公司倒闭的故事比比皆是，但毋庸置疑的是，中小公司的死亡率远远高于大公司，只是它们不为媒体所关注——对于媒体来说，缺乏主角光环的中小公司黯淡无光，哪怕其死亡都是寂静的。

大公司虽然也会轰然坍塌，但庞然大物的生存概率要远高于小公司；除此之外，大公司拥有更多的资金、人才与技术储备，这些都有助于它们探索未来方向。因此紧跟大公司的脚步，就意味着跟随了潮流，意味着离未来只有一步之遥。

事实上，先途电子曾经在美国拥有光明的未来。一位空调行业的超级客户选中了先途，但是一场质量事故，不但葬送了未来，还使先途电子赔付了一大笔钱，使其从年度盈利变成了年度亏损。

也许是出于对大客户项目的技术开发难度和风险的担心，先途选择了同时开发难度相对较低的二、三线客户。但是当先途电子选择与二、三线客户这样的“小不点儿”同行的时候，尽管可能赢得短期利润（实际并不尽然），却丧失了与巨人同行的机会，它的战略价值消弭殆尽，难免使张氏父子沮丧。

“莫干山会议”上，信心爆棚的先途团队提出了3年10个亿、10年100亿元的目标。这是他们自己的目标，清晰，有时候显得不切实际。张道才知道他们的数字目标，也知道他们忍受了多年亏损之后“翻身农奴把歌唱”的快乐，但他是企业家而非单纯的梦想家。

张道才知道变频控制器的市场很大，伴随着万物互联，它可能大到超出人们的想象；他也知道这个市场中一定会有三花的份额，他多年前甚至为先途电子做了十几年、二十年的规划，只是他还没有看到先途如何切进蛋糕当中，更遑论它能切到多大的蛋糕了。

对于张道才和张亚波来说，“我等得起”不是一种表态，更不是他们有耐心等到先途盈利。他们是希望“以时间换空间”。只要不伤及三花根本，他们并不担心亏损；他们所担心的是，先途电子盈利了，但在技术上却没有积累、没有领先。他们不希望先途变成昙花一现的公司，像张道才的微信ID一样，他们希望先途长成“常青树”。

对于先途电子如何成为“常青树”，成相茂有自己的看法。

出身于松下的成相茂认为，控制器是未来的一个遥控器，但从家用控制到汽车控制转换的时候，品质变得尤为重要。“家用空调马达如果停掉了，大不了就是重启或者找人修，不会产生多大的影响；但如果马达在汽车上失控了，就是跟生命息息相关的。这是一个非常大的挑战。”

成相茂曾对比中国与日本研发体系的差异，觉得日本在搞研发的时候，并没有率先考虑把它产业化，而是觉得这个技术可能是比较有将来的；日本人在一个研究所里研究的很多板块，最终孵化时，很多技术可能根本就孵不出来，只有某几个才会成功产业化。而中国企业搞研发，则是优先考虑产业化。

“当然日本式的研发也有很多局限性，因为搞研究开发确实是很花钱的。”成相茂说，他觉得评价一个研究所是不是优秀，不能以它有没有产业化来衡量。有些技术虽然没有被产业化孵化出来，但它其实也是做得非常好的。

成相茂与张道才相交多年，也看到张亚波一步步从一个青年成长为企业领导者。他有一次感慨地说：“主席跟亚波总相比，首先起步的平台就是不一样的。主席是真的从零开始，从没钱没人做到现在这么大一个三花集团，经历过很多艰辛。主席可能因为有过这一段经历，所以更加能慧眼识人。亚波总经常全世界各地跑，更加开放，获得的国际化信息会更多更全面。”

三花中央研究院的重新定位，让成相茂看到了三花正在往正确的方向走。“三花现在聘请了大量的博士和高端人才。真正能够做发明的人应该是有一些发散性思维的人。看到这个东西，他会想一些新的东西，这样的人才能够做出真正的发明。”

成相茂说，一家企业如果真的要立足，就得做一些别人做不到只有它才能够做到的事情。他觉得只做变频控制器有局限，未来一定要考虑到人工智能。

他的想法与张道才在2018年11月8日的会议中所说的不谋而合——先途电子“是基于智能控制领域产品拓展的战略考虑”。

Jack F对于先途如何成为“常青树”同样有自己的思考。他创过业，知道技术与市场之间隔着一道鸿沟。张亚波曾经鼓励他们，说变频控制器没挣钱的时候，帮兄弟业务单位推了很多产品。“其他业务单元向客户推产品推不上去，因为变频控制器一交流，人家对三花产品的高度认识不一样了，有信心了，就把别的业务做上去了。”

对于张亚波的鼓励，Jack F很感动。变频控制器的销售须跟客户交流大量技术问题，越到后面，交流内容越走向纵深，甚至可以得到客户的后续发展路线，拿到很多客户未来的需求信息。这一点与汽零业务在新能源汽车领域所感知的极其相似。

对于空调来说，变频控制器相当于CPU（中央处理器），其开发难度指数最大，超过压缩机。Jack F觉得空调只是一个“传统行业”，已经有超过一百年的历史。美国开利作为“空调之父”，在变频时代到来的时候，落伍了。

日本人在直流变频方面遥遥领先，其核心技术密集于控制器与压缩机中。三花想在直流变频领域后来居上，除了要有足够的决心和勇气外，还要有组织资源能力和产品实现能力。

先途想渗透日本市场很难，成相茂也曾说过，日本的变频控制技术比较成熟，对技术的使用控制也非常严格。除此之外，日本企业也始终以使用日本技术为荣。三花的机会在中国，在美国和欧洲。中国正迎来前所未见的“变频时代”，而美国和欧洲则是尚待开发的“处女地”。

在北美市场，变频机的需求并不旺盛，但美国政府和企业都有节能的意识，它们会尝试推动直流变频空调渗透市场。企业的需求产生了，变频控制器与各种阀件的同步配套，使先途与三花结伴进入市场——在北美市场，先途不只是提供控制器，而是提供模块，提供系统解决方案。

Jack F记得第一次与张亚波见面的时候，张就对他说，在空调领域，三花要做集成解决方案，控制器是很重要的部件。

从第一次与张亚波见面时，Jack F就知道了变频控制器对三花的重要性。它是三花升级的要求，也是三花新模式的必然方向。“控制器是空调的大脑，压缩机是它的心脏。变频空调为什么要产生？就是要节能。”Jack F说。

中国、日本、美国，以及欧洲，都是规模巨大的经济体，对空调有着庞大的需求，而变频控制器可以降低能耗，这对美国和欧洲来说，一定会产生巨大的吸引力。

在张道才设计的未来中，技术端聚焦于四类技术，产品端聚焦于四类产品，换热器、阀类、泵类和控制器类，四个方面当中，先途便是其中之一。所以当先途开始“误入歧途”之后，一贯温和的张道才很罕见地进行了严厉批评。

Jack F知道，变频控制技术实际上并不只是单纯的变频控制，而是一个系统的重要组成部分，因此必须进行系统设计。在其所使用的三个核心技术当中，它都可以外延出新的产业方向——电机控制、电源管理，以及本质的控制技术。

有一次Jack F去美国参加一个会议，回国后就跑去跟张亚波与Lewis讲，三花可以收购一家电机厂，去北美市场开辟一个新领域。北美正在进行直流变频的转变，这对三花来说是个前所未有的机会。张亚波认可他的想法，他好多次开会的时候都说："我们的核心技术，一个是热泵，一个就是变频，合起来就是系统解决方案。"

Jack F瞅着机会就往美国跑，参加各种电子、电机学术交流。电机方面，三花已经在做业务"铺垫"，电源管理和制冷控制技术储备，先途也在进行交流。

每天都有新的思路。有一次他在美国遇到一个博士，对方本来是做生物技术的，坐到一起后两人便开始讨论其生物技术如何往热管理或空调应用转化。

节能与智能是家电未来不可逆的趋势，它意味着必须对变频控制器的方向作出选择，要不就是用硬件完成差异化，在控制器上大量使用电子元器件，但这样做的成本会很高；要不就是通过软件来实现差异化，增加与客户的联动，降低成本，如果客户配合，甚至可以将先途的软件固化到客户的芯片中，"形成一个行业内差异化的芯片"。这是先途的芯片，更是三花的芯片。

三花的芯片！

Jack F的描述毋庸置疑，会打动正在推动三花转型的张亚波，更会打动冀望未来的张道才——中国哪一代企业家不想做自己的芯片呢？

Jack F他们相信，张亚波一定会带着三花找到这个未来。新昌的阀类产品代表三花的现在，先途变频控制与新能源汽车热管理能代表三花的未来方向。

张亚波曾经私下说，做阀件永远有饭吃，有一定的钱赚，但是永远没有想象力。三花需要一个有预期的未来，能够看到五年十年后的未来。张亚波不止希望三花在他手中继续是一家好企业，还想让它变成一只好股票。

在三花的几年中，Jack F也在学习如何成为管理者。张亚波的包容使他明白，为什么那么多竞争对手的客户最终选择了三花。三花所拥有的全球一流客户，也使Jack F在交流中获益匪浅。

潮流，他发现自己正在与潮流共舞。

## 先途重新变回了先途

在经历了美国市场的质量事故之后，先途正在北美慢慢恢复元气。Lewis迫切需要通过一场场胜仗来证明自己、证明先途的价值。他很焦虑。

他曾经说，先途公司比较有标杆意义，是文化碰撞的产物。“从张主席的决策特点来看，三花别的企业发展多数都顺风顺水，无非就是发展得好与更好，而先途公司一路磕磕碰碰走来，给张主席的印象是，到底是开还是关、进还是退、生还是死的决策选择，这反而可以客观地显示张主席内心某些深沉的决策逻辑。”

Lewis看到了张道才的决策逻辑，可是当他不得不进行KPI选择的时候，却又不由自主地往营业额和利润的方向偏移。

在被张亚波与张道才批评之后一个月，三花控股集团又一次召开班子会议，Lewis循例汇报了数据。会议纪要显示，张亚波说：“先途电子要继续梳理市场商机，整体策略就是瘦身、练内功，研发部门的节奏步调要与市场变化达成一致，张弛有度。人力资源管理要严格控制定额人员与非定额人员的配置。在产品研发过程中，先途对产品可靠性管控的经验与教训，值得引起兄弟业务单元重视。”

张道才没有对先途说什么。

在“莫干山会议”一年之后，先途重新变回了先途。它被张氏父子逼迫着走了“回头路”，不以短期数字作为目标，而从战略的视角确定自己的位置。

在“莫干山会议”上，曾经有人质疑3年10亿元、10年100亿元是不是“大跃进”，是不是空喊口号。Lewis没有说什么。

Lewis说：“如果我们这些人都能在三花这块土壤上成功的话，很大意义上代表三花的文化是可以更包容、更升级的。”

Lewis想起了张道才对于先途一贯的态度，他是带着包容的心态看着先途往前走的。“小张总承前启后，是一个关键角色。”

“大老板就是说，你去试试看，去干，给了个机会。小老板是干干看，推了一把。两个老板说白了，其实心里都打鼓。因为他们没有直接参与。我跟这些精英骨干说，这个企业就像我们自己在玩一样。自己玩，老板还怕你跑了。”

曾经有一段时间，有位专家老在张道才面前说Lewis不行，说的次数多了，张道才就反问：“Lewis不行，你行不行？”

“我也不行。”

对于张道才与张亚波来说，既然选择了通往未来的道路，他们就已经做好了进入“无人区”的准备。

有一次开集团技术研讨会，张亚波点评家用事业部，说：“对要进入的新行业，你们的这个思路，先模仿成熟企业的产品，然后再超越它，实际上很可能模仿不成，更不要说超越了。在国内，任何一个行业的成熟企业的产品，都千锤百炼高度成熟，像三花的四通阀一样。你能想象一个新企业跳进来做四通阀能做过三花么？要进入一个新行业，首先要立足颠覆，技术上颠覆。没有这个目标和准备，就不要进入。三花已经有这么大的规模，靠对成熟产品的模仿改进，很难撑得起现在这个体量的发展需求。要打开思路，树立下一代颠覆性技术的研发目标；也只有这样有挑战的目标，才能吸引汇聚优秀的研发人才。”

成相茂也相信，三花和先途可以成为“常青树”。他有一次去机场，看到行李从转盘上转过来。这个流水线一样的转盘，其发明的灵感来自扑克牌，而发明转盘的人，需要的不仅是技术，更是发散性思维。

成相茂觉得三花目前缺少具有发散性思维的技术人员。他将技术人员分为三类，第一类是解决问题的人，第二类是善于学习的人，第三类也是最厉害的一类，是具有发散性思维的人。

“这类人是要去发现的。”

# 我看到了光

这有点儿像电竞游戏中的开挂，但它更像是上苍对于"常青树"的特别眷顾。因为在所有人都看到昏暗的时候，唯有他看到了光。

## "做大"的梦想

"热管理行业做得好，说不定也能做成世界500强。"

不久前，张道才会见黄宁杰的博士团队时，突然冒出这么一句话。

尽管他一直宣称自己追求"技术领先"，但他内心深处始终没有完全放弃"做大"的梦想，无非是对"做大"加了一个绝对前提：首先要"做强"。对于中国第一代企业家来说，"大"意味着行业地位，更意味着安全。"做大"是天然选择，是公司的底盘，"做强"则是理想，"又大又强"才是终极目标。

要成为"又大又强"的巨人，需要创新，这是张道才创业之初就已经洞悉的秘密。

三十多年来，张道才对于创新迷恋至极，并且总结出了一套行之有效的创新方法。某些方面，他的创新理论带有强烈的乡土气息；从另外的维度，它又像教科书一样标准，极度符合彼得·德鲁克在《创新与企业家精神》中的定义——

成功的企业家不会坐等“缪斯的垂青”，赐予他们一个“好主意”，而是努力实干。总而言之，他们并不求惊天动地，诸如，他们的创新将掀起一场产业革命，或建立一个“亿万资产的企业”，或一夜之间成为巨富。有这种大而空、急于求成想法的企业家注定要失败，大多数都会干错事、走错路。一个看似伟大的创新结果可能除了技术精湛外什么也不是；而一个中度智慧的创新，如麦当劳，反而可能演变成惊人且获利颇丰的事业。同样的道理亦适用于非商业性事业如公共服务的创新。

成功的企业家，无论他们个人的动机是什么——为钱、为权、猎奇或追求名誉——试图去创造价值或有所贡献。不过，他们的目标非常高。他们不满足于只是对已有事物加以改善或修正，他们试图创造出新颖、与众不同的价值和满意度，试图将“一种物质”转换成一种“资源”，或将已有资源组成新颖、生产力更大的结构。

张道才欣赏特斯拉的马斯克。他在三花控股集团2019年度经营计划大会上说：“特斯拉以创新管理著称，开发新产品就很快。现在这个时代，更加是快鱼吃慢鱼。三花一定要快。快，才能抓住市场机会。”

一年前的2018年度经营计划大会上，他也曾同样表达过对特斯拉与马斯克的欣赏。2018年1月30日的《三花人》报记载——

主席指出：虽然三花发展已经取得了很大的成就，但是对照全球行业内的先进标杆，还有很大的提升空间，应当树立更高标准的目标。以特斯拉创始人马斯克为例，在商业航天、电动汽车、超高速列车几个行业中已经作出和努力作出改变人类生活方式的重大创新；即使在创新实践中遇到这样那样的问题，马斯克带领特斯拉团队直接“背包一打”住到生产现场，不解决好问题绝不收兵。主席勉励大家：要向马斯克、特斯拉这样的精神学习，绝不能满足现状，要有更高远的追求、更强烈的信念、更执着的精神，只有这样，才能真正把三花事业更加推向前进，特别是在新能源热管理领域永远走在世界最前列！

特斯拉一直被三花视为技术创新和管理精神上的重要标杆。

作为行业颠覆者，特斯拉对电动汽车开发进度提出了“不可能实现的任务”，如要求热管理系统中的某些关键部品在相当于传统开发周期1/2～1/3的时间内开发达到“项目授予”节点，这些特斯拉式的技术要求启发着整个新能源汽车行业，也深刻地影响了三花。

凭借着“敏捷设计方法”等仿真模拟和设计测试方法的优化，三花总能按期完成新品研发，连续获得包括“未来公司A”“未来公司B”“未来公司C”在内的多个新能源车型的独家或主要配套订单，进入其全球优选供应商名单。

全球新能源汽车正处于高速成长期，特斯拉等造车新势力初获成功，传统整车巨头也积极布局，迎头赶上时代步伐。宝马是传统豪华整车厂商中最早布局新能源汽车的车企之一，拥有纯电动汽车型 i3，及插混车型 i8、X1、5系、X5、7系等。

2018年11月22日，三花智控发布公告宣布，子公司三花汽零收到德国宝马通知，被确定为德国宝马新能源电动汽车平台热管理部件的供应商，生命周期内全球销售额预计约3000万欧元。这意味着三花汽零的新能源汽车热管理部件已进入所有欧洲大型汽车厂商的新能源汽车平台。

三花汽零专注研发新能源汽车空调及热管理系统近十年，电子膨胀阀、电子水泵等多项产品已拥有业内领先的技术实力和产品质量。如今不仅与“未来公司A”“未来公司B”“未来公司C”及奔驰、宝马等站在了一起，其客户名单还延伸、包括了国内的比亚迪、吉利、北汽等传统汽车厂商，以及互联网汽车厂商的电动汽车开发平台。

在新能源汽车带来的冲击之下，在国内传统车厂中，三花汽零常务副总经理尹斌最看好的前五名分别是吉利、长城、上汽、比亚迪、广汽。

“我们现在的竞争优势在于，可以做系统组件，这也是三花汽零未来主要的发展方向之一。和老对手日本不二工机相比，虽然对方是老牌企业，阀类产品做得不错，但它并不具备做换热器、热泵等产品的能力，更没有对系统研究和技术解决方案的开发能力，而这正好是三花的优势。”

尹斌说：“公司产品在未来的定位非常准，对于热管理，我们以前只是在空调一个层面考虑，现在是几个层面都有：第一，传统车的发动机驱动，包括发动机变速箱，热管理产品像冷气、调温阀，都是节能降耗，帮助提升效率的，电动汽车混动车就是电池热管理，对应的驱动的热管理产品像油泵、油冷器，包括氢燃料电池的冷却；第二个层面，乘客的舒适度，自动驾驶车电子元器件需要温度控制；第三个层面，产品全部覆盖了，以后空间增长是非常大的。”

热管理系统的定义随着汽车形态的变化而变化，在内燃机传统汽车上叫舒

尹斌向张道才介绍产品生产情况

适件，在电动汽车上叫功能件，一旦无人驾驶技术普及，热管理系统将成为无人智能汽车上的安全件，变成关乎乘客生命、决定生死的关键组件。

在汽车行业，安全门槛越高，风险就越高，同时机会与利润空间就会越大。尹斌说："主席和总裁对整个公司汽零产品的策略定位把握非常准，未来五年到十年，只要你把一种能量换成另外一种能量，就要有热能的转换管理。飞行汽车美国人已经在玩了，我们也在考虑有什么东西可以提供，因为它也需要热能转换。制造业往IT行业转是可逆的，IT业要往下走，把制造搞得很熟，则很难。未来大数据、人工智能发展，机房那么多台机器要保持适宜的温度，这一块市场也很大。"

在特斯拉的带动下，全球和中国新能源汽车行业都迎来了某种"利好"。2018年，特斯拉公司要在上海建工厂的消息，当天就让中国股市的新能源汽车板块应声大涨。

对于尹斌来说，这些"利好"消息意味着他与包括所有"未来公司"在内的全球最优秀新能源汽车制造商的交流会更方便，获取行业最新信息的便捷度会得到提升，从而拉近自己与新能源汽车客户的距离，使各种成本都降下来，然后三花的商机就会越来越大。对这一趋势和前景，张道才看得很清楚，也想得很清楚，"如果我们要在这个行业中将先发优势转化为产业和市场优势，我们还得付出更大的努力，才能迎来美好的未来"。

2018年12月9日，三花"新能源汽车热管理系统"项目荣获"中国工业大奖表彰奖"

## 蹚开了一条新路

"未来效应"不只在股市上放

大，在整个汽车行业都给三花带来了新的机遇。

在接下来的新能源汽车领域，热管理正变得越来越热。传统汽车业，空调有冷热，动力总成也分冷热，但新能源汽车将空调与动力总成合到了一起，整个系统都变成了混合型。原来服务于汽车空调业的供应商，一下子变成了系统供应商，一二级供应商的界限模糊化，三花的好日子一下子就到来了。

在新能源汽车领域，三花的很多产品已经成为整车厂的直接供应商。这是张道才欣喜之处。但是竞争将会更加激烈，毕竟前排对手的实力要比原本的竞争对手更强。这些对手，有些曾经是三花的客户，它们了解三花。对于三花来说，客户始终是客户，在某些领域竞争，在另一些领域合作，良性竞合，是现代制造业的常态。

没有谁是永垂不朽的，昔日的老大哥可能会跌落神坛，昨天的小弟弟可能会被众星拱月。良性的竞合关系，会使各方相互尊重、彼此包容，毕竟风水轮流转，今日的三花已与昨日不同。

2017年11月，第十二届全国人大财经委副主任委员、浙江省原省长吕祖善到杭州三花工业园考察调研。张道才、张亚波与史初良接待陪同。吕祖善多年前曾担任浙江省机械厅厅长，机械行业是老本行，一直对三花非常熟悉和关心。

他对张道才说："老张，人家都经不起诱惑，你能够在这个行业里面做到这么深，做到现在这个程度，说明你有悟性，不被诱惑，专注于这个行业，了不起。"

11月28日的《三花人》报记录道：

看到三花全自动化的生产线和装配线，吕祖善老省长非常高兴，指出企业应该始终坚持自主研发的创新之路，建设研发中心是正确的选择；正因为三花始终专注于主业，不断沿着产品和技术的升级方向进行创新，追求"技术领先”，所以，“看起来不起眼的零部件也走出一条路来了”，这是有悟性、有定力的表现，难能可贵！

张道才一直对外强调：“我们这个经营团队，都是老实人，都是学理工的，感情也深。他们现在深下去，一门心思做好自己的产业。我小儿子（张少波）也喜欢投资，房产这块他负责，现在收手了，他跟陈金玉副总裁现在在研究，搞点投资，主要还是搞股份投资，也是在新能源汽车领域投些小的企业，产品成功了也要上市，合作参一点股一起上市。‘未来公司A’‘未来公司B’‘未来公司C’在中国有很多配套，他们也介绍给我们认识，有上市公司，也有没上市的公司。投资副总陈金玉跟我小儿子一起讨论，看看这个公司还是比较优秀的，就投一点。在天津，柳总（柳传志）的女儿在筹办滴滴银行，我们计划也想参与一点股份。他们投滴滴银行，其实也是跟汽车搭界的。”

在张道才看来，新能源汽车产业的发展为三花打开了一扇门，就像影片《2012》一样，拿到了跟全球最优秀的公司“未来公司A”“未来公司B”“未来公司C”及奔驰、宝马、大众、通用等一起往前走的那张船票，“但每天都要有进步，每天都要有紧迫感”。

“竞争跟赛跑一样，稍微轻松一点，别人就霍一下过来了。别人半路拿了船票，说不定把你挤下去了。大公司都有可能被赶下船。现在我们的竞争对手，不是原来的不二工机、艾格尔霍夫、兰柯，而是更高层次、更强实力的国际行业一流企业。要跟他们赛跑，要花最大的气力去练功，才能进入他们的跑道。否则你还没开始，他们可能已经到终点了。”

张道才说：“我跟团队讲，我们不能沾沾自喜，要有紧迫感，竞争对手不一样了。我们要瞄准一些竞争对手，自己来比较：他们有多少技术人员？有多少管理经验？有多少市场品牌效应？我们必须要练内功，每一天做事要扎扎实实，练到你有真正的力量了，可以跟别人跑一下。能不能得冠军，还不好讲。

我们人才不是多了，而是少了。什么60个博士，跟别人一比又是小巫见大巫。在汽车行业，我考虑的是战略，他们实际在做事情，每天忙忙碌碌，每天应对都来不及，每天要处理产品开发、生产质量管理、销售和市场。我跟他们讲，你们肯定很忙，但是也要有方向性、战略性的思考。我也考虑和整理一下，跟你们讲我们现在的行业和位置，新的行业我们的位置要在哪里，我们如何知己知彼，我们要做一些新的努力和提高才有竞争力。”

在2018年10月9日成功受让北京威卡威汽车零部件股份有限公司持有的宁波福尔达智能科技有限公司100%的股权后，福尔达所服务的相对封闭的日本市场也将由此向三花敞开。

张道才说：“福尔达的老板比我年轻一岁，他是1951年，我是1950年，我们创业历史谈起来是一模一样的，原来都是怎么苦。我跟福尔达大老板聊的时候也讲到，我们日子是自己过的，不是给别人看的，不要追求名。福尔达老板的想法跟我们是相通的——专注，执着做自己的事情，所以他也把自己的产品做到给奥迪、奔驰、丰田、大众等汽车厂配套。我第一感觉是这个企业肯定不错，无论是技术管理还是质量，肯定到了一定的水平。去了之后一看他们的管理，等于我们一个事业部门，但管理水平不比我们差。”

越来越热的新能源与越来越热的热管理，让张道才变得热血沸腾。创业35年之后，他又一次像1984年时的那个年轻人，对未来充满渴望与野心。他想创造新的纪录。以前他学习兰柯、丹佛斯，梦想建立“东方丹佛斯”，如今他学习特斯拉、电装、博世，所期待缔造的，是“新三花”。

2019年1月14日，张道才在三花控股集团2019年度经营计划大会上讲道：

向高水平的客户学习，促进自己的提高，这也是三花创业30多年的经验之一。从二十世纪八九十年代开始向国际国内制冷空调行业先进企业学习，到现在向全球汽车行业的先进客户学习，三花不断进步，走到了新的发展层次，真正在跟全世界最高水平的客户与行业标准打交道。特别是三花汽零业务单元，作为集团全力投入的战略发展方向，决定企业能不能持续发展，再上新台阶，再造“新三花”。所以我们要善于学习吸收不同客户的体系要求和管理特长。比如美国客户就以创新管理著称，开发新产品就很快；三花也是因为反应快，才能抓住机遇，真正打开了进入新能源汽车热管理行业的大门。而欧洲客户如宝马公司以体系管理见长，制定计划的严谨性、完整性，对质量问题管控的严格到位程度，都超乎想象。日本客户以丰田、电装为代表，以现场管理闻名，精益求精的管理要求和实现高度，让我们深深感到“天外有天，人上有人”，管理进步永无止境。所以，我们与这些世界知名汽车企业合作，在产品配套、研发创新之外，更重要的是向他们学习。深刻学习吸收他们的优势与管理经验，是我们最好的合作成果。我们要化压力为动力，用“人家走路我跑步”的节奏，通过几年左右时间的抓紧努力，在技术研发、项目管理、营销管理、计划管理、生产管理、质量管理、供应链管理和工艺装备水平等方面全方位提高自己，在生产质量管理体系建设和自动化设备投入等方面提前布局，借助智能化、大数据等信息化工具，联结贯通到整个经营管理之中，再上一个新台阶，做到能够符合国际一流客户对一级供应商的要求，并为更长远发展打下良好基础。这比什么都重要。这个过程必定很艰辛，但也是非常伟大的。三花汽零高层和全体干部员工必须要有充分的思想准备，高度统一认识，形成坚强的意志，鼓励、调动一切积极因素，艰苦奋斗，奋力拼搏，一关一关突破，成就伟大的事业。全集团也要进一步统一思想，加大力度，从人力资源、装备投资、研发投入、生产基建等各个方面全力支持汽零业务的发展。其他业务单元同样也要发扬这种“把不可能变成可能”的创新拼搏精神和精益求精、不断追求进步的工匠精神，争取自己的事业不断发展前进，在全世界细分行业内做到最好、极致。

他再次明确三花汽零业务单元是“集团全力投入的战略发展方向”。2008年夏天，当他去万向拜访老友鲁冠球的时候，他就看到了未来。

他就是能提前预知到结果，像曾经做二位三通电磁阀一样，像全力投入到四通阀一样，像憋足气铆足劲儿做电子膨胀阀一样，不达目的绝不休兵。

这有点儿像电竞游戏中的开挂，但它更像是上苍对于“常青树”的特别眷顾。因为在所有人都看到昏暗的时候，唯有他看到了光。

## 做成最优质的产品

然而，我们必须意识到，没有谁会随随便便看到光。

35年来，张道才一直睁大了双眼，充满渴望、拼了命地四处张望。他只看三种东西：管理、科技、人才。他将这三种东西归结到一个载体上——最优质的产品。

很多年后，他说：“我原来是搞销售，跑研究院，对市场敏感。我第一次出国，脑子里就藏了三个产品，作为我考虑的主导产品，第一个是二位三通电磁阀，第二个是四通阀，第三个是汽车空调膨胀阀。”

这三个产品，构筑了今天的三花。

而新能源汽车热管理系统，就像昨日的那道光一样，正在构筑明日的三花，一个“新三花”。

这是他在2008年与鲁冠球聊天前就已经看到的，是他2010年在以色列时所确信无疑的，是他接下来的很多年里无论经历了怎样的挫折都牢牢地抓在手中的。

他能够看到光，是因为他想看到光。

·|附　录|·

# 三花人物画像之张亚波

他是儿子也是父亲，是兄长也是弟弟，是领导者也是追随者，是一位特立独行的年轻人，也是一位隐忍包容的“创二代”。在他身上，渗透了中国“创二代”们最丰富饱满的自由与责任的交结、信念与使命的融合。他曾经试图走一条与父亲完全不同的道路，走着走着，他成了另一个“张道才”。

与张道才那一代企业家不同，张亚波起初只是一个中国民营企业成长的受益者和旁观者。他目睹了父亲那一代人如何挣扎崛起，成长为商业领袖，带领企业与跨国公司竞争，最终赢得尊重。

在王德锋的回忆中，有一次张道才在家中与他聊天，慷慨激昂地描述未来前景时，碰巧被张亚波听到了。那时候张道才正在谋划着与不二工机合资，张亚波还在读高中。张亚波说了声：“爸爸，你们有那么厉害吗？”张道才说：“我怎么没那么厉害？”

张亚波是花了很多年才了解到父亲的“厉害”的，更了解到父亲那一代企业家在艰难中挣扎前行的勇气与不易，以及他们强烈的自尊、自信和使命感。他了解得愈多，父亲在他心中的形象便愈高大，而他自己的使命感便愈强烈。

张亚波生于1974年，那时候张道才尚未创业。因为父亲从1979年后开

在三花30周年庆典上，张道才为获得“经营管理卓越功勋奖”的张亚波颁奖

始四处闯荡做生意，他的整个幼年并未得到父亲足够的陪伴。对于一个孩子来说，虽然心中有憾，却也没什么不好——在没有父亲管他的日子里，他可以自由玩耍、思考和成长。

多年后张亚波回想起自己与父亲的沟通交流，次数并不多，但每次都对自己产生了深刻的影响。他印象最深的一次是在高考前，父亲跟他详谈了一次，让他想清楚未来的道路，如果想从政就去北京读书，如果想做生意就到广东上学，如果想做实业就去上海的大学。张亚波最终选择了上海交通大学，并在4年后拿到了机械制造工艺与设备专业和低温技术专业的双学位。

多年以后，张亚波成为浙商“创二代”的代表之一，而三花也成为“事业接班”的典范。张亚波赢得了无数的褒奖，除了三花控股集团党委书记、董事局副主席、总裁，浙江三花智能控制股份有限公司董事长的身

2013年，张亚波荣获“年度风云浙商”

份外，还担任第十二届浙江省政协委员、浙江省青年联合会副主席、浙江省青年企业家协会会长等政治和社会职务。2012年起，低调内敛的他逐渐崭露头角，为社会公众所知，陆续荣获浙江经济年度人物、风云浙商、全球光荣浙商、中国长三角青商领袖、全国机械工业优秀企业家、全球浙商金奖等荣誉称号。

他所获得的一切，对于绝大多数浙商来说，已属可望而不可即，但对他而言，不过是顺理成章的事。这当中固然有人们对于三花的认可与褒奖，但也与张亚波20多年来的付出分不开。

张亚波说，他在上海读书的时候，张道才去上海时便会去看他，带他出去吃个饭。他会给张亚波讲一些工作上的事，讲他所取得的成绩。那时候张亚波只是觉得有趣，“我读我的书，他做他的事业”，却从来没想过自己有一天会接过父亲的重担。

他后来有一次感慨地说：“越往后就觉得做成事情没那么容易。唉，那个时候父亲能这样，他真了不起啊。再后来听他讲他自己成长的故事，那感觉跟他以前跟我们讲的就越来越不一样了。现在他也经常给我们提他小时候的成长，会从他15岁时怎么去卖月饼开始讲给我们听。这个故事我们也听了十几次了，以前就是说，‘哎呀，你讲过那么多次，不要听’。但现在他越讲这些故事的时候，我越会去听，越来越觉得他的故事很精彩，他的人生经历很精彩，他有这个资本讲故事，也有这个资本需要我们这样的听众为他鼓掌。后来我也是独立经营，真的碰到实际困难，经历过了很多事情，才回过头来想想，他真的了不起。”

“我有一段时间经常说，凡是从零到1的那些‘创业一代’企业家，不管他现在规模多大，都是值得珍惜尊重的。从零到1非常非常不容易，跟从1到100完全不一样。虽然各有各的难处，但如果这两件事情让我去比，从零到1比1到100要难得多。”

张亚波大学毕业后留在了上海，在一家叫东方贸易的公司上班。那是张道才朋友的一家日资企业。他把张亚波放在那儿历练。后来上海三花电气公司成立，为上海汽空厂生产提供汽车空调配件。张道才直接把张亚波扔到了总经理助理的位置上，让他蒙着眼睛去开拓新业务。张亚波后来回忆说：“我父亲是那种愿意授权、愿意培养人的人，他很早就把我扔在上海，到处扔，独立去管……”当然，张亚波很怀念那段岁月的艰苦磨炼，“那是我最得到锻炼的时候。每天一睁开眼睛就要想，工厂每天要发生那么多支出，从采购、运营到员工工资，我要到哪里去找收入？这个过程很锻炼人。”

被父亲“扔来扔去”几年之后，张亚波回到了三花总部。张道才继续将他扔到不同的业务线、不同的岗位。那时候整个公司都知道，张道才已经属意张亚波的接班，“扔来扔去”，是为了让他尽快地了解公司、熟悉业务。任金土是张的老伙伴，王大勇、史初良、倪晓明、陈雨忠这“四大天王”也洞悉了张道才的心思。他们几乎倾尽所有来帮助张亚波成为新的

2017年11月15日，张亚波当选浙江省青年企业家协会会长，并发表了以“改革再出发，力作新贡献”为主题的讲话

三花领袖。在张道才早期培养出来的人面前，张亚波是他们的弟弟，但在工作中，他们早已是一家人。

三花股份公司上市的时候，张亚波开始进入权力的中枢，担任上市公司的董事长、总经理等职位。对于一位三十出头的年轻人来说，这是巨大的责任，也是巨大的压力。

突然到来的压力，以及迫切希望证明自己的动力，还有他从商学院获得的现代管理理念，不可避免地驱使他与父亲产生了或明或暗的冲突。张亚波说，父亲有时候不屑于跟他争论，而他则习惯于想清楚了再干，成功率挺高，所以真正的冲突并不多。

他曾经与张道才因为一项重要决策吵过架。吵架的时候，任金土在门外听到了。他没有前去劝解。他知道这是父子间的冲突，是那种争吵结束后一切都会回到正轨的碰撞。

一切都回到了正轨。事后发生的一切，让张亚波意识到，父亲是对的。他开始佩服和理解父亲，也开始意识到，中国的第一代民营企业家与他们的接班人之间，有着理念上的冲突，更需要理念上的融合，去弥补裂痕，用使命与责任去覆盖两代人之间形成的真空地带。

他开始尝试着像父亲一样思考，也坚持着自己的理念与方式。在两种路径之间，他独辟出了一条蹊径。

他看到父亲一直在向客户学习，学海尔、学松下、学丰田、学“未来公司”们，不断“进化”三花的管理；他也看到，父亲将中国传统智慧融入现代管理当中。“他喜欢京剧，也喜欢电视剧《楚汉传奇》《康熙王朝》。有些传统智慧用在企业治理中，我看他把握得还蛮好的，”他说，“他倒也没有太多这种权术。他骨子里面接触的其实还是那些世界500强企业的管理，那是他脑子里面企业治理、企业管理的总架构。”

父亲是一个简单的人，很善良，“得饶人处且饶人”。他自己同样是一个简单的人，用规矩与流程取代人情，却又在人情当中保持老练。他觉得在父亲眼里，他是老大，张少波是老二，三花是老三，是小儿子。

他从来没将自己定位为接班人。他更愿意将自己定义为三花事业的看护者。他一直跟父亲讲，这家企业就是你儿子，是我的兄弟，我会把他看好了，照顾好他。“三花是你的孩子，你总不能不管，”他说，“我们的相处就是这种状态。”

在他眼里，自己是在守护“三花”这个弟弟，就像当初守护张少波一样。在整个三花，在整个张道才家族当中，张道才是老爷子，是三花的“总设计师”，而他是长兄，是守护者。

他想起自己与张少波的关系。他们是上下级，但首先是兄弟。兄弟俩的兴趣大相径庭，生活上的交集并不多；工作上虽然交集着，但兴趣点也同样泾渭分明，“所以矛盾就不多”。

在张少波的眼中，凡事“有老大在”，这种状态挺好的；在张亚波眼中，弟弟还是当年那个天真烂漫的孩子。他们一起奔跑，相互扶持着。如今他们依旧一起奔跑、相互扶持着，只不过他们身边，多了一个叫“三花”的弟弟。

这是他们的宿命，也是他们的使命。

第二部分

# 未来之痛

如果张道才能够早一点听到彼得·德鲁克的忠告，也许在三花第一次多元化扩张的时候，他会保持足够的克制。但历史不能假设，对于探索者来说，只有不断地去行走、探索，才能找到最适合的路径，张道才也不能例外。

# 张道才的选择逻辑

在三花35年的历史中，张道才作出了无数的判断和选择，有成功，也有失败。至为重要的是，他总能在关键时刻，作出最有利的选择。

彼得·德鲁克在《创新与企业家精神》一书中为创新列下了三个“不要”，第一个就是“不要太聪明”。“如果创新想获得规模和重要地位，它们必须能够由普通人操作，由低能人或近于低能人操作。因为，能力低下者是唯一充足和永不衰竭的供应源。任何事情过于聪明，无论是在设计上还是在操作上，几乎都注定会失败。”

第二个是“不要过多花样，不要分心，不要一次做过多事情”。“当然，这是‘要做的事情’的必然结果：要专注！偏离核心的创新可能会变得零散。它们将只能是点子，而成不了创新。核心不一定是技术或知识。事实上，在所有企业中，无论是营利性还是非营利性组织，市场是比知识和技术更好的统一核心。但是，创新工作必须有一个统一的核心，否则它们可能会分崩离析。创新需要一种集中能量的统一和努力去支撑它。还要求有效的人员彼此了解，而要达到这一点，同样需要一个统一的、共同的核心。分心和一心多用会损害这种统一的核心。”

第三个是“不要为未来进行创新”。“为现在进行创新！一个创新可能会有广泛的影响，可能到20年后它才可能完全成熟。以计算机为例，正如我们所看到的，直到20世纪70年代末，即第一款设备面世25年以后，它才开始对商业行为产生相当大的影响。但是从问世第一天开始，计算机就有现在常见的一些特殊用途，如进行科学计算、付薪水、模拟飞行、培训飞行员等。仅仅说‘25年以后会有许多老年人需要这些’是远远不够的，我们必须说‘现在有许多老年人用这个创新来改变状况，当然时间是对我们有利的——25年以后还会有更多老年人需要它’。但是，除非现在立即应用它，否则创新很可能只会成为达·芬奇日记本中的图画而已——充其量只是‘聪明的点子’。而且现实生活中很少有人具有达·芬奇这样的天赋，单凭日记本就可以不朽。”

如果张道才能够早一点听到彼得·德鲁克的忠告，也许在三花第一次多元化扩张的时候，他会保持足够的克制。但历史不能假设，对于探索者来说，只有不断地去行走、探索，才能找到最适合的路径，张道才也不能例外。

张道才例外的是他的选择。

张亚波说过这样一句话：“父亲多元化扩张时比谁都快，收手的时候也是比谁都快。”

任何一位企业家都无法做到战无不胜，成功的企业家只是更能够做出接近准确的判断而已。

在三花35年的历史中，张道才作出了无数的判断和选择，有成功，也有失败。至为重要的是，他总能在关键时刻，作出最有利的选择。

在任何一个关键时刻，支撑张道才作出最终选择的逻辑都是“三花”——管理之花、科技之花、人才之花；都是产品，能够支撑三花未来的战略性产品。

近乎固执的逻辑，即使是经验，也是教训，某种程度上，更像是三十多年商业经验的沉淀与淤积。

# 狂潮中的界线

他确定无疑拥有做大的野心，也曾进行过壮烈的尝试，但最终选择了“专注领先”。

## “强”与“大”的选择

1994年6月，张道才在谈集团战略思路时，已经开始了“大集团”与“小企业”的思考：乡镇企业过去以机制灵活、船小好调头而显示优势，随着市场经济的发展，竞争越来越激烈，船小经不起风浪要翻船。组建企业集团 是增强自身实力，形成规模经济促进企业发展的必然趋势。但是，应该看到企业在集团化的过程中，还面临着诸多的障碍，集团的发展都要受外部环境和内部条件的制约，特别是在中国的经济体制改革由重点突破转向整体推进的阶段，集团的发展既要兼顾现实的可行性，又要兼顾中国国际化进程的方向，选择一条适合自身实际又具有开拓性与开放性的集团战略发展思路。

他用了“点、线、面”来阐释当时的战略思路：以专业化为方向，重“点”突破；实现从制冷配件到制冷设备的产业调整，跨越“线”；向国际化多元化经营公司发展，自成一“面”，立体拓展。

很难确定张道才思考多元化是从哪年开始的，但以上战略描述的1994年，三花已经经历了从一个小厂变为一家企业，又从一家企业成为一个集团，而这个企业的掌舵手，他已经在“船小好调头”和“船小经不起风浪”这两者之间作了辩证思考了。

这是时代要求他作出的选择与判断，在“强”与“大”之间进行选择。然而时代同样给了他另一个难题。对于那时候的三花和中国大多数民营企业来说，无论单纯选择“强”还是“大”，都算不上正确的选择。那时候中国民营企业普遍体量偏小，盈利能力有限，如果选择“强”，意味着它们大概率会在“变强”的路上倒毙；如果选择“大”，它们则有机会活下去，同时失去变强的意愿和能力。

阿里巴巴“参谋长”曾鸣还在长江商学院教书的时候，问过联想创始人柳传志：“未来联想想做大还是想做强？”柳犹豫了半晌，说：“那还是做大吧。”

柳传志也知道，很多企业因为掌握了一两项核心技术，在某个人们容易忽略的领域内几近垄断，它们不追求上市及扩张，而追求直接的利润。他们同样是杰出的企业，人们称之为隐形冠军。柳传志希望联想至少不仅仅是隐形冠军，希望作为经济体本身联想就拥有一个值得尊敬的数字（利润）。所以，联想的战略取向便是做大，其布局本身便体现了做大的欲求。

于是为了真正成为全球500强，寻找更大市场，联想在2001年提出了国际化与多元化的战略方针。国际化收效平平，联想又开始展开多项平行的业务，互联网、IT、手机——联想这三个重点业务均与计算机相关，但做好计算机、又做好手机的公司着实罕见，互联网更是如此。

多年后，联想出售地产业务时表示：“联想集团一直在考虑如何通过释放非核心业务来提高股东的回报，以便进一步为未来投资，提高公司竞争力并推动公司的盈利增长。”——联想尽力把与主业无关的业务售出，以期取得回笼资金，集中精力做主业。

与联想形成鲜明对照的，也是人们因此而诟病联想较多的，是华为选择了“做强”——华为如今已成为全球通信产业的巨头。大家并没有意识到，在通往“强”的道路上，华为好几次差点倒毙，而任正非也曾做好了研发失败而跳楼的准备。

没有人能在那时候作出正确的选择，因为从来就没有一个标准答案，放诸四海而皆准。每一家企业都只能作适合自己的选择，然后成为自己。

张道才与三花同样如此。

## 多元化之思

新世纪伊始，张道才将多元化的计划提上日程，他将这称为自己创业的第三个阶段，即将开启的崭新篇章——

第一阶段是粗放经营的基础期，横冲直撞，积累了资本和技术；第二阶段三花开始有了自己的个性、价值观与企业文化，注入了人才，提升了质量，张道才以及他的高管团队也更懂得何为管理了。

第一阶段的“基础期”和第二阶段的“提升期”，他交了令自己满意的答卷，第三阶段无论如何也要进入“发展期”了。

三花积累的各类资本，让张道才有资本放眼全球标的，也可以收购产品、技术、品牌，还可以把眼光投向其他充满诱惑力的产业。他也的确将触角伸至那些年完成了资本积累的企业的标配：房地产。他甚至再次考虑是否向产业下游延伸，做整机。

“如果当初做了整机，三花的销售收入可能早就上百亿元了。”张道才曾这么说过，他乐于谈论此念头，但是从来没真的尝试过。“做整机做到几百亿元，利润和我做配件做到几十个亿差不多，我为什么要去做整机？”张道才对当时采访他的媒体讲。

事实上，当他1989年结束了第一次出国考察之旅后，他就跟陈芝久与汪钦尧说，我再一次明确我们企业的定位，即一门心思做自己的“配角”产业，不跨到整机上去，要成为“东方丹佛斯”。

在隐形冠军依旧隐形，而家电广告更频繁地出现在商场、卖场、网络、球场上的今天，家电企业甚至对他们的上游供货商们，对像三花一样的隐形冠军流露出钦羡之情。

中国家电制造业的利润率屡创新低，家电品牌绞尽脑汁降成本、锦上添花地为产品做出差异化，试图以此提高售价；去中介化的电商平台蒸蒸日上，给整机品牌厂商又一个致命一击——电商化让他们的窜货问题更难遏制——那是他们利润与苦心多年建立的渠道的杀手；日本不止一家曾经的家电巨头们开始分拆自己的产品板块，打包出售给别国劳动力价格更低、更具成本优势的企业。

这从一定程度佐证了张道才当初的明智决定，他甚至没有像别的隐形冠军一样先尝试再收手，哪怕他们最后论证的结果相同：配件商做整机，将多年的客户朋友瞬间变成敌人，每出一个新产品都要接受他们残酷的围剿，在一些材料或其他市场布局上，因为拼不过整机厂商多年大量采购积累的成本优势和市场销售优势，而喋喋不休地控诉对方“垄断”……

张道才选择了不跨越那条与整机厂商之间的界线，并在后来的新能源汽车产业里，从二级供应商升级为一级供应商时，小心翼翼，措辞警惕。他选择了“强”，也没放弃“大”。他相信，在细分行业内做到极致和极强后，同样可以做大。

## 没有一个答案是标准的

多年来，张道才面对那道选择题——多元化还是专业化，做大还是做强，也曾摇摆过，也曾冲动过。他确定无疑拥有做大的野心，也曾进行过壮烈的尝试，但最终选择了“专注领先”。

这是张道才的答案，并不适用于所有企业。在复杂的商业世界里，没有一个答案是标准的。

2003年的方正集团董事长魏新，在方正董事会的一份报告上提出，公司必须在专业化的基础上，开展有限多元化，由此开始了方正集团的多元化战略转型。10年后方正集团营收超过680亿元，总资产960元亿元，拥有超过3.5万名员工，业务领域涵盖IT、医疗医药、房地产、金融、大宗商品贸易等产业。“战略转型以前，方正能拿出手的业务只有汉字激光照排，这也是方正当时的核心业务。可是囿于国内印刷出版市场的规模，一年的营收也就10来亿，此外，在互联星空的冲击下，市场越来越小，想进一步做大做强很难。”魏新在多元化战略取得阶段性成功时说。

后来方正集团动荡不断，人事频繁更迭。媒体梳理财报时发现，自2010年开始，方正集团的业绩已经在走下坡路，7年之内，方正集团归属母公司的净利润从2010年鼎盛时期的12.63亿元，降至2016年的3.77亿元，缩水接近七成——营业收入同比增长的同时，营业成本也快速上升。

多元化战略导致方正集团的主业不突出，五大核心业务没有关联度，盈利水平又都表现一般，一些研究机构都搞不明白方正究竟是干什么的。

2003年，浙江的另一个隐形冠军大丰实业的副总董纪友说：“世界大公司中，除了通用电气以外，没有一个是搞多元化的。”

2005年的亚布力企业家论坛，万科王石与复星郭广昌的“专业化和多元化”之辩正式开始。

那时候王石已经做完了减法，放弃连锁零售业务，专注于房地产业务。“2000年，万科在地产和零售连锁两个行业都很有发展前途。许多业内人士羡慕万科的经营模式：一手房地产有赢利来源，一手零售有现金流，要赚钱有房地产，要规模有连锁零售。李嘉诚不就是这样的模式吗？一边有长江实业做房地产，另一边有百佳连锁零售。甚至有人说，万科现在就是个小长江实业。”王石写博客记录自己的思考过程，他不信万科能像西班牙人一样，既能打篮球，又会踢足球。

他权衡，万科资源的85%在房地产业，零售业只有15%，人力资源95%在房地产业，零售业只有5%，并且，从行业地位来看，万科当时的房地产已在全国70多家上市房地产公司中排第一位，零售却排在第13位。

于是王石真的像做减法一样，快速简单地丢掉了连锁零售业务，“因为零售业竞争非常激烈，需要迅速扩张。如果我们长期处于兼顾状态，就会相互牵制，两种业务都无法得到快速发展，而扩张力度不足不仅不会带来机会，还会带来麻烦”。

2007年，王石选择了“住宅工业化”。他决心用技术手段确立万科在住宅地产领域不可撼动的地位。他成功了。

2008年，王石与郭广昌又相遇于哈佛商学院。那时候专注专业化的万科年营业额已从72亿元跃升到520亿元。提倡多元化、鸡蛋不要放在同一个篮子里的复星也在全球展开了并购，聚焦保险及金融服务，广泛涉猎医疗、健康、地产、奢侈品、酒店、能源等众多领域，官方宣传为“一手抓以保险为核心的综合金融能力，一手抓具备全球配置资源、具有产业深度的投资能力，双轮驱动、互生互补的战略思路日益清晰”。

麦肯锡发布的一份有关多元化经营与专业化经营的报告也让王石略占上风。时至今日，当王石已经离开了万科，而郭广昌也重整了复星之后，人们依旧无法给出明确的答案，他们到底谁对了谁错了。万科依旧是“宇宙第一房企”，复星依旧是炙手可热的大买家。看起来，他们都对了。

麦肯锡曾经对412家企业进行了分析，从回报率的角度看专业化经营（67%的营业收入来自一个业务单位）、适度多元化经营（至少67%的营业收入来自两个业务单位）、多元化经营（少于67%的营业收入来自两个业务单位）。结论是：专业化经营方式，TRS（股东回报率）为22%；适度多元化经营方式，TRS为18%；多元化经营方式，TRS为16%。

2007年上任的西门子总裁罗旭德（Peter Loscher）说，多元化的基础是专注化，“我们的多元化是在市场领先基础上的多元化。首先是创新。西门子对创新充满豪情，我们的长期路线图是聚焦于我们所在市场内的创新优势，这是我们策略的核心”。

没有标准答案，适合自己的就是正确答案。

张道才的正确答案，叫作“专注领先”，而为了获取这个答案，他和三花既品尝过美酒，也曾经历过剧烈痛楚。

# 探路房地产

手握建立与颠覆的权力，他的谨小慎微，是一种天性，也是一种商业直觉。他知道三花创业维艰，他必须谨小慎微。

## 新世纪的多元化战略

上述企业的多元化之路均发生在同一个时代，那时期多元化与专业化之争引起广泛讨论，不少优秀企业都直接或隐晦地表达了多元化的战略，麦肯锡的报告加持这种主张，联想在2001年4月23日公布多元化战略后，外界分析它的累计超额收益率，结果是市场赞同联想的多元化方向。

浙江的企业也呈现出多元化扩张迅猛的态势，同时国内外的制冷空调市场发生了很大变化，价格战愈演愈烈。张道才在提出“小商品、大市场、高科技、专业化”近十年之后，顺应跨世纪的潮流，向“经营多元化、生产专业化、市场国际化”的方向发展，这无可厚非。

2001年，三花正式提出：第一，三花的主业制冷空调控制元器件，必须在巩固国内市场的同时，加大向国际市场进军的力度，主导产品要成为世界冠军，同时，三花也要成为“全球制冷空调部件王国”；第二，要抓住机遇，向其他产业适度拓展，也就是由制冷行业向汽车零部件、房地产、电子信息产业拓展；第三，由目前单一的商品经营，向资本经营跨越。

新兴的民营企业在自己的专业领域面临着有多年技术积累与品牌效应的国外巨头，同时又面临着他们蠢蠢欲动的产业转移，如何与他们抗衡，如何与巨头比肩，是否要用现阶段积累的资本迅速扩张，是否要以速度冲击规模、以劳动力成本优势抗击国际巨头，成为500强，应该是每个中型企业主都会不断思考的问题。没有哪个真正的企业家会满足于小而美，陌生的产业领域仿佛触手可及，有着令企业迅速规模化的能力，不扩张也许真的是浪费，是有罪。

于是张道才尽量谨慎地开启了多元化这道门。手握建立与颠覆的权力，他的谨小慎微，是一种天性，也是一种商业直觉。他知道三花创业维艰，他必须谨小慎微。

## 谋局房地产

他的第一步是当时选择多元化企业的标配——房地产。

新昌三花房地产有限公司成立于2003年，实际开始开发房地产业务就在多元化战略的第二年即2002年，一开始他就定好了规则：做制冷配件的人继续做他们的本行，不用他们去做房地产，他要找新人、专业的人来做专业的事。

“老板意思很明确，这一块不是主业，是多元化经营情况下，投资额大、回报大、回报快，也就是不需要像其他产业一样长期培育的‘短平快’生意。”袁书根说。袁是张道才请来负责初期房地产业务的那个“专人”，加入三花前任中海集团上海公司常务副总经理，前半生一直从事房地产开发工作。

与之印证的是，两年后，2004年三花20周年大庆典礼上，三花控股集团为下属三大产业集团隆重授牌，它们分别是三花制冷集团、三花汽车零部件集团、三花房地产集团。

三花房地产集团的房产开发地域分别设在新昌、上海、杭州，宣称坚持精益求精、追求卓越的三花精神，秉承以人为本和居住改变生活、创造地产精品、服务社会大众的经营理念，确立树品牌、求质量、强环境、重服务的品牌意识，努力为广大住户提供更好的住宅产品。

三花开发的第一个项目是新昌的天荷花园。这也是三花涉足房地产开发的第一个商品住宅楼盘，位于新昌县上礼泉村荷花塘，总用地面积52.83亩，总建筑面积30160平方米，房型包括独立别墅10栋，双联排屋8栋，多联排屋7栋，套房住宅2栋，共101户。2002年7月开工，2004年2月竣工，强调合理住宅功能规划，注重绿色景观设计，因价格合理所以可银行按揭。

2002年5月的三花天荷花园竞标会上，别墅被抢购一空，公寓套房也大部分出售，最高的投标竞价高出标底10万元整，楼盘总销售收入6000万元。也许让张道才更有成就感的是，别具一格的园林景观式理想家园，赢得了许多随着三花蓬勃发展已过上富裕生活的三花干部员工的喜爱。

第二年，第二个项目——南明花园开工。紧锣密鼓地，三花现代城在南明花园销售告一段落后随即开工，它处于新昌的城市发展副中心，南岩路将其一分为二，规划用地面积34.44亩，总建筑面积76735平方米，均为高层住宅，共9栋231户，该楼盘的销售额达到3亿元。

“八山半水分半田”的新昌随着经济发展，市民生活水平的提高，之前被视为阻碍发展的自然环境倒是为房地产赋予了不少特色。

三花在新昌的楼盘均遵循健康自然的人本规划设计原则。比如南明花园里有水景内庭、生态公园，生态均衡的园区环境，住宅单体设计都沿自然山体和水系而建，每户都拥有自己独特的风景体验，排屋布局用阳台和露台布局不同功能区块；现代城的建筑设计虽然是现代风格，但采用平屋顶形式，既可作为屋顶绿化又可作为景观露台。

新昌当地房产界普遍认为，张道才在房地产业务上，眼光独特，行事果断，敢于拍板，比如三花在新昌的最大一块楼盘——南岩美墅。这块地面积800亩，征地工作从2001年就开始，其间有另外两家新昌企业都认为这块地属于“破山烂水”，离市区近10千米，荒凉无比，来看过后都放弃了。工程量大，光移山移坟就需要耗费很大精力。

但张道才分析，800亩的山地，可做八年、十年的长线房产项目，而房地产是中国不会消失的行业，既然进入此行业，长线项目和短线项目就要兼而有之，南岩也许会少赚一点，但肯定不会亏本。

于是南岩美墅开始分几大块进行开发，分别名为牡丹园、紫荆园、百合园、和庄、悦庄等。对这个别人眼中的穷山恶水，张道才当作新昌房地产第一品牌项目来开发。

他在建筑规划与环境设计评标会上说：“三花人有决心、有信心以及有能力创造自己的品牌、质量和信誉，不仅要向绿城学习，同时要向全国的优秀开发商学习，在兼顾质量的同时也要注重效益；不仅要体现三花品牌，还要注重实际，考虑高中低档结合，做到整体规划，分步实施；以市场为导向，进行深入的市场调查与分析，在单位设计上要多采用一些方案，尽可能地满足各个层次客户的需要，以产品、质量和信誉铸就品牌。南岩项目将开创新昌房地产历史的先河，我们不仅要努力做成新昌地产第一品牌，同时也要争取成为浙江省内乃至长三角地区的著名房地产品牌。”

如今，在新昌县，南岩美墅·和庄成了最好的别墅区，影视明星也会在和庄小憩。三花的房地产产业发展至此阶段，张道才开始将南岩的楼盘作为福利奖励给三花员工。有三花的高管表示，成本价买入，两三年过后价格上升两三倍。2010年，新昌城西下礼泉村三花股份北侧山坡地上，三花又开发了33.64亩的香山雅苑，是继百合园后的第二个独立多层套房住宅小区。

在新昌房地产业刚开始起步的同时，在上海与杭州的地产业务也在同时进

三花和庄高端楼盘

行。张道才说，“要挣钱一定要往一线城市、大城市发展”。

上海与杭州的房价自然是新昌无法企及的，但投入成本也是巨额的，风险高时总有不少人反对，像反对周期长的南岩项目一样。张道才将地产业务发展至上海与杭州的决策，在拍地时遭到一些高管和股东的明确反对，甚至在拍下后也被要求直接卖掉不做开发。张道才默不作声地顶住压力，只对手下人说，项目既然拿到了，第一我们把它做好，第二规划期限，如果周期太长引起许多股东反对和担忧，那我们就把周期缩短，让资金快速回笼。

上海区块从2002年开始，以上海境逸房地产有限公司为主体，张道才的小儿子张少波任董事长。其宗旨是以市场需求为导向，用一流的现代住宅设计理念及专业的建筑工程管理开发精品楼盘，为上海市民提供优质的生态住宅小区，树立公司的品牌和良好口碑。上海三花现代城位于宝山区，占地总面积24.7万平方米，建筑总面积为40万平方米，建筑形式为14～17的高层，分为三期开发。2005年11月5日，上海三花现代城首次正式开盘销售，认购客户络绎

张少波（右三）察看三花在建楼盘

不绝，反响热烈。

2006年，三花的“财政大臣”任金土开始兼任上海境逸房地产有限公司总经理，在对整个三花现代城整体销售情况调查了解后，提出了“组织营销”理念，针对目标客户聚集点，比如动迁区域、学校、企业单位、事业单位、银行等进行组织认购，上海三花现代城的整个营销架构随之调整，营销体系被分为组织营销和柜台营销两大部分。

2007年12月，“双防”（防止经济增长由偏快转为过热、防止价格由结构性上涨演变为明显通货膨胀）指令下达，2008年将开启紧缩的信贷政策。

新的一年来临，在金融危机与国内信贷紧缩政策的影响下，上海楼市需求急速萎缩，导致2008年下半年三花现代城项目的成交量仅维持在每月10套左右的较低水平。2009年春节过后，成交量接连两个月回暖，仅三个月，认购房屋数就达到了113套，认购金额1.3亿元。除了供应减少和需求集中释放的环境推动力，任金土的销售策略也起到了作用，新制作的样板房丰富了营销模式，提

上海三花现代城

升了产品的说服力，加上传单等广告业的夹带宣传、适度降价和保价的承诺，销量明显增加。

三花的很多人多年后依旧记得，当时他们一起坐大巴到上海看房。大巴车上就坐着张道才。为了做好销售，三花在内部掀起了认购宣传，鼓励三花人到上海买房。当年在上海买了三花项目房的人最后都享受到了房地产红利，而那些在犹豫中没有出手的人，则在后悔不迭。

可以说，比起新昌，上海更为复杂的房地产市场为三花积累了房产营销经验，三花的高管也在此过程中经受磨炼，通过寻找房地产市场空间，踏准房地产市场节奏，增加了自身技能。经过三年的开发建设，三花现代城已经完全成熟，临街商铺商家们已入驻营业，引进的会所开业迎客，有效的营销手段积累了大量口碑客户，后期的适度降价又提价4000元每平方米，使得2013年度三花上海房产公司完成了32282平方米的销售面积，成交量335套，认购金额90873万元，均价28150元每平方米，2013年净利润22521万元。上海三花现代城给三花赚了十多个亿的净利润，但张道才并没有就此“搞上了瘾”，继续找更多的房产项目来开发，而是决心把赚到的钱投资到主业的技术创新、产品研发上。他后来说，“我做强主业的决心从没有变，做房地产是为这个决心服务的”。

杭州区块，三花参股杭州振兴置业投资有限公司的和家园项目，最后成功对外转让。这是三花当时对外重大投资项目中较为成功、效益较好的项目，为三花投资上海房地产业务，并在2008年到2009年应对全球金融危机、加快推进“技术领先”的战略升级提供了资金实力。

之后三花又与滨江集团合作开发了杭州的三个地块，设立杭州滨江三花房地产开发有限公司，开发金色黎明等项目。合作项目定位于杭州主城区，以及该区域范围的领军性楼盘。

2012年，在与杭州滨江房产集团合作开发凯旋门项目和金色黎明等品牌项目之后，三花独立开发了在杭州城东新城的三花国际大厦项目。该项目西邻杭州武林商圈，南接钱江新城，坐拥地铁1、4号线彭埠站，近邻规划地铁6号线与亚洲高铁枢纽杭州东站，经彭埠大桥可达萧山国际机场。三花国际项目占地面积2.51万平方米，总建筑面积13.65万平方米，是集都会LOFT、商务办公、

杭州三花国际大厦

轻奢商业于一体的高档城市综合体。项目由美国设计师贺麦克及马来西亚华人庄善富主创设计。2017年6月3日，三花国际大厦项目首次开盘销售，当天近千客户一早到来，通过现场叫号选房，仅两小时，销控板已全线飘红。

可以看出，三花在房地产领域的风格是追求高端与品质，每一个楼盘都改善了周边环境的面貌。张道才对于地产业务一直以来的谨慎，让他也有遗憾的时刻，比如北京的南望大楼，在南望破产时三花曾有机会买下这幢还没有装修完的大厦，因为集团内部不同的看法，张道才最终收手。

但这种谨慎也让张道才完全远离了另外一种命运。

## 南望之鉴

南望前身是浙江南望图像信息产业有限公司，资金链断裂之前，它的主营业务远程图像监控设备，已占据全国约三分之一的市场份额，杭州市区主要公共场所的监控摄像头均由他们生产。在2007年底那次宏观调控的背景之下，已经被房地产利润冲昏头脑的南望创始人张健遭遇资金链危机，完全多元化的南望破产。

在那之前，张健在浙江大学附近、北京丰台科技园接连盘地，资金未回笼便紧接着一项新的投资。2005年他又在云南大理投资8000万元建水电站，第二年又通过旗下的广赛科技成为浙江国信典当拍卖行最大股东，花费近5000万元。南望资金链断裂之时，张健本人已经连自己公司的账都算不清了。怎么投资了那么多不相干的产业，他自己也说不上来。

张道才是张健的同乡，南望资金链断裂前，张健有段时间几乎天天都去三花集团张道才的办公室讲自己的产品有多先进，之后张道才借给张健5000万元，并在银行为其公司担保贷款。三花还在那之前投资了南望的微电子产业。后来作为债权人，三花是第一个还清担保贷款的互保企业。在那之后，张道才知道了担保的利害关系，挨个取消了公司大多数的对外担保关系。

即使已过去十年，当张道才复盘三花三十多年历史时，南望依然是被频频提起的名字。南望的无度扩张即便荒谬，在当时也不算个例。当一位企业家的野心与其能力无法匹配的时候，这注定会成为一个悲剧。

2008年金融危机爆发以来，一批知名浙商先后陷入困境，大规模破产重组案例达数十例，其他中小企业歇业倒闭的更是难以计数。

浙商研究会执行会长杨轶清提供了一组数据：2012年，浙江全省法院共受理企业破产案件143件，同比上升85.7%；破产企业资产总额为120多亿元，负债总额为243亿元。2013年共受理企业破产案件346件，破产企业债务总额1595亿余元，增长了近6倍。

时任浙江省省长的吕祖善也在那年公开表示：浙江形势严峻，经济处于下行趋势。

信贷紧缩也使企业普遍面临资金紧张、贷不到款的局面，让任何小问题都变成了能扼住一个庞大企业喉咙的关键问题。银行借不到钱，如南望便会去触碰危险的高利贷——众多中小企业纷纷转向民间借贷，以寻求融资渠道。浙江发展和改革研究所所长卓勇良曾指出，浙江民营经济的发展，民间借贷功不可没。但是民间借贷存在很大的法律风险和道德风险，在经济平稳的时候，这种弊端不会太突出，但如果经济运行状况出现重大转折，风险就会凸显出来。

严酷的环境更能对比出一个企业的底蕴和抗压能力。三花是在2009年底摆脱了金融危机阴影的，2009年当年完成销售收入54.3亿元，完成了年计划的132.2%，比2008年度增长7.9%；利润总额达到8.69亿元，完成了年计划的151.1%，比2008年增长50.7%。

早在计划这一年度的经营工作时，张道才就胸有成竹，他既看到了金融危机给三花带来的困难局面，也看到了三花的自身优势和有利条件。他给所有人打气，面对金融危机不用惧怕，一是三花有实力，二是三花有准备，三是三花有办法。

而裸泳者在金融危机面前很难避免露出底色。人们总结南望的失败教训，张健成了典型的“拍脑袋”决策者：盲目跟风，跨行业投资项目时，往往是张健一人一拍脑袋就做了决定，没有专业的投资团队，决策不经过董事会，最后召开紧急股东会时，南望股东们甚至对张健借的高利贷毫不知情。

“没想到投资过程中没有经过科学的决策和管理，本来为防范危机采取的措施反而引发了危机，还闯了这么大的祸，早知道这样，还不如专心一点，实际上安防行业的利润也能超过25%啊!”就连张健自己事后反思时也这么说。

时任副总裁的张亚波在2008年的半年度总结大会上说：“南望集团走到今天的破产重整局面，教训是极其深刻的，南望集团没有坚持专业化的经营道路，在多元化投资上手笔过大，战线过长，并且对外投资和财务运作极其不规范，最终压断了资金链，也拖垮了企业，还连带影响了一连串因为信任而为他提供担保的企业。”

“一定要专注经营，他就是想挣快钱，不专注，北京买一个楼，杭州弄一块地，钱是有限的，都是靠向银行借款，银行一收紧，就出事了。”张道才说道。南望带来的坏账，是他必须亲自切干净的肿瘤。与南望相比，张道才在房地产业上没有表现出丝毫贪心，没有冒三花承受不起之风险。

## 回哺主业

张道才并不把三花的多元化战略之房地产定义为成功，而是定义为达到战略目标的保障手段。他后来将这个战略目标描述为：用房地产业务带来的利润支撑研发。

这种定位也从一开始就决定了房地产板块丝毫不能影响到三花赖以生存的主业，而且只能回哺主业。

在这个特定的历史机遇、特定的时间窗口里，张道才品尝到了房地产业务带来的高利润，但他展现出了隐形冠军最需要的品质之一：定力。

他从没忘记过扩张房地产业务的原因，是为了丰富三花的实业，是为了回哺主业。张道才也真的用这笔钱建立了三花中央研究院，继续去实现三花“技术领先”的目标。

# 太阳能的诱惑

这个堪称“壮烈”的探索，触碰了彼得·德鲁克的全部三个创新“禁忌”——它太聪明，也不专注，更重要的是，它是为了未来而非现在的创新。

我们要再次说说三花的太阳能项目。在三花的历史上，这是一个奇特的项目。它的奇特不在于成功与否，而在于三花第一次有勇气去探索这个世界上最有科技价值和公共价值的未来。

除此之外，这个堪称“壮烈”的探索，触碰了彼得·德鲁克的全部三个创新“禁忌”——它太聪明，也不专注，更重要的是，它是为了未来而非现在的创新。最终它遭受挫折，不是因为钱，也不是因为技术，而是因为时间。

## 张亚波的以色列之行

在时间开始的2009年7月，张亚波与史初良等一行6人来到以色列。也许因为浙江人有“中国犹太人”的称号，所以张亚波天然对以色列的犹太人有些好感，更何况以色列相对匮乏的能源让他联想到浙江的自然环境劣势。

不到10天的考察行程，他们走访了约20家公司，考察了废水处理、城市垃圾处理、海水淡化、聚光光伏、太阳能等技术与项目。

这趟行程后来被《浙商》杂志描写为张亚波寻找三花的未来之旅，“他正在把父亲张道才——一位历经浙江改革开放30年的功勋企业家——创建近30年的企业带往更加牢不可破的城堡中”。那篇报道同时引用了三花一位高管的话，“三花属于张亚波的战争已经打响了”。

张道才十分重视他们的以色列之行，史初良在考察报告里列出了值得三花重点关注的项目：

水处理系统，如果该系统合作成功，在中国和国际市场会有很大的市场空间，也将是三花进入水处理领域的敲门砖；

Zenith的碟式太阳能聚光光伏系统，该系统已经被国际上很多跨国公司所关注，也有中国很多大公司前往洽谈交流，但是该公司的老板并不想卖公司，而是希望和一家有低成本制造能力、又具有国际化运作经验的公司合作，来拓展市场，他们认为这个产品的市场空间非常大，整个市场可以达到几千亿美元的销售规模；

ARKA的高档机床冷却液过滤系统。该公司非常愿意和三花这样的公司合作，而不愿意把它卖掉。该产品对高档机床的冷却液过滤具有很大的优势，已经被三花的几大瑞士设备供应商验证，具有较好的市场空间，刚好可以促使三花通产公司业务的发展，加上我们可以在此基础上把冷却系统合成进去，该系统的使用空间会更大；

HelioFocus的太阳能光热发电研发项目也值得关注，毕竟Eli这样世界一流的太阳能专家正在主导研发，公司潜力非常之大，一旦成功，价值将不可估量。

可以看出，四个重点关注的项目均拥有高新科技的壁垒，且与环保、清洁能源方向有关。某种程度上，这些项目均契合当时国内的产业趋势。《节约能源法》在2007年10月28日第十届全国人民代表大会常务委员会第三十次会议修订通过，自2008年4月1日起施行。那之后全国人民迎来奥运，家电企业又迎来了空调能效新标准、家电下乡节能标准、节能补贴、政府空调采购高能效标准等实施细则。而当时的三花在经历了全球金融危机后，正重点推进从“成本领先”到“技术领先”的转型，寻求高端、领先技术，寻求新的“先机”。

仅仅三个月后，三花控股集团就把关注点集中在以色列公司HelioFocus的太阳能光热——那个一旦成功、价值将是不可估量的项目。史初良给出太阳能光热项目的尽职调查评估结论：公司诚信可靠，研发团队专业能力强，研发和知识产权管理规范，主要风险在于高新技术公司习见的核心人员流失，从而削弱公司研发能力。紧接着，《以色列投资项目可行性研究报告》递交三花董事局。

张亚波略松了一口气，他一直对如何说服董事局推动项目有点压力。

## 大胆设想，小心求证

HelioFocus 公司成立于2007年，汇聚了专业领域科技研发的技术精英，其第一大股东是以色列最大的新能源公司之一。当时世界上主要有三类太阳能光热发电系统，槽式、塔式和碟式。太阳能光热发电利用集热器将太阳能辐射聚集转换成热能，通过热力机械转换获得电能，是太阳传热利用的主要方向。槽式系统发展较为成熟，当时装机容量比例超过90%；塔式系统已经开始实现商业化运作；而碟式系统光热转化效率最高，对占用土地要求最低，是当时有希望成为最具竞争力的绿色太阳能光热发电系统的主流技术——这也是HelioFocus公司主力研发推进的技术。另外，碟式系统虽然技术难度较大，尚未实现商业化，但由于其太阳能光热发电效率相对高，土地适应性强，可与化石燃料混合发电，具有可观的商业前景。

以色列被全世界公认为“创新的国度”，长期以来都重视太阳能技术的研究开发，其中几个著名研究机构和大学，比如以色列国家级的科研中心威兹曼研究所，都在太阳能技术开发领域取得了重要的研究成果。也就是说，以色列在开发和利用太阳能这一公认的清洁能源上，处于世界领先水平。

而正在研发升级改造传统发电厂的HelioFocus公司，希望最先研制出新兴发电技术，利用太阳能，既能够在合适地点协同发电，以热电联产的方式供应蒸汽和电能，又能独立发电，提高发电效率，降低成本。

这让这家公司看上去同时拥有梦想和通向未来的技术，哪怕HelioFocus才刚刚成立两年，研发项目尚未获得任何商业订单，正在靠融资支撑研发与公司运营。

但太阳能是一个听上去就充满诱惑力的能源，取之不尽，用之不竭，用它发电的话，还不会对环境产生污染。它代表了绿色的未来，是遏制全球变暖的象征。对任何一个哪怕再强大的国家来说，贸易、军备、领土，能源，都可能受到威胁，但晒太阳的权利永远无法被剥夺，太阳能是任何战争都无法带走的能源。

对急需原创技术的研究院和急需好项目的张亚波来说，在一个以创新闻名的国家里，发现一家集聚高端人才的公司，而且他们还有一个通向未来、恰好需要融资的项目，这简直是为在沙漠里寻找宝藏的探险家准备的最好礼物。

一旦与HelioFocus公司合作研发太阳能光热发电项目成功，三花便能站在产业链最高端，如果在中国建立太阳能光热发电工程样机，在学习借鉴外国相关技术的同时，还能在三花现有的研究人员中，培养出一批在国内外具有权威和重要影响力的专家、工程技术人员，发展并全面掌握适合中国气象资源，且具有自主知识产权和中国特色的全套组建、设备、控制、建设、运行的技术。如此一来，不仅加快了国内的太阳能热电技术发展，使我国太阳能发电具有发展的可持续性，而且三花的“可持续发展”也不成问题了。

三花股份与另外一家以色列公司，也就是HelioFocus公司大股东ICG（以色列绿色控股公司），打算以股权增资收购的方式共同参与HelioFocus公司的太阳能热电技术开发项目。

张亚波也考虑了风险。风投公司说他有魄力；外界也有人说三花是在犯傻，拿钱帮助老外搞科研。张亚波对前来采访的媒体说，这点钱也花得起，做人总要有点梦想吧？

其实在项目进行过程中，张亚波非常谨慎。他看重HelioFocus 公司大股东ICG的实力，ICG的主业是新能源、石化、电动汽车和发电厂，这一定程度上保证了HelioFocus公司治理的相对规范；同时，与张道才一样重视人才的张亚波，看重HelioFocus公司在太阳能领域研究了20多年的顶级科学家，三花的调查结果也称，HelioFocus公司的研发团队在人员素质和管理水平上都称得上世界一流。

让他意外的是张道才的强力推进。对当时的张道才来说，他的原则是不能影响到三花的主业运营。他对与HelioFocus公司合作的评估是：风险高、困难大，但不至于影响已经建立起风险防护墙的三花——在可预见的风险内，败只损失一点钱、胜则拥有无限光明的未来。

于是在项目推进过程中，三花又将重点聚焦在了太阳能光热发电领域里最具有技术挑战性、尚未开始商业化的碟式系统。

就投资环境来说，当时只有槽式系统实现了商业化，塔式系统仅仅开始小规模商业化运行，而碟式系统仍处于示范阶段。但碟式系统拥有更高的发电效率，热损失小，使用全光谱，光电转换率可以超过光伏发电，一旦技术突破，将具备比另两种系统更大的优势，因此碟式系统也是当时世界上许多具有技术优势的研发机构和企业的重点研发对象。

## 签约太阳能项目

2010年之后，三花股份先出资1050万美元，之后又增资534万美元，获得了HelioFocus公司30%的股权，成为其第二大股东。股权收购全部用公司自有现金。在考察、调研的基础上，三花和ICG以及HelioFocus公司之间达成了在中国建立示范基地的意向，三花将被确定为中国的独家销售代理和零部件优先供应商。双方认为，HelioFocus公司的技术优势加上三花的生产成本和质量管理能力，将使项目具有非常可观的商业前景——所谓世界领先的技术加“中国制造”。

2010年1月7日，时任以色列总统西蒙·佩雷斯在总统官邸接见了张道才团队一行，当时张道才的身份已经是中国三花控股集团董事局主席，原定20分钟的礼节性会面，被延长到了一小时。

佩雷斯总统对中国三花来到以色列表示热烈欢迎，在介绍了以色列科技建国、科技兴国的发展之路，以及以色列在世界高科技领域取得的卓越成就后，他进一步指出，以色列政府非常重视太阳能光热发电这一绿色新能源项目的研发，非常重视三花控股集团作为中国第一家在以色列投资企业的重要意义，希

2010年1月，时任以色列总统西蒙·佩雷斯接见赴以色列考察的张道才

望能在高科技领域与中国企业进行广泛的合作。

张道才后来评价佩雷斯是一位“思想非常激进，对中国非常友好”的总统，他对太阳能绿色能源的研发抱有很大期望。

在三花参与的整个太阳能项目过程中，以色列总统佩雷斯不是唯一出现的政治人物，在之后的一系列活动中，以色列与中国的有关机构、专家、协会、各地政府官员都不断出现在各种庆典仪式上，他们一致对三花的投资方向表示赞许，这甚至让这个项目被赋予了一些崇高色彩，商业目的在反复提及的环境保护中被冲淡。

比如佩雷斯在详细询问了三花控股集团与以色列HelioFocus公司合作开发的太阳能光热发电项目，张道才介绍了基本情况后表示，绿色能源的开发利用关系到新一波产业革命来临和人类经济、文明发展的新高度，实现太阳能大规模低成本发电凝聚着人类梦想和智慧，吸引全世界都展开激烈竞赛，争取抢先突破。佩雷斯对项目的绿色节能性、低成本高效能的太阳能技术发展和巨大市场前景表示认同，对该技术可能带给人类环境改善和新能源利用的巨大影响给予高度评价，并鼓励三花控股集团与以色列HelioFocus公司优势互补，共同努力，为完成世界领先的太阳能技术而奋斗，早日用绿色太阳能造福全人类。

由此，三花寻找新产业、力图占领全球清洁能源未来制高点的行为被上升到了造福人类、改变世界的高度。

当年年底，三花与HelioFocus公司、国电龙源电力技术工程有限责任公司三方签订了《关于在中国太阳能发电领域的潜在合作谅解备忘录》，称各方应本着尽最大诚意的商业努力，评估太阳能发电项目的潜在合作，并就采用HelioFocus技术的太阳能项目商业化和各种应用达成明确的合作协议。

这份谅解备忘录强调商业化的步骤。第一步是可行性研究，各方应就增容燃煤电站应用的选址、电站的选择（在中国国电集团的燃煤电站内），优化并评估经济效益，以及对比槽式、菲涅尔式、HelioFocus的碟式技术；第二步是性能评估，在可行性研究完成的三个月内一起对碟式系统增容方案进行评估。如果在可行性研究和性能评估完成后，各方都对结果满意，就将协商准备并签订关于太阳能增容项目在中国的商业化与应用协议。

## 落地新疆失败

在三花把巨型碟式太阳能发电设备建在内蒙古之前，三花在北京办了一场研讨会、一场评审会，试图让新疆库车电厂采用HelioFocus公司的技术。

2011年6月13日，三花在北京建国饭店组织了一场主题为“碟式太阳能光热发电技术”的研讨会，由北京工业大学马重芳教授主持。出席会议的专家分别来自中科院电工所的研究院、华电工程集团、华北电力大学、中科院工程热物理研究所等。

他们在听过三花对碟式太阳能光热发电项目的介绍后，首先肯定了技术原理与技术创新性，肯定了碟式系统的高效率和合理的结构设计，同时提出了建议，比如重视实际样机的测试数据，尤其是关于管网热损失、风机耗电、聚光碟在不同风速下的聚光精度，以及部件寿命等数据，把实际的测试数据作为设计和经济性评价的重要依据等。

这个研讨会让三花与国内行业权威专家搭建起了良好的社会关系，获得了他们对HelioFocus公司技术的肯定。除了进一步证实了HelioFocus 公司的技术方案可行外，研讨会还为三花后续的市场推广活动以及获取各方支持打下了良好基础，专家的肯定态度很大程度上促进了三花与国电集团的深入合作。同时，三花也意识到了需要更加重视推进技术研发的进展与验证工作，重视示范项目的意义。

两天后，一场层次更高的“燃煤电站碟式太阳能技术辅助发电方案”评审会在国电科技环保集团举行。这个评审会就HelioFocus公司针对国电新疆库车电厂燃煤机组采用碟式太阳能技术辅助发电的方案进行了评审，同样，专家认为HelioFocus公司的技术方案可行，认同增容是一个较好的技术方案，聚光碟的成本估算合理，接收器制造工艺先进可靠，是核心技术，也是最大亮点——但是，由于其他关键设备仍处于研发验证阶段，缺乏整套系统连续运行的考验，所以现阶段还不具备商业推广条件。

在新疆库车使用碟式系统的计划告一段落。次年3月，张道才率队赴内蒙古阿拉善盟考察。

## 落户阿拉善

内蒙古阿拉善盟年日照时间在2600～3500小时，具有优越的光照条件，自然矿藏资源也极为丰富。半年时间全面深入的调研和比较，结合对绿色太阳能光热发电领域的国际投资、研发合作和产业化推进，三花确立了以高新科技项目配套能源和矿产资源、以能源和矿产资源培育高新科技项目、远期以项目产出取代传统能源产出的战略新思路。

而阿拉善盟行署也看中了三花脚踏实地的专业化精神，以及绿色低碳、“技术领先”的发展理念，竭力邀请三花项目落地，并保证将在各方面给予全力支持和配套。

最终，三花选择了阿拉善盟为绿色太阳能光热示范项目和产业化项目建设地，与阿拉善盟行署谈判并签订了建设“三花太阳城”、投资发展能源产业的战略合作协议——这意味着中国市场的商业化进度将和以色列方面同步推进。

张道才在此阶段显得有些激进，也许并不全是因为他对太阳能有了新的认识或更加充足的信心（作为第五届国际光热发电峰会的一部分，CSP Today颁奖礼上，HelioFocus公司获得了年度最佳新人奖）。阿拉善盟行署的支持让他感到，三花可以在开展太阳能项目的同时，开展矿产开采业务。一个成熟且商业化逻辑简明的产业——“新能源配套矿产资源”的蓝图在他心中呼之欲出。

为表示对三花绿色太阳能光热项目的高度重视，2012年3月6日，阿拉善盟行署安排了隆重的签约仪式。盟委书记、盟长和常务副盟长等领导带领盟各部门一把手悉数出席。他们表示欢迎三花投资落户，希望双方合作结出丰硕的经济成果。三花控股集团投资总监郭培民从光热项目的发展规划和技术特性方面，向现场出席签约仪式的阿拉善盟领导们作了介绍汇报。

最后张道才在致辞时指出：当今世界气候和环境危机日益严重，资源和能源瓶颈更加突出，发展清洁能源是机遇也是挑战，三花和以色列合作研发的绿色太阳能光热发电技术一旦取得产业化突破，必将引领世界能源革命的潮流。三花将以战略性的大策划和大投入，在阿拉善建设规模宏伟的世界一流绿色太阳能发电基地，并带动产业链上下游的集群式发展，实现沙漠的生态综合治理和改造。

他对阿拉善盟行署积极引进和发展清洁能源、改造传统产业的远见卓识表示欣赏和钦佩，希望三花与阿拉善盟的合作，是双赢的事业，也是开启世界新能源革命未来的事业。

在热烈友好的气氛中，宾主双方签订了关于三花太阳城建设的合作协议，三花与阿拉善盟行署一致表示，要更加努力地推动战略合作协议的落实，加快太阳能光热发电技术的产业化步伐，力争早日在大漠戈壁上结出绿色能源发电的硕果。

于是在张亚波日益谨慎的时候，张道才计划在中国和以色列两地，同步建设100个单元并联碟项目的示范基地。

这时候的张亚波已经开始反对如此冒进的投资步调。“但是我也没有绝对反对，那时候也是偶然，可以同时开采煤炭，这整个决策的前提就变了，”张亚波回忆，本来仅仅只是要在以色列投资四个试验碟，项目完成后再考虑进入国内，一步步按次序来，“没想到搞得比以色列还超前。那个时候我自己也想明白了，项目还没从研发阶段进入批量阶段，我们就急着投资了，但也不是说完全不能做，我们在研发管理中也有并行研发管理的，只是这样一来风险就更大了。”

张亚波此时要做的是，将风险剖析清楚。当测算后，他发现这样决策的底线风险仅仅是两三亿元人民币，如果是用两三亿元去冒这个风险投资，三花是可以承受的。

“如果这个项目的收益只有2000万元，那投两亿元去干，我肯定坚决反对；但如果底线是两三亿元人民币，而这个项目一旦成功，解决的就是全人类的问题。那么在这个逻辑框架内，有多大的能力就去做多少投入。”对张亚波来说，最大的底线就是不危及三花生存的两三亿元人民币。

阿拉善盟面积27万平方千米，属内陆高平原地区，地形以戈壁、沙漠、草甸为主。签约仪式后，张道才一行继续实地考察，在阿拉善盟行署推荐的几个项目选址中，选择了阿拉善经济开发区（现为阿拉善高新技术产业开发区），作为项目首期建设地址。

阿拉善经济开发区东临黄河，与乌海市隔河相望，被张道才认为是茫茫戈壁上建设太阳能光碟的绝佳之地。如果进一步以绿色太阳能发电为主题，以项目示范和产业化基地为核心，扩展建设产业集群，建设以研发和生活集成的综合性配套园区，在黄河岸边的经济开发区，是最佳的“太阳能绿城”。

## 碟式技术的催化作用

在张道才寻址阿拉善盟的同时，在以色列Rotem工业园，全球第一个“碟式太阳能热发电单元样机示范项目”举行了建成庆典——在当时的报道中，这一技术又被称为“智能超临界并联塔式技术”，因聚光碟能实现两维向日跟踪，同时每片反射镜面几乎为平面，接近塔式技术；产生高于500摄氏度（实际达到1000摄氏度以上）的蒸汽温度，是唯一能达到超临界要求的技术。以色列和中国的有关企业人员、政府官员和研发人员出席了庆典。

全球第一个“碟式太阳能热发电单元样机示范项目”在以色列建成

碟式技术的第一个示范单元样机由200多块反射镜面组成，占地面积近500平方米，总高26米，功率为100千瓦，首期主要用于产生蒸汽，并对高温蒸汽应用于后续发电的质量进行测试。这一单机项目的建成和运行，表明这一技术从实验室研究进入了产业化试验，相当于走完了80%的技术发展路程，测试成熟后将发展到100个单元即10兆瓦（10MW）并联——而这个尚未测试成熟的项目，将在以色列和中国阿拉善的沙漠中同时开始建设。

此前一天，以色列工业贸易和劳工部大楼，三花、内蒙古太清光热能源有限公司、HelioFocus公司共同签订了在中国内蒙古阿拉善盟建设太阳能光热发电10MW项目工程的合作意向书，其中太清公司是内蒙古参与这一技术产业化运营的公司，设立于几天前，这是三花控股集团发展太阳能光热发电产业的平台，注册资金3亿元人民币，经营范围为火力发电和太阳能发电生产、销售，以及煤炭销售。这个签约仪式，除了以色列工贸和三花，内蒙古阿拉善盟行署代表团亦出席见证。

在单机示范项目庆典现场，以色列水资源和能源部长乌兹·兰多先生和中国驻以色列大使高燕平女士都发表了讲话，庆祝单机示范项目的建成运行。兰多指出，投资和发展绿色新能源研究，对中国和以色列的未来都具有至关重要的意义。高燕平回顾了中国和以色列民族的交往历史，希望更多的以色列和中国企业能够在投资、贸易和研发等领域合作，产生更多的合作成果。

HelioFocus公司董事长和张道才也分别致辞，再一次表达了对项目研发和产业化前景的坚定信念，承诺进一步加强合作，致力于这一技术的持续开发和分阶段商业化，最终实现有竞争力的绿色电力输出。

这次典礼被定义为，在全世界继续为太阳能利用展开激烈竞争之时碟式技术迈出的重要一步。这个人类的一小步，有中国浙江新昌县一家名为三花的企业深度参与。

之后的两个月，项目推进速度加快。阿拉善盟委书记考察了三花中央研究院与太阳能项目，表示项目符合国家能源产业发展规划；内蒙古自治区发展和改革委批复《关于内蒙古太清光热能源有限公司阿拉善10MW太阳能光热发电项目开展前期工作的通知》；HelioFocus公司启动了第四轮融资，三花股份出资现金429.63万美元增资，共计持有该公司31.26%的股权；ICG增资640万美元，共计持有46.59%的股权；太清公司与HelioFocus公司就内蒙古阿拉善第一期的8个碟式太阳能发电系统项目签订了协议。

2012年7月5日，内蒙古阿拉善经济开发区烈日灼人，广袤沙漠上回响着高亢激昂的京剧版《三花之歌》，这是张道才喜欢的国家级京剧表演艺术大师于魁智、李胜素、赵葆秀和孟广禄联袂演唱的，两年前，他不可能会想到这首独具特色的企业之歌会飘扬在一片沙漠上空。

红色的典礼台上，三花绿色太阳城的开工奠基仪式隆重举行。阿拉善盟四套班子领导和阿盟经济开发区管委会领导悉数出席典礼，内蒙古自治区各委办厅局主要领导也到场庆贺，以色列驻中国大使馆商务参赞等人参与了开工奠基仪式。

盟长历数三花从小商品、大市场、高科技、专业化到"技术领先"的战略发展之路，盛赞三花的企业愿景与使命追求，要求开发区和盟各级部门同样以"迅速反应、立即行动"的三花作风和精益求精、追求卓越的三花精神，全力支持配合三花绿色太阳城项目的建设，希望项目建设成功，为中国和世界的绿色能源革命作出贡献。

当张亚波丝毫不敢松懈地在台下跟技术人员讨论接下来的技术攻关难点时，张道才在台上发表了热情洋溢的讲话：

当今世界能源危机日益严重，绿色太阳能开发代表了未来产业竞争和企业持续发展的制高点，碟式技术绿色环保、高效清洁，很可能成为未来太阳能发电的主流。三花联合以色列HelioFocus公司和大清公司，将用世界一流的绿色太阳能发电技术，全力推进三花绿色太阳城的建设，带动产业链上下游集群模式的发展，实现沙漠生态综合治理改造，使阿拉善成为世界绿色太阳能发电的研发和产业化中心。

礼花绽放，象征项目未来美好前景的几十枚火箭礼花直射天空。

接下来HelioFocus公司与中国国电集团签署了第二份战略合作协议，协议的第一阶段要求HelioFocus公司为国电位于中国的15MW ~ 40MW火电厂规划并开发电力加强能力，在该项目第一阶段于2014年底完成后，两家公司将开始合资项目的施工。

2013年5月30日，三花绿色太阳城上，中国第一套大型聚光碟吊装完成，这是首期1MW项目的主体吊装，第一次有如此大型的聚光碟在中华大地上树立，里程碑意义不言而喻。

该示范项目采用三花与以色列集团公司共同投资开发的碟式太阳能光热发电技术，根据中国条件进行了设计优化、标准转化以及供应链本地化，在技术上有多项突破和创新。作为在行业内被普遍关注的首个兆瓦级大型碟式项目，已在国际太阳能光热发展史中留下了浓墨重彩的一笔。三花绿色太阳城首期项目还被列为自治区战略性新兴产业专项资金项目，经过了内蒙古自治区发改委、财政厅组织的专家评审，被列为2013年战略性新兴产业专项资金项目。

三花在内蒙古阿拉善建立的太阳能光热发电八碟项目

同年10月，阿拉善沙漠上已经矗立起蔚为壮观的白色大型设备，这种太阳能发电设备像是几大片被风扬起的白色风帆，斜着飘扬在沙海上。白色的庞然大物下，100多个西装革履的人共同参加了三花太阳能城首期工程落成庆典，他们在中国、以色列和三花控股公司、HelioFocus公司的旗帜下合影，沙漠的骄阳让他们不得不眯起眼睛。他们共同期待着人类与能源的美好未来，他们内心也许猜测着太阳能发电的商业化之路还需要走多远，但是他们每个人都满怀希望，并且为之付出，为这一技术早一日改变世界而付出。

落成庆典之后，太清公司总经理与HelioFocus公司CEO分别代表两公司签署了200MW太阳能辅助火力发电项目合作备忘录，明确了二期项目的建设内容和计划。

# 收之桑榆

“每一个人在市场经济的大潮中，免不了要去做一些事情，如果你不做就不正常了——那代表你不去尝试。”

## 太阳能项目“亮红灯”

“我们当时项目实施的地方是在内蒙古的西部，一个叫乌海的地方，黄河从这个城市的西面流过，西面全部是乌兰布和沙漠，我们的项目实施地就在乌兰布和沙漠的南端，住在乌海市里，每天上下班要过河，开四五十千米路的车。”鲍俊峰回忆起那段工作经历时，如此描述那个他前后加起来工作了近三年的地方。

鲍俊峰向妻子表示，自己在内蒙古做建设的这几年时间需要家人的支持，当时他的孩子仅两岁多。他带上了孩子、妻子及父母，奔赴那片沙漠，原本在江苏做小学老师的妻子辞了职，在公司里负责内蒙古当地的人员招聘工作。

鲍俊峰作为三花与以色列HelioFocus公司的技术对接人，负责整个项目的实施，包括现场分包商的协调。靠近沙漠，条件艰苦，每年春秋两季的沙尘暴骇人，风沙来袭，三花驻阿拉善的员工就躲进临时搭建的简易房，沙子通过窗户钻进房间，呜呜作响，等到风停了，沙子不钻了，大家再开门出去干活。如果沙尘暴猛烈时正在开车，就需要把车停在路边，等待风小下来，风沙击打车窗的“砰砰”声，让从小在中国南方长大的三花技术人员们感到震撼，适应花了好长一段时间。

一些三花人在这里付出了近三年的汗水，但遗憾的是，太阳能光热发电的商业化进展速度很慢，项目建设周期过长，市场启动遇冷，投资回报率偏低，前景不妙。煤炭开采也因为缺少开采证书没能施行。最终，三花权衡利弊，以控制风险为主，放弃了继续投入。

绿色能源的开发利用，的确关系到新一波产业革命来临和人类经济、文明发展的新高度。太阳能大规模、低成本发电的实现，凝聚着人类的梦想和智慧，业界巨头为此展开了激烈的竞争，而第一个吃螃蟹的人，必定也要承担最大的风险。

三花2010年投资进入HelioFocus公司成为第二大股东，参与这一技术的研发和产业化推广，这一举动具有开创意义，因为这是中国企业第一次投资以色列绿色能源领域，参与国外太阳能光热发电前沿技术的研发与商业化，只是三花的主业与此相距过远，三花的资金实力也许只能成为绿色能源道路上千千万万块基石的其中之一。

“好东西是经得起时间考验的。”在最初投资HelioFocus公司时，张亚波曾经说过这样一句话。太阳能的确是绿色能源，但对一个以盈利为基本使命的企业来说，太阳能发电到底是不是一门好生意呢？人类真的可以依赖太阳能或风能吗？

直到今天，太阳能与风能加起来提供的能源也还不到2%。人类拥有大量的日光，阳光清洁、免费，没有二氧化碳排放，但如果真的想把太阳能大规模地变为人类可用的能源，这个过程根本谈不上免费，而是需要巨额的投入。比起用化石燃料、核能、水力发电，太阳能可以称得上最贵的能源。

有一派科学家将太阳能能源称为“微弱又不可靠”（术语为稀薄又具有间歇性）的能源，收集和集中太阳能需要耗费大量其他资源，如果想做到随时取用，又得进一步耗费更多资源。因为太阳能不像煤炭或石油，太阳能不提供高浓度能量，这意味着你需要大量额外材料来获取一个单位的太阳能。这些材料包括高纯度的硅、磷以及十几种复杂化合物，如二氧化钛，所有这些材料都需要经过开采、提纯、加工，这些工业流程本身就消耗了大量的能量。

但这些跟太阳能的不可靠性也就是间歇性比起来还不算什么。很显然，太阳不是一直挂在天上的，如果想要取用太阳能，必须将它存储起来，石油可以存在容器里，但世界上还没有非常成熟的大容量太阳能和风能存储系统。

直到今天，世界上仍然没有一个真正独立的、独自运作的太阳能发电站，每一个都需要备份方案，也就是化石燃料，包括绿色能源技术最发达的德国。在德国，太阳能在人们最需要能源的冬季产能低下，这时候煤炭总会作为替补。

如此情形，对一个普通民营企业来说，让太阳能发电商业化运转的担子非同一般的沉重。所以，很多业务对于三花来说，并非对错，而是选择上的取舍，业务线的选择和时机的选择。

三花为此投入几亿元，但德国在为太阳能板和风能投入了数百亿美元补贴的同时，全国化石燃料的消耗并没有减少，反而增加了，除此之外，在化石燃料、太阳能和风能之间来回转换，又是一笔投入。环球同此凉热，以至于能源贫困成了一个流行词汇。

## 张道才愿意否定张道才

张道才曾经说过：“无论研发还是销售，我只看你最后的市场占有率，这是领先的唯一指标。”但很可惜，三花能将太阳能发电技术推动的距离，离市场占有率这个要素为时尚远。

“每一个人在市场经济的大潮中，免不了要去做一些事情，如果你不做就不正常了——那代表你不去尝试。但是在这个过程中，你怎么样能够全身而退，或者你自己有没有总结经验。比如说三花做太阳能，那个时候浙江的企业都做太阳能，或者光伏，这个正常。”

陈金玉如此理解当年三花在太阳能方向上的投资，他认为张道才的可贵之处在于能够真正做到自我反思，然后能够做到在投资过程中及时止损。“不像有些公司，风力发电投资失败了，还要继续投。我们老板，亏一个亿就当作亏掉了，这就是老板的自我纠正，等他反思过后，觉得这个项目不对，那么你再忽悠他，他也不会搞了，死也不会再投入了。”陈金玉说，张道才从不会为了树立自己的权威或面子一意孤行——张道才愿意否定张道才。

张道才自己也承认在太阳能光热项目上的失败。这个巨大挫折，无损他的权威，也无损他作为企业家的荣耀。他只是输给了时间，输给了彼得·德鲁克的三个“创新禁忌”。

## 塞翁失马，焉知非福

事实上，对于张道才与三花来说，他并非毫无收获。正如我们之前所说，他收获了鲍俊峰、邹江这支能打硬仗的技术团队。这个团队，在未来的新能源汽车热管理系统的开发中，将起到重要的作用——而新能源汽车热管理系统，则构筑了三花实打实的未来。

除此之外，张道才再次确信，通过收购获得的技术，终究是他人的技术，只有依靠“自己人”研究、积累的技术，才会永久性地沉淀在三花，烙印上三花的火痕，成为三花血脉的一部分。

在此阶段，张道才在处理政商关系上也有了更深的领悟。性格使然，张道才从创业之初就从没有过攀附权贵、狐假虎威的行为，在需要他出面的场合他总会露面，但他从不愿意出风头。也许在多元化进程中，三花有可能会变成一家不再隐形的企业，但任何与张道才接触过的人都认为他绝无可能改变自己低调与简单的行事风格。

他在需要客套的场合较为拘谨，但如果谈起技术与产业，他总会激情四溢，眉飞色舞；他拒绝过一些与权力深交的诱惑，这在日后保全了他与三花的安全；在异地投资的太阳能光热产业，也让他对此体悟更深，比如在投资地域的选择上，如何规避可见风险。有人评价，张道才始终保持了与权力若即若离的微妙关系。

但他却并不因为如此就缺乏安全感。他极少出席论坛，极少加入抱团取暖的联盟组织，据三花的高管评价，张道才会严抓质量，但他很少会讲企业的风光。

他崇尚一个简单做事的价值观，认为只要抓好技术、质量与市场，企业自然会健康成长，在这之上，“他是个有更高情怀要去追求的人”。

# 国际化三花

三花的多元化战略在国际化的部分，可以说是成功的。这之后，张道才更加重视加强国际行业内并购的研究和推进，加快三花的国际化布局、跨越式发展。

自20世纪90年代起，三花就着重开拓国际市场，在实践中培养了一批能够适应不同国家、地区业务拓展需要的营销人才队伍，并在日本、韩国、泰国、新加坡、美国、墨西哥、德国、西班牙等地建立了海外子公司作为网点的全球性营销网络，在美国、波兰、墨西哥、奥地利、土耳其、印度、越南等地建立了海外生产基地，各系列产品覆盖全球主要市场，包括中国、日本、韩国，以及东南亚、中东和欧洲、美洲、非洲等几十个国家和地区。

这为张道才日后“经营多元化，市场国际化，自成一面，立体拓展”的战略奠定了基础。正如联想2001年推行多元化方针一样，国际化是同时期选择多元化发展的企业最常见的一步。

三花控股集团常管会曾对此进行过资本层面的论证，发展规划里显示：三花控股集团在多年的经营中，积累了相当丰富的现金资产，这部分资产能否合理应用，实现保值增值，直接关系到三花在企业可持续发展方面的重大问题。

资产结构多元也是企业抵御风险的客观要求，当时中国正处于产业结构调整时期，许多行业已进入成熟期甚至衰退期，表现为技术落后、市场趋于饱和，以及追加投入的边际收益不断下降，因此处于这些行业的企业都面临着两个重要问题，一是先前的积累如何进一步保值增值的问题，二是所处行业本身生命周期所带来的潜在风险。因此，资产结构多元化，以及进行资产的有效组合，成了三花控股集团实现存量资产保值增值、抵御市场风险和实现企业转型进入新兴行业的必要手段。

## 与丹佛斯的合与分

2003年，丹佛斯决定在中国建立全球采购中心。与此同时，三花经历了二十多年的发展，已成为可与丹佛斯同台交流的同行。2006年4月，丹佛斯集团第二代家族掌门人雍根·克劳森总裁一行三人到三花访问，丹佛斯集团高级副总裁与亚太区域销售副总裁同行。当克劳森的私人飞机降落在杭州萧山国际机场时，三花派出了副总经理倪晓明为首的高级团队专门迎接。此时，多年前第一次出国就到访丹佛斯的张道才，正在三花总部与高管们一起等候，准备接待自己这个多年来既是榜样又是潜在合作方的朋友。

2006年11月3日，张道才和雍根·克劳森在杭州举行了三花与丹佛斯的合资合作签约仪式，希望双方通过强强联合，实现优势互补，加强三花与丹佛斯在全球制冷空调行业的地位。

“三花与丹佛斯存在极大的相似性与互补性，从企业经营理念和价值观来看，三花与丹佛斯都坚持走专业化的经营道路，为社会提供优质和领先的产品，尽自己作为企业公民的社会责任。从竞争力来看，丹佛斯以研发能力和市场国际化著称，而三花有擅长于大规模制造经营的优势，这决定了双方的合作带有战略意义。与有着70年制冷与空调工业技术创新历史的丹佛斯携手合作，将有力推进三花从成本导向迈向技术导向的企业战略转型，为我们客户创造更大的价值。”张道才在签约仪式上发言，此时的他已经不再是那个第一次出国吃带血牛排拉肚子的创业者。

雍根·克劳森则表示：“在过去的几个月中，我们已经与三花管理层进行了友好磋商，现已经进入到最后的细节敲定阶段。新成立的公司将由丹佛斯和三花共同拥有，这与我们在中国的长期发展战略相一致。此举将增强丹佛斯在中国市场的地位，通过提高能源效率，继续为中国经济的可持续发展作出更大贡献，并将加速制冷和空调业务在华的发展。我们两个公司间有着良好的关系，作为空调零部件市场的领导者，我相信三花将为新公司带来极具竞争力的优势，我们将与三花一起为国内外市场提供更多的制冷与空调系列产品。”

三花与丹佛斯合作的项目是研究生产微通道换热器——属于张道才所定义的多元化下的专业化，而且是主业的专业化升级。微通道换热器的迭代意义是替代了传统的铜制换热器，采用了我国资源十分丰富的铝材料。技术上来说，微通道换热器可以广泛应用于空调、商业冷冻、发动机热回收、医疗设备、干燥设备等领域，具有高效、节能、环保、易回收等特点。

三花-丹佛斯（杭州）微通道热交换器公司成立，注册资本人民币1.3亿元，投资总额人民币2亿元，三花控股和丹佛斯集团各自拥有50%的股权。

2008年下半年，三花与丹佛斯合资生产的微通道热交换器产品开始批量投产。在此后的几年中，2010年的效益最好——实现销售收入21523万元，净利润2119万元，年生产微通道换热器39.76万套。但其他年份效益不佳，原因在于双方对合资公司的定位理解产生分歧，且无法得到调和。

2011年末，因受股东意见分歧和利益机制困扰，三花与丹佛斯合作的合资企业开始拆分运行。

意见分歧主要来自经营权的独立问题。张道才回顾说：“三花真诚地投入了产品——微通道换热器，这个产品是行业内革命性、颠覆性的产品，也希望丹佛斯能把他的好产品引进来。”

但是结果不尽如人意，全球销售渠道按照当初合资合同的约定控制在丹佛斯手中，和客户直接链接的通道始终没有开放给合资公司。丹佛斯方面要求通过丹佛斯的全球销售渠道来销售合资公司的产品，并建立国内外客户的营销业务联系，而三花方面则要求在合资公司已经具备独立经营能力的条件下，双方股东应尊重合资公司的独立主体地位，由合资公司直接开展产品的销售业务——三花没有拿到三花要拿而且丹佛斯已答应给的东西。

2010年之后，丹佛斯新任经营班子改变了合作双方董事长之间原先确定的战略合作伙伴关系，将三花定位为“战略竞争对手”。

经过解释和努力，仍不能达成一致，那就各自分开。张道才对此理解得非常透彻，拆分方案直接且高效：丹佛斯将持有的合资公司股份转让给三花，合资公司的资产、人员等按照公平和协商的原则进行分割，已有的知识产权共有；合资公司拆分后，双方将各自独立发展全球微通道换热器业务。在拆分过程中，三花依托原有的杭州三花微通道换热器有限公司，抓住时机，着手该产业在美国市场——这也是微通道产品90%以上的外销市场——的国际并购。

## 收购 R2 公司

2012年12月28日，三花控股战略投资并购团队和微通道业务团队经过9个月的考察、沟通与谈判，最后由三花通产公司斥资1000万美元正式收购了美国R-Squared Puckett Inc.（后文简称R2公司）100%的股权。这家公司位于美国密西西比州，是当地一家精密传热系统制造厂家，在该行业中已经有多年的生产经营历史，具备健康的业务与良好的团队。

这标志着三花控股国际化生产制造海外布点的历史性第一步，为微通道以及其他相关产品在北美战略市场的进一步拓展奠定了基础。

并购完成后，北美项目团队在微通道公司总经理倪晓明的带领下，迅速介入公司的经营与整合工作，各方面推进顺利，在确保该公司正常经营的同时，与杭州本部企业取长补短，协同提高。第二年，R2公司就实现了较好的盈利。

2013年，张道才与王大勇、黄宁杰及美国三花总经理吕虎等人在倪晓明的陪同下考察R2公司。张道才听取了管理层针对北美业务提出的后续发展规划，肯定了自收购交割以来5个月时间的顺利交接和稳定经营的业绩，并对公司利用现有制造基地平台，在北美业务长远的发展规划提出了建议方案，指明了方向。他要求在现有基础上，规划实施在美洲地区“一南一北两个物流基地，中间制造基地为依托”的发展策略；尽快规划发展计划，服务于控股集团整个产业在北美新发展的需要。他希望据此能够进一步提升三花品牌的国际知名度，为三花全球化打下更坚实的基础。

三花对R2公司的收购，进一步强化了三花微通道在北美市场的战略地位，也将更好地服务北美这一战略市场，是三花发展成为真正的全球供应商的重要一步。而这一时期，三花的老朋友与对手丹佛斯的微通道换热器业务已经高度萎缩。三花在这个产品上已经在全世界占据了绝对优势地位。

## 并购亚威科

2011年，浙江三花股份有限公司成立战略规划部，重点进行战略并购项目的发掘与管理。

第二年，三花股份并购了德国亚威科集团，正式进入洗碗机、咖啡机、洗衣机零部件领域，实现了向家电领域的横向延伸。这有利于丰富三花的产品线，拓展三花股份在家电系统和零部件系统的市场空间，提高公司的市场竞争力和综合竞争力。

德国的亚威科是白色家电零部件的核心供应商，总部位于德国的诺伊基希，主要从事洗碗机、洗衣机、咖啡机等家电系统零部件的研发制造和销售，已有超过50年的经营历史。亚威科集团通过其全资子公司亚威科国际，在德国、奥地利、波兰、斯洛伐克、中国等地的所属企业开展上述业务，与主要白色家电制造商有着广泛的业务往来，主要客户包括美诺、BSH、惠而浦、飞利浦、伊莱克斯等，其中前10位的大客户约占亚威科集团销售业绩的90%。亚威科集团在产品创新方面有着深厚的积累，与主要客户形成了共同开发合作的良好历史传统。

如今三花的展厅里展示着洗碗机等白色家电的先进零部件，这与收购亚威科密切相关。亚威科长期被家电客户视为洗碗机系统部件开发的第一供应商，由此可见其新产品研发实力。在水加热器领域，亚威科的品牌一直处于行业领先地位，他们同时在这几个家电产品上推陈出新，引领着这几个行业技术的发展。

而亚威科集团近年来采取的战略，是在其主要客户周围设立生产性子公司进行配套生产，2008年金融危机过后，亚威科进行战略转型及调整，逐步将经营业务向劳动力成本较低的其他国家和地区进行转移，但因投资过多过大、战线过长而陷入经营困境。这给了三花通过并购将产品种类扩大至白色家电领域的机会。为了并购亚威科，三花股份Apollo项目小组与亚威科集团及相关方进行了数十次的磋商、会谈与交流。

## 问道欧美

并购完成后，张道才进行了一次为期半个月的国际旅行。从美国到欧洲，考察并购的国外新工厂，拜访新的国际品牌客户高层，深入思考三花通过国际并购整合、进一步扩张全球业务、加快“技术领先”战略实施、推动企业发展升级的重点课题。2013年5月，张道才率队拜访美诺和博世西门子两家代表性客户，在交流中，博世西门子与美诺高管都对三花收购亚威科表示欢迎，指出他们作为行业内顶尖品牌，一直在专注追求产品和服务的卓越品质，希望三花能继续保持和扩大亚威科与客户的战略配套供应和优质服务关系。

双方当场就签订了部分产品的中长期供货合同。

张道才介绍的三花部分重点新产品开发计划让对方信心大增，三花在发展理念与技术研发思路上与美诺、博世西门子也都高度契合。张道才表示，将以并购亚威科为契机，学习吸收全球高端客户优秀的产品设计开发理念和管理经验，通过自身的产品升级和服务提升，为客户创造更卓越的价值。“在欧洲市场，只要产品真正有创新有提升，为客户创造了新的价值，客户是愿意给予合理溢价的。”张道才一直坚信这个道理。

张道才后来复盘时说，对亚威科的收购形成了一个通道，为三花给欧洲及全球的一线品牌都打开了一个链接，进入了高端客户的核心供应商系统，就能看到更多的客户需求。

技术和客户需求对驱动创新起着同等重要的作用。

张道才有一个观点：创新的最大风险是未来客户需求的不确定。所以“客户在哪里，我们就在哪里，就近服务，就近生产，就近配套，就近跟客户沟通，锁定他的需求，做我们未来的战略路线。我们的战略基本上是跟着客户走的，客户未来五到十年搞什么，我们的未来五到十年就跟着他们干什么。所以我们敢于投，舍得投”。

“如果当初把四通阀卖掉了，我们跟客户的产品平台就没有了，很多后续产品的需求、识别、开发，都是基于那么一个四通阀的产品平台展开。”收购亚威科集团也让张道才再次庆幸自己当初做了正确的选择，没有把四通阀卖给兰柯。

三花的多元化战略在国际化的部分，可以说是成功的。这之后，张道才更加重视加强国际行业内并购的研究和推进，充分利用全球行业并购整合的手段，加快三花的国际化布局、跨越式发展，当然，还有“技术领先”战略的推进。

虽然与丹佛斯的合资最终以分手告终，但三花在此过程中看到了丹佛斯对全球销售网络的重视、建设和牢牢掌控，更加领悟了国际市场的攻略，并自主发展出微通道换热器业务的基础，更加坚定了以先进、节能的技术和产品打开国际市场大门的决心。截止到2019年6月，三花整个集团全球专利总共有4100多项，其中发明专利占2600多项，每年的专利申报量在400～500项，发明专利占三分之二；相当于两天诞生三项专利，三天诞生两项发明专利，其中国外的有效发明专利占比在10%以上，这个数字仍然在不断提升中。

隐形冠军企业对研发的投入是一般工业企业的两倍多，平均每个员工的专利数量相当于大公司的五倍，也就是说他们的每项专利成本相当于后者的五分之一。从这个角度来说，看似多元的国际化并购并没有让三花离隐形冠军的路越来越远，在业务越来越多元的同时，三花也越来越专注。

# 张道才之思

“三花之所以幸存到现在，并且保持着越来越蓬勃进取的发展态势，不可或缺的必然原因，也正是在于专注主业，不受或少受诱惑，把握住风险尝试与主业稳定的战略平衡。”

## 多元化的思与辨

今天，我们试着总结多元化的风险：

——市场壁垒难打破；

——多方受敌；

——分散企业资源，降低企业效率，在营业收入同比增长的同时，营业成本也快速上升；

——多个业务没有关联度，不了解产品深浅，容易进入产业误区；

——可能会导致主业不突出。

当然，一味坚持专业化也有不足。

当单一产品的市场占有率逐渐逼近“天花板”时，单一品牌已经难以给企业带来更多的市场和利润，在此情况下，总会有企业开始对多个领域进行布局。比如2016年，董明珠说："希望大家坐着格力造的车，拿着格力的手机，控制家里的空调温度，享受格力给你们带来的美味佳肴。"同时，这位商场上的风云女士宣布，格力进入多元化时代。那时候市场分析认为格力空调的销量已经逼近"天花板"，单一品牌已经难以带给格力更多的市场和利润。

虽然手机销量低迷，电动汽车也只是小打小闹，但2019年初的格力电器董事长兼总裁董明珠还是在开工贺词里说，格力电器在空调、生活电器、高端装备和通信设备四大领域蓄势发力，已从专业化的空调企业跨越转型成为多元化的工业集团。

手机芯片商高通算得上是一个一直以来较为专注的企业，它的大部分营收也来源于手机芯片业务。外界普遍认为，受智能手机销售增长放缓的影响，高通业绩曾出现下滑。近年来高通也一直在尝试丰富业务体系。前两年，高通试图对汽车芯片龙头厂商恩智浦进行收购，这其实也是高通多元化战略的重要一步。2016年10月，高通宣布将斥资380亿美元收购恩智浦，遭到了恩智浦股东Elliott Management和Ramius Advisors的反对，然后高通将收购价格提高到了440亿美元。

在需要扩张的时候，最懂得穷则思变的浙江企业三花自然不会放过机会。三花的多元化之路不能说成功，但仍然可以说取得了战略性目标的胜利。究其原因，不外乎两点：从未放弃以专业化为基础；民企好调头，张道才收手快。

三花的客户之一海信集团的一位因负责采购工作经常与三花接触的高管也是如此评价三花：浙江的这类民营企业具有灵活性，三花投资了光电和太阳能产业，但是他们的决策机制和风险控制意识能让他们及时止损。

张道才自己也对多元化战略做过公开且深刻的反思。

2004年12月14日，张道才在《三花人》报上发文《从专业化迈向多元化》，文章对专业化与多元化的关系作了全面的分析，对当时三花已探索的多元化之路作了回顾，肯定了多元化的发展思路，提出专业化是基础，多元化是必由之路，“企业有了十多年专业化的基础，从2001年起，我们开始考虑如何走多元化之路，继续扩张企业规模，保持企业跳跃式发展的势头”。

2001年到2005年间，三花在继续做好制冷主业外，投资了房地产、科特光电产业、南望微电子产业、汽车贸易公司、汽车轮毂、车桥、齿轮等产业和业务。张道才十分坦诚地说：“我们品尝了多元化发展硕果带来的喜悦，也因多元化的闪失使我们感到十分惊讶。”

2005年7月30日的三花控股集团半年度总结大会上，张道才再次谈及专业化与多元化的关系，报告指出，控股集团在过去的发展中先后提出了“小商品、大市场、高科技、专业化”和“经营多元化、生产专业化、市场国际化”的发展战略。值得一提的是，要把握好专业化与多元化的关系。

“专业化容易做专、做精、做强，三花就是靠着专业化发展起来的，但专业化受到发展空间限制，企业不易做大。前几年，我们在专业化的基础上，提出多元化的发展思路，除了重点抓主业制冷空调元器件产业外，拓展了一些新的产业”，“在近几年的对外投资和合作项目中，有近一半以上的投资、合作项目建设周期过长，市场启动过慢，投资回报率偏低，部分企业甚至亏损严重，特别是离我们行业较远的产业或产品，近期扭亏无望，前景不妙。对此，我们必须将对外投资合作项目作出适度调整，做到有取有舍”。

## 调整，再出发

于是张道才及时下决心处置了这些风险较大、扭亏无望、和主业无关，又给三花带来损失和负担的企业：三花占股45%的杭州三花科特光电有限公司，占股55%的浙江三花南望微电子有限公司，占股20%的南望信息产业集团有限公司，占股51%的浙江三花汽车贸易有限公司等。

南望这家多元化的反面教材公司，永远留在了三花反思自己的历史上。

“有些对外投资项目，经过几年的实践总结证明是不成功的，成为今天要处理的不良资产。一方面我们要总结用代价换来的教训，更坚定围绕制冷、空调主业来发展的战略定位，另一方面也要加快处置这几块不良资产，花力气排除企业发展中的不健康因素，摆脱历史包袱，更好地轻装前进。”张道才后来复盘时讲道。

那之后，他第一次提出了“规范经营、稳健发展”的经营指导思想，他说，“企业经营就要敢闯敢冒，但同时必须要树立法律意识，力求规范，稳健的运作”。稳健、专业化、专注经营、冷静理性等词汇，成了三花接下来几年各种会议中最常出现的关键词。

与多元化战略实践过程中收获的硕果相比，也许这种反思对未来三花的价值更大。

三花人变得更加成熟与理性了，也说明三花自律机制的完善和掌控全局力度的加强。面对激烈的市场竞争和复杂多变的外部环境，面对大量诱惑与无数的骗局和陷阱，三花人将会以更加清醒的头脑审时度势，科学决策。

不过，这并不意味着三花会成为一家过于谨慎以至于不敢尝试的企业。陈金玉接手三花的战略投资业务后，每年的投资额都比往年的更大，2017年的投资额接近15亿元。张道才将投资战略传达得非常明晰：第一要和主业有相关性；第二要有前瞻性；第三，三花能在所投资领域发挥自己的优势。

更多时候，隐形冠军的“隐形”，并不是技术能力有所欠缺。举例来说，对于已经成熟的产品，整机厂商的主要工作是组装和销售，而不甘于隐形的隐形冠军们完全有技术实力轻松生产出质量尚可的整机，比如对于三花来说，做空调整机就是件触手可及的事。同样，当一个隐形冠军通过较高毛利的零配件产品积累了资金，那么它将面临数不清的诱惑与陷阱，比如三花还短暂地涉足过背投电视和智能马桶盖产品。

张道才后来回忆三花已经走过的30多年历程，提出了“专注领先”四个字，他甚至感慨："当三花集中精力专注主业经营的时候，三花事业的发展就比较顺利，经营团队和全体员工付出的努力就能得到应有的回报，而且全球市场的竞争能力越来越强，行业地位越来越高，发展道路越走越宽。而三花偏离了专注主业经营的路线时，多数时候三花的尝试与探索就没有取得预期的成功，甚至是挫折和失败。三花之所以幸存到现在，并且保持着越来越蓬勃进取的发展态势，不可或缺的必然原因，也正是在于专注主业，不受或少受诱惑，把握住风险尝试与主业稳定的战略平衡。"

所以隐形冠军们从来都不是被动"隐形"，而是主动将自己隐藏起来，不让客户感受到风险。隐形冠军需要耐得住寂寞，这个过程中，定力、耐力、眼力，一样都不能少。

新能源的时代到来，我们有机会看到一个被时代选中的浙江乡镇企业家凭着胆大肯干就能收获颇丰的时代一去不复返了。他脱离了随波逐流，避免了企业被浪潮裹挟而死亡的命运。

作为三花的创建者和舵手，张道才认为自己的使命并不是日常经营，而是为三花把住方向，确定好战略定位。他曾经进行过无数次探索，试图在更新的领域进入"无人区"。在一些方向上，他几乎称得上灰头土脸地败退；在另一些方向上，他则狂飙突进，看到了光亮。

这是探索者的选择。

探索者就是要在一片昏暗、摇摆不定、看不到出路的环境中找到出路。没有任何人可以替代他进行探索。他必须迈出自己可能踩实也可能踏空的一步。他是探索者，这是他的使命，也是他的宿命。

走一条少有人走的路，寻找一个没有人见过的未来，张道才和三花一定会遇到痛楚。痛使人清醒，痛并快乐着才是奋斗者和探索者所独享的幸福。

·丨附　录丨·

# 三花人物画像之“四大天王”

张道才有两位“少帅”：张亚波、张少波。除了他们左右协助、支持外，张道才帐下还有“四大天王”和“五虎将”。“四大天王”是王大勇、史初良、倪晓明与陈雨忠，“五虎将”则是“四大天王”加上陈金玉。

“四大天王”是张道才一手培养起来的，他们几乎同一时间加入三花。他看着他们从孩子长大成人，从职业毛坯变成中流砥柱；陈金玉则属于“引进人才”，同样在张道才的身边成长为三花的核心力量。

这是张道才自己挑中的人才，他们的确也从未令张道才失望。他们如今成为三花事业最核心的力量。他们也印证了“人才之花”是如何在张道才手中绚烂绽放的。

## 王大勇

在张道才眼中，王大勇始终是那个勤奋好学、精明干练、忠心耿耿的小伙子，为三花事业作出了很大贡献，也得到了张的无限信任。2014年三花30周年庆典上，王大勇荣获“经营管理卓越功勋奖”。这是三花的最高管理奖项，颁奖词由张道才亲自审定：

他敬业和创造

用全身心的智慧和心血

不断刷新三花精益制造和汽零产业成长的全球高度

推动着三花在国际舞台的优雅绽放

王大勇大学毕业分配到了宁波。他原本想留在北京，转悠了一圈后发现，有很多毕业八九年的大学毕业生都还在住集体宿舍，就果断放弃了。宁波是个开放城市，但带给他的同样是失落。他发现自己在那里无所事事，说是搞质量，却天天坐在办公室里。他对国有企业死了心，就打算换个公司。

王大勇老家在新昌，新昌的几家公司他都很熟悉，比较好的是柴油机厂和轴承厂。他给它们写过几封信，但是都石沉大海。他后来突然就想到

2014年10月，王大勇在三花30周年庆典上获“经营管理卓越功勋奖”

了三花。大学的时候，他跟一个同学来过三花。他同学的哥哥在三花工作，是三花当时为数不多的中专生之一。三花重视人才，他对三花的感觉不错——

“那里发展很快，收入很高，有奖金，对人才非常尊重，需要人。”

他就给三花写了一封信。几天后，三花的一位“俞老师”给他打电话，说你赶紧过来吧，我们需要人。俞老师本名俞华康，曾任当地小学校长，退休后被张道才聘到冷配总厂负责人事，他招聘人才就像教育学生一样热心诚恳，一个劲儿地催王大勇，而王大勇当时只在宁波工作了半年，见习期还没结束，尚未转正，他担心档案关系中断了。

俞老师说，你过来就好了，档案没有也不要紧，我们给你重建。王大勇本来还在犹豫，恰好天遂人愿：他的主任要调走，问他愿不愿意去？王大勇想回老家，主任便借这个调动机会，将他的档案弄了出来，还派了辆车将他送回新昌。

1992年12月，王大勇一到三花，就被安排进了“质量管理办公室”。马上到年底了，要写年度总结和明年计划。这个任务落到了王大勇头上，因为他是大学生。

王大勇的年终总结引起了徐丹之的注意。徐丹之是张道才的“军师”“参谋长”，也是新昌当地在企业管理、财务管理方面的专业人才。他问这个东西谁写的？“是小王。”没过多久，小王就被徐丹之调到了计划科。计划科与张道才在同一层楼办公，张道才到自己的办公室，都要从计划科门口走过，王大勇慢慢就在他心里住下了。

后来张道才要找一个秘书，起初选了王新潮。王新潮中文系毕业，文字功底好，但人比较倔。有一天他突然说，那个小王（**王大勇**）也是可以的。于是王大勇就成了他的秘书，天天跟着张道才出差，有时候也会给他准备材料。

他们很快熟悉了起来，张道才就开始给他讲自己创业的故事。那时候出差，为了节省成本，他们都是住同一个房间，熄灯后就会聊上一会儿；交通也不方便，主要靠火车和汽车，有时候出一趟差得半个月。出差时间越长，他们交流就越多，王大勇开始从张道才身上学习，而张道才也有意栽培这个小伙子。

“那个时候我进步是很快的，因为是跟着主席，他每次开会我都参加，会议记录那个时候都是我做的，对我进步成长帮助很大。”

有时候开一些重要的会，王大勇与司机一起等，张道才觉得两人等他，太浪费，就安排王大勇去学开车。

后来王大勇被正式任命为张道才的秘书，成为公认的张道才第一任秘书，同时任总经办副主任，主任是王德锋。后来王德锋去了三花不二工机跟山本薰搭班子，王大勇就成了总经办主任。

当时总经办的权力很大，财务、人事、计划、企管，什么都管。王大勇当主任的时候，正是三花最苦的日子，公司账户上经常只有几十万块钱，有时候发工资都困难，经常要出去借钱周转。王大勇曾跑过电力公司借钱，倪晓明也曾跑到绍兴盯汇票。那时候每一笔钱都很重要，每一笔钱都是救命钱。

三花过上苦日子，是因为张道才选择了四通阀。四通阀研发了很长时间，但是问题重重，始终没打开市场。史初良与王大勇成为最后一拨四通阀的开发人员。那时候王大勇兼任着制造部长。

史初良那时候在做广州松下气液分离器的开发，临时调去攻坚四通阀。史初良性情温和，做开发的时候，老师傅们不太配合，张道才就调了王大勇去推动。王大勇当过张道才的秘书、总经办主任，算得上“钦差大臣”。如果这时候他们还不配合，那就是跟张道才过不去。

两个年轻人聚在了一起，四通阀质量不稳定的难题真被他们给攻克了。这是三花历史上的重要时刻，这一刻也奠定了这两位年轻人在三花的未来。四通阀后来成为撑起三花十年成长的核心产品，与此同时，王大勇与史初良也成为三花的核心力量。

王大勇如今是三花控股董事，也是三花智控总裁、董事，家用制冷空调部件事业本部总经理，掌管着超过80亿元规模、8000多人的业务单元。很多年之后，他依旧记得那些夜晚，张道才在宾馆里给他讲自己的思考，讲如何处理公司内部的不同意见，有时候还会对他讲一些私密的事儿。在讲之前，他会对王大勇说——

“你把耳朵堵上，我给你说点事。”

## 史初良

2018年夏天，第九届“科技新浙商”评选的时候，浙江三花汽车零部件有限公司的总经理史初良是候选人。史初良不太愿意参与这样的评选，但张道才觉得，他代表的不只是自己，而是整个三花。他甚至在公司内外给史初良拉票。

最终，史初良位列前三名。颁奖礼上，主持人对他的开场介绍是：“手握一纸交大文凭，本该进入国营厂的他，却误打误撞扎进新昌一家乡镇企业。”

1989年，史初良从上海交通大学毕业，被分配到了杭州链条总厂，这是位于杭州市湖墅南路的一家国有企业。

大学毕业前期，史初良有一次回老家嵊州。那时候他有一个老师在三花做厂办主任，打电话给他让他去新昌看看。史初良一到三花，发现来自上海交大的总工程师和两个副总工程师都在。上海交大当时有十来个教授级高级工程师常年在新昌帮助三花发展。他们直截了当地跟他说，希望他能过来。

史初良没有马上答应他们，但三花的人不死心，不断给他写信、打电话发出邀请。时间长了，史初良就动了心。

如果去杭州链条总厂，那么他的收入就会是标准工资加上20元奖金，每月薪酬差不多92元。工资收入倒还过得去，就是住宿条件太差，8个人一间房，比大学6个人一间的宿舍还差。

三花这边承诺，如果去新昌，基本工资加两级，每个月的奖金可以到100多元，并且马上能为他提供一套住房，如此优厚的物质条件任谁都会动心。

面对这两条不同的就业道路，他在老师的支持下去了新昌。1989年8月，史初良正式进入新昌制冷配件总厂（三花集团前身）。

“那个时候，公司对大学生是非常重视的，我一来先在公司做四五个月的实习，在模具车间、新产品车间都干过，熟悉整个流程，”史初良

2018年8月，史初良当选第九届“科技新浙商”

说，“那时候强调大学生也要会动手，实习之后，车铣刨磨基本上都能做了，所有设备基本上都会使用。”

实习结束后，史初良被调到了质量部门的中心试验室干了一年。中心实验室，某种程度上就是今天三花中央研究院的前身。

1990年，上海汽车空调器厂的技术科长和采购科长找上门来，让三花帮他们做个北京吉普贮液器。这个开发项目被指定给了史初良负责。史初良完成开发后不久，就被提升为贮液器分厂的技术副厂长。

贮液器业务虽然规模不大，但对史初良这个毕业没多久的大学生来说，算是一片广阔天地了。整个公司内部也很重视，这使史初良感到英雄有了用武之地。

贮液器业务发展得很快，到了1993年已经有3000万元的年销售额了。

贮液器干起来后，三花开始给汽车空调厂商配套，算是在这个行当里有了一席之地。没过多久，松下万宝的压缩机用汽液分离器项目也找上门来，面对日本人的苛刻要求，史初良带领团队不仅达到了相关指标，市场不良率比当时配套同样产品的日本在华独资企业还要好。史初良再一次证明了自己的实力。

在三花，技术是最好的实力证明。“三花”当中，科技是最亮丽的一朵花。而科技不是凭空产生的，它依附于人才，人才就成了最重要的那朵花。

张道才知道史初良是个人才，所以后来四通阀的开发遇到问题的时候，他选择了史初良。当史初良在开发四通阀的过程中遇到障碍时，他派出了王大勇前往援助。最终，史初良带领团队完成了四通阀的最终开发，设计了全新的生产线，以较低的成本生产出了质量可靠的产品。

史初良是在1998年10月份接受四通阀开发任务的，此前四通阀已经经历了三代团队的开发。当时四通阀面临的最大问题就是技术不成熟、质量不稳定，有时候今天测试好用，明天测一下就不行了。

史初良带领团队找到了质量不稳定的原因，并通过改善装备来保证产品质量，彻底解决了四通阀质量不稳定的问题。

四通阀开发的成功，使三花在接下来的十年里不断收获巨额利润，也使其在与兰柯的竞争中攻城略地，最终将兰柯逼入困境，在2007年将自己的四通阀业务卖给了三花。

史初良记得：“2000年，我们四通阀是一百万个，2001年开董事会，就是钱多得不得了……”

史初良负责开发的SHF-4H/SHF-7H型四通换向阀项目于2003年被评为国家重点新产品和国家火炬计划项目，而其本人也赢得了包括全国劳动模范在内的无数荣誉与张道才的倚重。当三花成立中央研究院的时候，张道才的唯一人选就是他；当三花要在新能源汽车热管理领域突破的时候，张道才也选择了他作为领头人。

张道才评价史初良，“从来不为名利，只是追求进步与事业”。知识分子最难管理，但张道才注意到，正因为史初良的理想主义追求和宽容包容的管理风格，过错与责任愿意自己来承担，三花从国内外聘用的专家和博士都愿意跟随史初良一起努力创业，一起去追求胜利。

而“胜利”就是最好的信任源泉。任金土“你往前冲就能胜”赢得了张道才最大的信任，而史初良的屡战屡胜，也赢得了张道才的信任，以及自己在三花丰碑上刻下名字的未来。

没有什么是理所当然的，商业世界里，胜利意味着一切。

### 倪晓明

三花控股董事，三花智控董事、副总裁，杭州三花微通道换热器有限公司总经理倪晓明，1985年读大学，1990年大学毕业。他比别人多读了一年，是浙工大首届“3+2”外贸班学员，学的是“企业管理+外贸”组合。

倪晓明也是一个农村出来的孩子。那时候大学生毕业包分配，出路也不多。他们那些比较优秀的毕业生，毕业后是去外贸机构或者银行的外汇部门。有一些同学去了，他放弃了。他要自己找工作。

倪晓明之前对三花并不了解，快毕业的时候，学校里组织了一场招聘会，三花的“俞老师”去了，就是对优秀人才慧眼识珠、紧盯不放的“三花伯乐”俞华康老师。他了解到倪晓明学习成绩优秀，又是嵊州人，就一直追着做工作，邀请他加盟三花。

多年以后，倪晓明分析自己加盟三花，无非是两个因素，其一是心态——“我这样的人可能属于具体做点事情的，不会太多去管人，分析当时的心态，希望去实实在在、具体做事情的这样一个单位。”

其二是三花位于新昌。新昌离嵊州很近，父母也希望他离家近一些。

2018年10月，倪晓明被评为“浙江省优秀企业家”，现场接受《浙商》杂志记者采访

“这是个实际一点的想法。”

倪在杭州见多了大机构、大企业。那时的三花，确实比较小。“现在回过头来看，三花确实也符合了我当时的想法。虽然它比较小，但是我们可以参与到其中，跟它一起成长，蛮有意思的。你看着它从一个小规模企业成长到现在，你有机会亲身参与到一些经历中，也是成长自己。”

传言张道才对倪晓明的到来很是欣喜，甚至为他设岗，专门成立了一个外经科。倪晓明否认了这个说法，因为实际上外经科的设立是两年后的事了。

倪晓明说，因为自己学的是外贸，同学大多在进出口公司、银行和外汇系统，他就希望自己最后能在所学的外贸专业发挥才能。

起初他是在企管办徐丹之老师手下干活儿，“书面上的一些工作，抄抄写写。记得徐老师既是工厂经营方面的参谋，也是笔杆子。他晚上构思、起草完材料，往往第二天带来，要我誊写”。徐用自己的方式培养他。到了1992年，三花开始有了一些出口业务，就成立了一个外经科，让倪晓明去当副科长。

倪晓明名义上是副科长，事实上是个“光杆司令”。但在倪晓明看来，这件事的象征意义大于实际意义。那时候三花规模还不是很大，张道才专门设立了外经科负责出口业务，这在新昌是一件了不得的事。并不是张道才干的事情有多么了不得，而是他在那时候的视野了不得。

“这么小一个工厂就去考虑出口，他这个视野站得比较高了，开始关注国际国内两个市场。”这在当时新昌这个小地方，按常理是想都不敢想的事。

倪晓明大学时是班上优秀的学生，突然来到小山城新昌，很多人不理解。他的系主任很支持他，把他当作案例在系里讲。临毕业还特意买了几本书给倪晓明，算是系里给的额外激励，鼓励他闯出一番天地来。

那时候国家鼓励企业出口创汇。“当时外汇很稀缺，创汇在一个企业里面算是一个重大功绩一样的。我们报指标的时候，也是这样报的。今年收入5000万元，出口200万美金，这样一个意思。”

但三花懂外贸的人只有倪晓明一个，相关事务就他一个人在跑，审批、签字、购汇、结汇，都是他的事。不知不觉当中，倪晓明便拥有了独当一面的能力。

“我从1992年到2009年一直是做出口业务，一个是土口，一个是外贸业务，讲得全面一点是海外网络建设。三花一开始能够着眼并重视两个市场，这一点也是值得总结的地方。浙江的中小规模企业这么早能够有这样的视野，全球市场的定位，我觉得是一个亮点。我们今天的规模，跟老板的决策视野有很大关系。”

倪晓明记得，那时候还没有E-mail，当时新昌县发传真还受控制。后来企管办买了一台传真机，自己手写函件发传真，一份传真出去，顺利的话要等到第二天。等待客户订单的几天，倪晓明一上班就会急忙先奔到传真机上看一眼，当看到机器上有白色的纸卷在那里，心里会一阵激动，高兴一整天，因为客户订单来了。在当时的通讯条件下，他们就是这样跟老外沟通的。后来又慢慢设法走出去参加一些制冷展，视野变得越来越开阔。

做了十年出口之后，三花去申请了自营进出口权。2002年，三花开始开拓美国市场，在美国设立了一个贸易公司，也就是“美国三花”。有了美国三花，就会有日本三花、泰国三花、韩国三花，甚至欧洲三花……一个国际化网络体系就慢慢搭建出来了。

2006年，三花跟丹佛斯组建了一个合资公司，倪晓明2009年被调任三花丹佛斯合资公司的总经理。在他任上，由于一些经营理念差异与各自的战略考虑，最后三花与丹佛斯分了家，各奔东西。

为了拆分后更好地发展微通道业务，他主导收购了美国一家公司。收购前他小心翼翼地跟张道才说，那家公司的微通道业务大概要七八百万美元，结果张道才给了他自由裁量权，最后花了一千万美元左右收购了那家公司的整体业务。

倪晓明再次看到了张道才的格局，不是看短期得失，而总是能在关键的节点考虑战略意义，可谓长袖善舞，在要紧处毫不犹豫，立马给出很清晰的判断，同时给予充分的信任与授权。“我觉得老板的眼光，公司的决策是对的。”

张道才也看到了倪晓明的特质。他评价说，倪晓明是一个很有思想、少说多做的人，从来不为名利，实实在在做事，勤勤恳恳做人，一心与三花共命运。在三花走向全球市场的过程中，倪晓明可以说是一个奠基者，也为三花发展立下了汗马功劳。

回忆起艰苦奋斗的时光，倪晓明记得，三花开发四通阀的时候，每天都艰难度日。那时候现金流很紧张，有一个月发工资，账上差了30万元。任金土天天催他：“要发工资了，那钱你能不能去追一下？”倪晓明经常坐个车，“咚咚咚去宁波追汇票”。

“一个箱子（集装箱）大概50万，两个箱子大概100万，好多次我赶去跟那边财务说，你给我批批出来。一般拿个50万、100万出来。那时候的50万、100万现金也是很紧的，乡镇企业没有人支持。所以那个时候3个亿（兰柯收购价），是一个很大的概念。我们包括老板自己确实也犹豫过，卖还是不卖。我们那时在美国连夜讨论……”

张道才没有将四通阀业务卖给兰柯。

三花因此成为三花。

## 陈雨忠

三花控股董事，三花智控董事、副总裁，三花商用制冷空调部件事业本部总经理陈雨忠也是新昌本地人，1989年大学毕业后加入三花。那时候三花正在快速崛起，二位三通电磁阀已经带来了未来。

2011年10月19日，陈雨忠获“三花科技成就奖功勋奖”

三花是乡镇企业，为了引进人才、鼓励大学生到乡镇企业工作，新昌县出了个政策，给每位大学生在基本工资之上多加了两级工资。陈雨忠说自己家庭条件比较差，对收入比较敏感，除此之外，三花与其所学对口，那时候的三花也展示出了勃勃生机。他最终选择了三花。

1989年初，陈雨忠告别了杭州，回到新昌，来到了三花。他不喜欢大城市，更喜欢新昌这样的小县城。他的逻辑单纯质朴：“你那个时候什么都没有，能够找一份工作就好了，能够有一个户口就好了，那个时候很简单，这个是很现实的东西。”

他一进三花就开始干技术，整整干了26年，从技术员干到总工程师。2015年，张亚波找他谈话，说给你换换位置。然后陈雨忠就变成了三花商用事业本部总经理，一方诸侯。

陈雨忠记得，他1989年初来到公司的时候，二位三通电磁阀刚开始上量，正在搞技术改进。老师傅陈于前带着他攻关。他迅速成长起来，产品设计、工艺设计、市场服务，什么都管。

二位三通电磁阀是三花的第一个核心产品，给三花带来了真正的“第一桶金”，而陈雨忠正是通过二位三通电磁阀赢得了未来。

有一次，张道才请陈雨忠到他办公室，说海尔反映三花的一款二位三通电磁阀产品不好。“你认为哪个地方有问题？”陈雨忠给张道才进行了分析，告诉他那款产品的确有问题，但“可以挽救”。

张道才说：“你去做吧。这单生意做不来不要紧，但是要证明我们三花的能力，要做得更好，这口气要去争来。”

陈雨忠花了六个月时间，最终通过了测试，为张道才和三花争了口气。陈雨忠说，他其实只是进行了局部改进，纠正了一个设计上的瑕疵。

“每个产品其实都有故事，并不那么简单，都经历过一个个曲折，发生过一个个问题。这些问题得到解决了，这个产品才能走向成熟。”

对于陈雨忠来说，四通阀就是这样一个曲折的产品。在史初良与王大勇最终完成了四通阀的开发之前，四通阀已经进行了三次集体攻坚，陈雨忠就是其中一次攻坚的成员。鲜花往往只献给最终的胜利者，而陈雨忠他们在四通阀上的付出，往往会被历史所忽略。

所幸的是，张道才始终没有忽略他们的付出。他后来成为公司的总工程师，扮演了汪钦尧在三花历史上曾扮演的角色。

陈雨忠说：“我认为很关键的是人的性格，我想老板也是看中了我这一点。我这个人是敢挑战，从不服输的。人家总说这个东西做不了，这个东西没法做，我就说让我来做做看。我是敢于去做这样一种挑战的。”

陈雨忠身上带着一种工程师的偏执。张亚波曾经评价说，他对节能环保有一种超乎寻常的执着，已经属于一种信念了。

2016年调任陈雨忠为“封疆大吏”的时候，陈雨忠一开始是不高兴的。他是搞技术的，不想管太多。两三年过去了，他干得不赖。张亚波的设想是，让懂技术、看得远的人去管业务，落地生根。

陈雨忠从来没有去问张亚波为何要让他去负责这块业务，但他知道，技术是商用零部件领域的通用语言，“没技术用语的人在这个行业很难做，更不可能做到最好”。除此之外，研发的优势必须让技术出身的总经理来推行才能呈现。研发的优势呈现了，市场就会形成新的认知。

陈雨忠相信，一家企业真正的核心还是人才，是三花的“人才之花”。“企业创新能力有没有、强不强，最后还是要看创新团队。这拨人不能太浮躁，要死心塌地。我这个人也是一个死心塌地的人。”

“进公司以来，我反正是从来也没什么其他的想法，公司对我好也是这样，公司对我不好也是这样，反正我就喜欢做这件事。我觉得企业要去找这样的人，他不是完全为这几块钱工资来做这个工作，而是把它当爱好、兴趣，让想做这件事情的人来做肯定是做得最好的。我觉得我可以算得上这样一号人。”

这位曾经的毛头小子，在张道才看来，“已经比较成熟，能够独立挑起全面负责某一方面经营的担子”，而且能够专心地将技术研发和市场客户对应结合，努力发展三花的商用制冷控制事业。张道才希望他能带领商用业务团队不断走向全球化，越走越远，越来越成熟，创出一片新天地。

第三部分

# 未来之路

美国诗人罗伯特·弗罗斯特的《未选择的路》，几乎可以用以描述张道才及三花在未来路径上的选择：我将轻轻叹息，叙述这一切 / 许多许多年以后 / 林子里有两条路，我—— / 选择了行人稀少的那一条 / 它改变了我的一生。

# 探索者之路

35年来，张道才始终选择了一条少有人走的路。那条路上人迹罕至，但收获的却是探索者的喜悦与幸福，以及三花的未来。

黄色的林子里有两条路
很遗憾我无法同时选择两者
身在旅途的我久久站立
对着其中一条极目眺望
直到它蜿蜒拐进远处的树丛

我选择了另外的一条，似乎天经地义
也许更为诱人
因为它充满荆棘，需要开拓
然而这样的路过
并未引起太大的改变

那天清晨这两条小路一起静卧在
无人踩过的树叶丛中
哦，我把另一条路留给了明天
明知路连着路
我不知是否该回头

我将轻轻叹息，叙述这一切
许多许多年以后
林子里有两条路，我——
选择了行人稀少的那一条
它改变了我的一生

这是美国诗人罗伯特·弗罗斯特的《未选择的路》。它几乎可以用以描述张道才及三花在未来路径上的选择。35年来，张道才始终选择了一条少有人走的路。那条路上人迹罕至，但收获的却是探索者的喜悦与幸福，以及三花的未来。

少有人走的路，才是真正的未来之路。

现在，让我们沿着历史的脉络继续追溯。

让我们回到长夜尽头，一轮红日喷薄而出的时刻，回到张道才第一次野心勃勃要赢取未来的时刻。那时候他已经完成了三花的积累，技术、市场、人才，都已经形成了规模。他需要一场场带有象征意义的胜仗，完成三花从一家跨国公司在中国的竞争对手变成它们在全球的竞争对手的转型。确切地说，他需要三花从中国市场的领导者转变为全球市场的领导者。

在此之前，历经近20年艰苦奋斗，张道才已经告别过往捉襟见肘的困顿，为三花找到未来的产品方向，并打下坚实的产业基础。2001年，三花凭借四通阀利润首度破亿，此后业绩逐年攀升。

志得意满之时，张道才也曾经受种种诱惑的考验。将企业做大是那一代企业家心中都涌动过的热望，令不少企业折戟的多元化浪潮，也曾裹挟这家蒸蒸日上的制造型企业。好在张道才懂得及时抽身，未将三花拖入泥潭。

站在第三个10年的起点，张道才带领三花由“成本领先”走向“技术领先”，在“专注领先”的道路上迈出了更加坚实的步伐。

从一家18万元资产起家的公社小厂到在深交所上市，从偏居浙东山区到移师杭州建立工业园和研究院，三花迎来了高速成长期。相继成立三花汽零及微通道公司，切入汽车空调零部件及换热部件两大领域；创立先途电子和收购德国亚威科集团，新增了变频控制器、白色家电零部件等产品；通过一次戏剧性的反向收购、一段牵手五年最终分道扬镳的合作，兰柯和鹭宫制作所不再是张道才心中遥不可及的“偶像”，三花和国际巨头之间的鸿沟正在逐渐消弭。

张道才这位中国改革开放后第一代企业家的代表，成功地完成了对跨国巨头“模仿、替代、超越”的使命，他甚至将其使命延伸到了更新的领域：新能源汽车热管理，并且在新的领域内将三花带进了“无人区”。

与此同时，他的长子张亚波也成长为三花新一代经营团队的核心，一个更具想象力的三花诞生了。

这一切，看似顺理成章，平静无澜，但在昨日却曾暗流涌动、波澜壮阔。

# 兰柯之战

十年较量，一家偏居浙江新昌县城的民营企业与一个世界500强旗下的行业巨头，上演了一出角色互换的传奇。

多年以后，张道才在无数个场合追忆往事，准会提起收购国际巨头兰柯公司那扬眉吐气的一战。

这是他一生中最得意的一战，是他的尊严之战、远见之战。

对于张道才来说，收购兰柯，甚至比他预见了新能源汽车的未来更像是一场伟大的胜利。

## 反向收购兰柯

2007年9月20日，三花控股集团与英维思集团同时向全球发布信息：三花斥资1600万美元，收购英维思旗下兰柯公司的四通换向阀全球业务，收购范围包括美国兰柯的资产及市场，日本兰柯的资产及市场，中国常州兰柯的全部股权，以及兰柯在四通换向阀领域的品牌及人才。

收购兰柯之后，三花将承接兰柯的技术优势，成为四通阀领域品种最全、专利最多、生产线自动化程度最高、检测能力最强的企业。其在四通阀领域的全球市场份额也由50%提升至60%以上。

“当时四通阀以兰柯为主，加上日本鹭宫，全世界就他们两家，鹭宫很小，实际上就是兰柯控制的。三花搞四通阀换了三四批人，都叫苦，但这个产品我认定了就一定要搞好。从兰柯要收购我们到我们反向收购兰柯，花了整整10年时间。”

伴随着这桩跨国收购，偏居浙江新昌县城的民营企业三花高调进入大众视野。这一天也被媒体高调描述为改写全球制冷空调元器件行业里程碑的一天，因为行业的竞争格局被改写了，三花成了这个行业中当仁不让的霸主。

## 谈判的背后

喜悦与满足中的人们并不知道，改写历史从来不是那么顺利的。担任三花总裁办主任的莫杨接受媒体采访时曾透露：“早在2004年，英维思集团就开始和三花接触，讨论有关出售兰柯四通阀业务的想法。但兰柯当时仍具备相当大的市场和技术优势，英维思集团一直下不了决心出售，和三花之间谈谈拖拖，延续了近三年。”

但三花在北美市场的凌厉攻势，决定了英维思不可能把谈判拖得太久。最终，英维思集团不得不加快谈判步伐。

2007年，张道才坐镇幕后指挥，其长子张亚波带领倪晓明等人在杭州黄龙世纪广场与英维思进行了第一轮谈判。在和英维思集团投资并购部内森、兰柯亚太区总裁刘忠泽等人谈判的一整天里，双方因价格等问题一度僵持不下，最终不欢而散。张亚波甚至放出狠话：你们这次走了，就不要再回来了。

跨国收购对于三花尚属首次，张亚波他们只能边谈判边摸索谈判技巧，而英维思集团在企业并购方面经验丰富，虽然是主动求售的一方，但在谈判中仍是寸土必争。

内森很是老练，他在谈判中观察着对方的表情和肢体动作，报到某个价格时，他注意到三花团队脸色无明显变化，就一直咬死报价不肯降低。

三花内部有不同的声音，认为自己的四通阀业务不管是产量还是市场都已经起来了，继续竞争下去，兰柯将不是对手，何必要收购呢？

此时，行业内的另一家企业也将兰柯视为收购标的。为了避免恶性竞争，互相哄抬收购价格，两家企业还曾商量以成立合资公司的方式共同参与收购兰柯。如今我们很难确定，他们的“联手”到底是为了避免相互抬价，还是为了互相稳住对方。

就在兰柯谈判团拂袖而去的当晚，张道才深知夜长梦多，商业机会稍纵即逝，必须抓牢先机。他没有给可能的变化留出时间，连夜讨论之后，便授意倪晓明给刘忠泽打去了一通电话，以某项财务数据有误为由头，提出第二天需要继续谈判。

此时，兰柯一行人正在从杭州赶往上海的机场途中。红脸唱罢，第二轮谈判，张道才派任金土出马，带队转战上海兰柯办公室继续谈判。“谈判都是晚上8点钟到凌晨5点钟这个时间段，从天黑谈到天亮，一个多月天天如此。”任金土对那场旷日持久的谈判记忆犹新。

制造业并购十分烦琐，双方谈判分歧涉及价格、专利、专利使用期、美国日本和常州三个工厂的资产交割、客户服务交割、财务数据、盘库等诸多细节。经过两个月的博弈，双方终于正式签约，三花完成了对兰柯的收购。

曾经的行业巨头走上卖身之路，有一个不可忽视的原因：中国市场需求占了四通阀业务最大的一块，而四通阀原理性专利当时已经过期，中国本土企业的崛起，大幅压低了产品成本，已经打乱兰柯称霸中国市场的计划。

至于兰柯最终为何选择三花？参与谈判全程的倪晓明总结道：首先是商

业谈判机会抓牢了，包括第一轮谈判破裂后连夜把对方叫回来抓住的时机。临场谈判是有时间要求的，既然大家重新坐到了一起，肯定希望能够谈成功。此外，兰柯也希望找到一家公司能把它的四通阀业务继续下去，既延续兰柯的品牌和服务，也是对客户负责。三花相较于其他同行业企业，无疑是更好的选择。

兰柯四通阀业务的出售，也给了三花加速实现自身战略转型的新机遇。三花借助收购提升技术水平、丰富产品线、扩大品牌影响力，弥补了美国、日本市场的短板，一跃成为全球四通阀的新霸主。

四通阀的成长史就是大半部三花的成长史，如今四通阀仍保持着旺盛的生命力。2014年10月15日，三花30周年庆典，三花举行了第4亿只四通阀下线仪式。这极具象征意义的一幕令张道才感慨万千。

10年前，他差一点将四通阀业务卖给了兰柯；10年后，他竟然收购了兰柯的四通阀业务。虽然这桩1600万美元的交易称不上“大交易”，但对于四通阀这个细分市场而言，可谓惊天动地的一幕。对于张道才来说，这是其10年前背水一战的回报。

## 拒绝 3 亿的诱惑

兰柯是四通阀的缔造者。1957年，美国兰柯公司设计发明的四通换向阀，改变了空调只能制冷的历史，并由此开启了兰柯的黄金时代。差不多40年时间，全世界大部分的空调都在使用兰柯的四通换向阀。四通阀成了空调冷暖转换的核心控制部件。

20世纪90年代，中国的国民消费能力大幅提升，原本属于“舶来品”“奢侈品”的空调需求迅速爆发，大量外资企业以合资的形式来中国设厂，如夏普、开利、特灵、LG、三星、日立、三菱电机、三菱重工、松下、大金、富士通等。与此同时，内资品牌如雨后春笋般出现，活跃品牌一度超过400家，格力、美的、海尔崭露头角，最终成长为领军企业。

巴菲特在《滚雪球》一书中说："人生就像滚雪球。最重要的是发现很湿的雪和很长的坡。"

张道才发现了很湿的雪和很长的坡。他洞察到中国空调市场的巨大潜力和前景，敏锐地抓住空调部件国产化的市场机遇，毫不怀疑四通阀将成为三花叩开未来大门的钥匙，集中资源投入研发。

1995年，三花第一条四通阀生产线竣工投产，当年产能30万套。1996年，三花的四通阀投入市场"小试牛刀"。尽管诸多技术问题亟待攻克，国内市场也尚未全面打开，但三花迅猛的发展势头还是引起了兰柯的警惕。1998年，兰柯公司派出中国区总裁亲自带队上门商谈，抛出了一个诱人的条件：出资3亿元收购三花的四通阀业务。张道才带着他们游览了大佛寺，但最终拒绝了兰柯的收购。

当时三花在四通阀业务上的投入不到3000万元，3亿是10倍的溢价，是一笔巨大的财富。公司里的大部分人都主张卖掉这块产品业务，接受并购，并将出售四通阀业务获得的巨额资金再拿去开办新厂，开发新产品，重新打拼一块市场。

张道才也曾犹豫过，一边是巨大的诱惑、民意的压力，另一边是未来，他一度权衡得很艰难。

他的老伙伴王德锋说，那时候三花的四通阀刚刚开始上量，兰柯出价3亿，对我们是很大诱惑。当时内部开会争论得很厉害，大家都说把三四千万的贷款全部还掉，还可以拿这笔钱再起炉灶。但当时截止阀等一些产品刚刚起来上批量，球阀、电子膨胀阀都还在投入开发中，老板考虑来考虑去，下不了决心。

谈判在新昌与美国轮番进行。有一次，张道才和汪钦尧、倪晓明、吕增海、吕灵秋等人在美国与兰柯的人连夜谈判，价格诱人，卖还是不卖，他心里

1998年9月，由美国兰柯总经理鲍勃·斯丹特（左三）率领的兰柯团队来三花商谈收购三花四通换向阀股权事宜

没底，也很犹豫，但兰柯要连“常恒”一起买的念头刺激了他。

“他也动过心，提出留20%股份，但兰柯不同意，甚至要把国内另外一家生产四通阀的公司常州恒温器厂一起买了，老板就不卖了。即使兰柯后来同意了老板的条件，老板也不卖了。”

回国后，张道才召集了一次内部会议，他说：“四通阀是主打产品，我们走的是用主打产品打开配套产品的销售模式，如果丢掉四通阀这张王牌，就等于失去了一系列产品的市场。再重新开发别的领域，风险很大。不卖的话，竞争对手又很强大，以后面临的竞争将会十分激烈。思来想去，我觉得不该卖。这是我们自己的企业，我们还是要靠自己的力量把它做好。”

## 一战封神 or 三花罪人

张道才的考虑很简单。要眼前利益还是要未来发展空间？当时找个好产品并不容易，虽然二位三通电磁阀利润突破千万元，但截止阀等一些产品中就没有核心产品来支撑，球阀、电子膨胀阀都还没有起来，张道才清楚，必须要有支撑性的产品，才能支撑企业发展。他强调，中国有13亿多人口，按现在的发展速度，中国空调进入家庭也是早晚的事。一旦空调进入城市家庭，每户人家最少用3台，再加上农村人口向城镇开始转移，多少个亿的空调市场马上就要到来。因此，最后张道才一锤定音，“我相信我们一定能搞成功”，决定自己干了。但在下这个决心的同时，他也准备好了如何与兰柯展开竞争并战而胜之的考虑和计划。

就这样，在经历过犹豫、动摇和反复权衡后，张道才最终还是拒绝了兰柯。

“我对每一家空调机厂进行分析，分析到后面觉得市场越来越大，所以当时很自信，不愿意放弃这个产品。这个时候我不是泄气，反而增强了信心。”

在张道才看来，四通阀不仅承载着四代三花人前赴后继的创业精神，更代表了三花的未来。对行业进行分析后，他认为三花有足够的信心以成本优势同全球巨头一争高低。

但在张道才的内心中，始终横亘着巨大的压力。如果四通阀做成了，他将“一战封神”；如果四通阀没有做成，他将成为三花的罪人。这些不可言说的压力，构成了他内心的孤独。

尽管兰柯开出的价格让张道才认识到了四通阀的价值，但在当时，三花四通阀的产品稳定性和量都没有起来，特别是阀的内漏改善工艺一直还在摸索，好几拨人都没有解决产品的稳定性问题。

但无论如何，张道才都意识到，四通阀是一个有前途的产品，只是技术还没有完全突破，市场还没有完全打开而已。

在这个关键时候，张道才全面动员，亲自上阵，“对内抓质量，对外抓市场”。他心中的战略定位是：只要产品质量达到客户要求，三花有成本优势，必获全胜。在企业内部，他重点调整技术与生产管理人员布局，把最年轻的得力干将王大勇、史初良调到四通换向阀的技术工装和内部管理重要岗位，其中王大勇全面负责生产与质量管理，史初良负责技术与工艺装备，狠抓基础管理提升、工艺路线优化和生产装备保障，确保产品质量提高。张道才提出了“精益求精，追求卓越”的工作精神和“迅速反应，立即行动”的工作作风，要求“不惜一切代价，必须通过全力达到客户满意”。对外市场开拓，张道才点将布阵，提出市场营销的战略布局，由任金土副总作为总的执行负责人，把营销人员编成几个小分队，入驻广东珠海、上海、浙江、江苏、山东青岛、北京、辽宁沈阳的重点客户家门口，做到及时沟通，掌握最快信息反馈，快速解决客户的问题所在。那时的张道才常说，决定不卖掉四通阀业务后，就是与兰柯展开一场你死我活的战争，我们必须像打解放战争一样，先打胜辽沈战役第一仗，然后打赢淮海和平津战役，最后过长江解放全中国。

冲在市场一线的人，包括负责上海市场的黄学东，驻扎广东市场的董士富、潘新江、卢朝晖，驻扎在青岛市场的梁金春、童岳频等，都对四通阀充满了信心。在他们看来，当时四通阀正在逐渐上量，市场已经明摆着了。他们的反应，也给了张道才信心，使他意识到，他正在作出一生中最重要的一个选择。

20世纪90年代初，外资企业进入中国，夏普是空调领域第一家进入中国的家电外资企业，但零部件依赖进口，交货期较长，成本也较高。夏普希望在中国找一家能够替代进口的厂家，三花抓住机会以成本优势切入，成为第一家四通阀国产化的企业。

1996年夏天，四通阀打进上海夏普时，张道才正在青岛海尔出差。上海夏普是国内首家家用空调合资企业，三花的四通阀真正大批量供货，标志性事件就是拿下上海夏普。在此之前，三花的截止阀已经攻入上海夏普。

“黄学东，你坐飞机到青岛，把夏普的认可书的章盖好以后拿过来。”不久之后，海尔的大门也向三花敞开了。国内市场逐渐升温。

如今来看正确无疑的决策，在当时却并不容易下定决心。当时三花在四通阀业务上投入了3000万元，整个公司现金流很紧张。每个月到了15号要发工资，任金土常常让负责出口业务的倪晓明去宁波追汇票。

四通阀从陈雨忠、王长生、陈宝祥到汪钦尧、吕增海，再到史初良、王大勇，几代人不停地去搞研发，历程极为不易。1994到1995年的时候，三花的四通阀靠手工设备没法完成，张道才花了132万美金找意大利公司引进设备。王德锋说，调试老是满足不了加工要求，折腾了一年多折腾得够呛。当时技术问题没有完全解决，广东索华第一个吃螃蟹用三花的四通阀，在市场上出了不少问题，三花一度内外交困。

“四通阀的战略回过来看其实有一点后怕，不是兰柯常州，主要还是鹭宫在佛山的合资企业华鹭是一大威胁，如果那个时候华鹭察觉到了我们的市场策略，采取对应的措施，也能把我们扼杀掉。我们进入市场肯定是比它便宜，质量和它差不多。成本决定的时代，如果那个时候华鹭价格降下来了，我们真的举步维艰。”黄学东说。

如果四通阀的开发起不来，三花至少要在黑暗中继续摸索几年。尽管二位三通电磁阀贡献了上千万的年利润，但是当时三花很多产品研发是铺开的，所以日子一直过得很紧。任金土说，1998年以前，张道才就没过过安生日子。

被三花拒之门外的兰柯转身收购了“常恒”，和三花在家门口打起了擂台；随着盾安的崛起，三花四通阀业务的对手多了起来。

“如果四通阀打不开市场，投下去的设备、厂房就像菩萨一样杵着，废铜烂铁一堆，一年的折旧也不得了，压力很大。四通阀的投入太大了，又没有第二个产品弥补，如果市场打不开，三花是起不来的。”回忆当初的艰难处境，任金土感慨道。

突出重围只有一条路，尽快打开四通阀市场。随后10年间，三花与兰柯开启了全面竞争。

张道才深知，与发达国家相比，中国生产要素相对廉价，只要突破生产工艺的难关，实现大批量生产，就能赢得规模经济的优势。因此他提出，10年不变，重心放在以质量为中心的管理上，调整生产组织，精心控制生产和管理成本，以“成本领先”战略形成企业的竞争优势。当时四通阀海外进口180元一个，三花150元切入市场，价格低了20%。

1997年，张道才对国内市场进行分析，开始调整市场营销体系，把市场服务搬到潜在客户的家门口，在上海、广东等地成立事务所，任金土被任命为营销公司总经理。

“虽然人家是正规部队，但是我们要像共产党打国民党一样，一仗一仗打胜，最后要解放全中国。”张道才指挥作战，任金土带队，销售人员积极性也很高。

“海尔、科龙、格力、美的、三菱……一个个目标立出来，一个大客户配备一帮营销人员给我盯死。我每个月走访一圈客户，在内部召集一次会议。”1998年，在任金土的带领下，科龙、沈阳三洋、安徽达西普等厂商纷纷被突破，安徽达西普甚至把三花前几年的库存都消化了。国际老牌行业巨头的市场不断被三花挤占。

副总裁兼财务总监陈金玉回忆，创业以来三花一直处于资金紧张状态，1998年之后资金才宽裕起来。任金土提供的一组数据印证了陈的说法。“1998年四通阀销量30多万套，销售额3000多万，三花完完全全缓过劲来了，一口大气哇啦啦透过来了。此后逐年翻番，2001年创造利润上亿　科龙、长虹、春兰、格力、美的等空调整机厂家逐个被突破，国内市场全面开花。”

## 十年磨剑终成锋

1999年，三花四通阀销售127.79万套，2000年是313.77万套，2001年是560万套……惊人的增长速度背后，意味着兰柯与鹭宫的萎靡，也印证了张道才在

1998年对兰柯拒绝的正当性。此时没有人再质疑张道才当时的决定，所有人都开始将其当日的拒绝，视为企业家的远见卓识。

但在很多人看来，当日的争霸更像是一场巨大的冒险。吕虎有一次与王大勇交流，说起三花的四通阀战役。王大勇说有点后怕。除了兰柯，三花还有一个竞争对手是日本鹭宫。鹭宫假如一开始就把三花作为一个重大竞争对手，放低价格，不让三花有客户缝隙，那三花四通阀起来的难度会大很多。那时候他们不怕兰柯，怕鹭宫。

"鹭宫瞧不起三花，瞧不起中国企业，所以等它注意到的时候，三花四通阀已经成气候了，到2003年已经挡不住了，四通阀已经占有竞争优势了。"

凭借领先的成本优势，三花势如破竹，在全球市场步步紧逼，而兰柯则节节败退，从低端到中端市场逐步丧失在全球的控制地位。2004年，兰柯关闭了在美国的工厂，2006年，又关闭了日本的生产基地，生产全部转移到中国常州，而当年三花的销售规模已经超过了2100万套，占据了全球五成市场，销售量连续3年居全球第一。

才过去了数年时间，攻守易位，王者换成了三花。

此时的张道才已经开始筹划着收购兰柯了。他想打掉兰柯的最终幻想。2007年，三花加强北美市场攻势，兰柯疲态尽显，已无还手之力。

"2007年，兰柯公司销售收入已下降为6900万美元，其中息税前利润940万美元；如继续坚持到2008年，根据英维思集团内部分析估计，销售和利润指标将进一步下降30%。"

就在三花加强对北美市场的攻势时，兰柯母公司英维思集团从其全球战略定位出发，决定出售兰柯公司的四通阀业务，退出这一行业。英维思先后向西门子等大公司抛出"绣球"，处在战略转型期的三花也被纳入视野。

"这个10年砸下来砸对了。"十年磨剑的竞争演变，霸主易位，验证了张道才战略抉择的正确性。2007年，三花以"成本领先"在市场竞争中挫败兰柯，老牌国际巨头退出竞争，北美市场不攻自下，对手的市场网络、技术人才和品牌价值，不战而胜被三花收入囊中，三花改写了全球制冷空调控制元器件行业的竞争格局。

三花取得了这场战役的最终胜利，除了“成本领先”的策略奏效，还和中国空调市场的蓬勃增长密切相关。可以说三花是与国内空调市场共同成长起来的巨人。

十年较量，一家偏居浙江新昌县城的民营企业与一个世界500强旗下的行业巨头，上演了一出角色互换的传奇。巨大的成就感足以令张道才念念不忘。

不只如此，这场收购代表着张道才和三花的价值实现，也意味着三花真正成长为一个值得产业界尊重和重视的大玩家。

这是三花的新起点。

## 兰柯之战启示录

然而，完成并购杰作的张道才并未被胜利冲昏头脑，也没有就此满足，放缓前进的脚步。他敏锐地意识到：三花收购兰柯依靠的是“成本领先”优势，三花并没有赢得国际对手真正的尊重。

在公司的高管会议上，他反复强调了这一点。他说：从企业长远发展角度分析，我们与发达国家同类企业还是有一定差距的。所以我们接下来必须要进行从“成本领先”向“技术领先”的战略升级。这个转变不是一件简单的事，需要很长一段时间，要花很大力气，投入大量资金，在方方面面作出战略调整和重大努力。

张道才的依据是，随着中国经济的发展，各种要素的制约日渐凸显，低成本竞争之路将难以为继，要赢得尊重，真正成为行业领军企业，必须“技术领先”和“品牌领先”。

事实上，谋划收购兰柯的同时，三花从2004年就开始推动实施自身的战略转型，即在继续保持成本优势的同时，培养自主创新的技术开发能力，从“成本领先”走向“技术领先”。

几年来，三花瞄准节能、减排、降耗、环保等符合社会进步和经济发展大趋势的产品方向，加大技术开发的投入力度，培育自主创新能力。

四通阀之后，根据日本松下等企业的实践表明，变频空调相比传统空调可节能24%，代表未来空调发展方向，三花在变频空调必不可少的电子膨胀阀新品上集中力量投入开发，突破了技术难点，已向日本和韩国的著名空调厂商批量供货。

与此同时，三花加强知识产权保护体系的构建，在2005年成立专门部门知识产权部之后，在并购兰柯业务的当年即2007年的6月共申报专利285项，获得授权197项；开始筹建三花中央研究院，规划、设计和研发代表行业发展新方向的新技术和新产品；积极推进与国际一流客户同步研发前沿技术，提高自身的技术素养，逐步进入全球行业标准制订的领域，把握行业话语权。

在逐步退出低端之后，张道才开始向高端冲击。“过去的产品主要还是以机械为核心的部品开发，现在我们要向以电子、电控为主的控制子系统集成开发方向提升。”

在他的带领下，三花开始了一场现有产品系列的自动化改造和优化升级的变革，利用变频技术的延伸发展加快对家用、商用、车用空调自动控制元器件的新产品开拓。电子膨胀阀则可谓聚焦主业转型升级的一个阶段性成果。

在张道才看来，管理没有止境，跟好的企业比较，永远有差距。因此他提出，“每天要有提高，每月要跨一小步，每年要进一大步”。

具体的行动就是精益求精，追求卓越。

呈现在他的战术上，则是对产品质量的追求。

“质量”对于张道才来说，就如生命一样珍贵。2019年5月，在三花核心管理团队的会议上，张道才再次强调了质量对于三花的意义，他说："作为制造业企业，能否持续往前走，产品质量是根本的第一要素。"

总经理是质量第一负责人，第一担当。这是我在20年前就提出来的。要做一个好的总经理，质量工作要放在任何（内部管理）工作之上。我今天再强调一下：我们每一个事业单元，不管发展到哪一个时间点，产品质量始终是第一位的。否则的话，你就做不长；靠投机性的发展，是不能持续的。这也是三花发展过程中，击败国际竞争对手、取得今天全球行业领先地位的基本经验之一。

回顾三花的创业史，我们在二十世纪八九十年代，最初一个大学生都没有，跟兰柯竞争的时候全部家当也不到5000万元，就这么个家底，为什么最后能打败兰柯，把它的四通阀业务收购掉？虽然当时中国的要素成本低，但大家成本都低，很多企业在竞争中还是被淘汰了。为什么最后三花胜出？现在总结，因为我们始终坚持了产品质量。当时我对产品质量高度敏感，在20世纪90年代就提出了"要以质量为中心，展开内部的管理提升工作，一抓10年不动摇"。当时我们又没有现在这样的技术和管理团队、设计能力和自动化装备条件，跟兰柯这样的国际行业巨头竞争，是不对等的，就是靠质量管理，靠贯标，靠学习先进企业的管理经验，靠这股精神，生产出低成本、高质量的产品，战胜了这家行业龙头！比如四通阀开发的故事，先后轮换了四五个团队去负责研发和生产管理。出现一点质量事故，我的心就扑扑跳，带着当时的总工程师汪工到处跑客户，做沟通。当时我提出了"练内功、打基础、抓管理、促提高""巩固、完善、提高、延伸""内部服从外部，现场服从市场"，以及对外学习海尔等优秀企业日清日高等做法，促进产品质量提升和内部管理升级，终于取得了国际市场的竞争优势。

现在，我们已经积累了一些质量管理的经验、手段、工具，也配置了比较好的设备，生产自动化程度已经比较高，各方面和原来比已经大不一样了。但是批量生产中的有些质量问题还在重复发生，这实在是太不应该了！我认为这就是我们还没有对产品质量重视到足够程度的问题，特别是各事业单元的一把手。

所以，对产品质量问题，我们今天要重新立规矩、动真格。首先总经理和各级干部要高度重视起来，要在管理制度、方法上进一步确保质量责任的落实，比如一票否决制。对于产品质量达不到要求，出现重犯质量问题的话，是不是可以一票否决，年度奖金取消，责任人下岗受罚，干部降级或撤职等，要有奖有罚、奖罚分明。产品质量管控是一个整体过程，而质量管理工作一方面要分析过程，一方面是要反映问题，并严肃处理责任事件与责任人。处理人不是目的，引起大家的警觉和重视，提升产品质量，真正做到客户满意，这才是目的！

接下来，我们的内部管理重点要在产品质量上展开。海尔的日清日高，我们原来就在学习应用。从班组工段，到车间、事业部，每天必须清理总结，再到公司层面报告。现在我们管理要求和标准提高了，但同样要深入了解现场实际，掌握产品质量的实际情况。高、中层干部必须深入现场了解真实情况，这样才能真正发现问题和解决问题，也才能对基层管理者是否称职、是否具备解决实际问题的能力、是否追求进步等作出真实客观的评价。如果只是注重表面形式，肯定会出现问题，这是必然的。希望各业务单元每一层级的管理者都要严格要求自己，深入现场，深入实际，最后还是要以产品质量能否达到客户满意来衡量自己是否成为一个合格或优秀的管理者！

这是企业创始人与所有者的情怀，也是他们的命运。他们将“质量”视为经营中最重要的事，如同生命。他们知道，一切科技、管理、人才的最终归属点，都是产品质量；一切企业文化、品牌、价值观、使命的聚焦之处，也是产品质量。

没有产品质量，就不会有三花，也不会有值得骄傲的未来。

质量就是他的命，也是他一切管理理念的原点。

# 丹佛斯启示录

三花已经是个大块头了。它必须依靠自己，通过技术积累，参与到与巨头的竞争中。要么打败它们，要么被它们吞噬，没有第三条道路。

## “牵手”丹佛斯

收购兰柯的那一年，三花还发生了一件大事。

2007年3月8日，三花控股集团和丹佛斯集团（Danfoss）在杭州举行隆重仪式，庆祝双方注资的合资公司三花–丹佛斯（杭州）微通道换热器有限公司成立。

丹佛斯于1933年由梅兹·柯劳森建立，是一家总部设在丹麦的全球性跨国公司，在制冷、供热、水处理和传动控制制造业中处于世界领先地位。1996年，梅兹·柯劳森长子雍根·柯劳森接班，带领公司不断发展并日趋国际化。

丹佛斯重视在华业务的发展，已把中国视为欧洲以外的“第二家乡市场”。1995年丹佛斯（天津）公司在天津武清开发区成立，并迅速成为丹佛斯在亚洲地区最大的生产基地。

1989年6月，张道才与陈芝久、汪钦尧一同出国考察，首站来到丹麦丹佛斯集团

雍根·柯劳森在开业典礼致辞中说："建立合资企业的目的是为了巩固双方公司在中国制冷行业和空调市场的地位，新的合资企业将不断满足制冷与空调市场的需求。"

张道才则表示："与有着70年制冷与空调工业技术创新历史的丹佛斯携手合作，将有力推进三花从'成本导向'迈向'技术导向'的战略转型，从而为我们的客户创造更大的价值。"

三花与丹佛斯的关系可以追溯到1989年。当时，张道才第一次走出国门，接触的第一家国外企业就是丹佛斯。

"那时到我们工厂视察过的一位老省长非常开明务实，鼓励我们走出去。之前，三花和上海交大有合作，我们出国考察，靠的也是上海交大和国外企业的交流基础。"

陪同张道才、汪钦尧出国的陈芝久教授，是以翻译兼技术顾问的名义去的，他说："因为某些原因人家都不接待，所以我们在丹麦、德国周游，反而考察了同行大多数企业与高校研究所。"

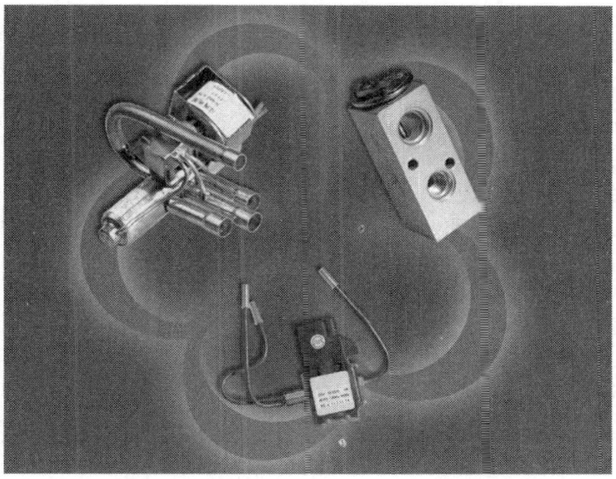
张道才第一次出国考察时，脑子里装的就是这三个产品：冰箱二位三通电磁阀（下）、空调四通换向阀（左上）、汽车空调热力膨胀阀（右上）

“第一次出国我脑子里装了三个产品——冰箱二位三通电磁阀、空调四通换向阀、汽车空调热力膨胀阀，跨了冰箱、空调、汽车三个产业，当时我就是奔着这三个产品去考察企业谈合作的。”张道才后来多次回忆说。

第一站，丹麦。张道才一行在丹佛斯待了一周。或许是对方认为“中国乡镇企业根本构成不了竞争”，加上陈芝久与丹佛斯关系很好，丹佛斯的远东贸易经理霍姆代表公司，每天陪同张道才和陈芝久参观各地布局的工厂，工厂全景开放。

但张道才一开始的几天并没有看到生产二位三通电磁阀的工厂，后来终于在丹佛斯一个全自动生产冰箱温度控制器的工厂里发现了这个产品。当张道才问到这个产品为什么没有自动化规模生产时，霍姆介绍说，因为它只有少量应用，公司开发设计后委外加工，自身只是装配后销售给中国海尔这一家客户。

## “第一桶金”

回到三花，张道才组织力量加快了对二位三通电磁阀的攻关，并攻克了关键的技术难关即阀芯加工。当时二位三通电磁阀成本要16元多，后来三花做到10元以下，售价却高达90元。攻克难关可以实现量产之后，三花马上向新昌县计经委立项申请300万元贷款，建立流水线，压缩成本，抓紧批量生产。后来，二位三通电磁阀帮助三花跃上了年利润千万元的台阶。

这是三花真正意义上的“第一桶金”，二位三通电磁阀也是三花历史上真正的第一个上台阶的“产品”，它的出现意味着三花从一家什么都干的打杂小厂，变成了一家制冷控制工业企业；而与此同时，张道才也从一位厂长，变成了真正的企业家。

张道才对市场发展的预判，来源于国外市场的影响，其产品定位和企业发展路线的形成也得益于此。“虽然当时中国冰箱刚刚起来，空调、汽车都还没有起来，但国外市场已经有了，小产品通过全球化经营做大，也是不得了的事，丹佛斯在丹麦是第二大公司，这就是参照物，如果中国也能像发达国家那样发展起来，市场空间不得了。”他说。

## 并不顺利的德国之行

第二站，德国。当时东西德还没有合并，一个是社会主义国家，一个是资本主义国家。奔驰、艾格尔霍夫都在西德的斯图加特。艾格尔霍夫公司老板艾格尔霍夫，开着私人飞机把他们送到奔驰公司转了一圈，当时的张道才不会想到，如今三花的汽车空调膨胀阀也用到了奔驰上，他更不会想到，三花汽零

1989年6月，张道才与陈芝久、汪钦尧出国考察的第二站来到德国艾格尔霍夫公司

会与奔驰一起研发二氧化碳冷媒的汽车热管理系统控制部件。充满变革的大时代，到处弥漫着不可思议的神奇之处。

当时，全球汽车空调膨胀阀最有竞争力的是日本不二工机，排行第二就是德国的艾格尔霍夫。张道才与艾格尔霍夫关于引进汽车空调膨胀阀展开谈判，原本进展顺利。那天晚上他们谈到了后半夜，都快要签合同（艾格尔霍夫占股60%，三花占股40%，成立合资公司）了，艾格尔霍夫突然说了一句话："汽车空调膨胀阀的汽箱头是核心技术，我永远不会转让。"张道才立马叫停了谈判。他知道，如果艾格尔霍夫不愿转让核心技术，就意味着即使双方达成合作，艾格尔霍夫也仅将三花视为拓展中国市场的工具而已。

对于张道才而言，这是巨大的羞辱。他准备另起炉灶。

## 与不二工机的合与分

所谓西方不亮东方亮。回国后，三花和航天部下属的上海新星机械厂（即"上海汽车空调机厂"前身）一起前去日本鹭宫、不二工机考察。鹭宫以四通阀为主，在汽车空调膨胀阀上缺乏竞争力。与不二工机的谈判则很顺利，谈到最后，对方提出，不要国营企业参与，要合作就和三花一家合作。

1994年，三花与不二工机的合资公司"三花不二工机"成立，三花将截止阀放入合资公司生产，不二工机承诺转让汽车空调膨胀阀技术，三年实现60万套产能，并派四五名人员入驻合资公司担任总经理、财务、技术、生产管理等重要岗位。

"合同签了3年，我们等了6年，它就是迟迟不上马汽车空调膨胀阀的生产和经营。到第六年，不二工机看我们其他产业发展快，提出和我们分开。"

分道扬镳之后，不二工机迁址苏州生产膨胀阀，而三花走上了自主研发的道路，日方总经理山本薰退休后选择加盟三花。

这一幕，与多年前张道才与艾格尔霍夫的不欢而散何其相似。只不过欧洲人更为直接，而不二工机拖了六年时间也没有兑现技术转让的承诺。

## “握手”

时间退回到张道才第一次出国。改革开放的大背景下，中国企业“走出去”的诉求是希望引进技术、资金共同合作。尽管无功而返，欧美企业的现代化程度还是给张道才留下了深刻印象，“真的是两重天，差距实在太大了”。

丹佛斯之旅对于三花未来要如何发展，成了参照物和启示录。回到国内，张道才甚至提了一个口号，三花以后努力的方向就是成为“东方丹佛斯”。

自那以后，张道才对丹佛斯一直保留着某种情结，希望能有机会进行合作。

2006年4月12日，丹佛斯集团CEO雍根·克劳森一行到新昌考察三花并交流合作机会。三花从初窥丹佛斯到此后经历近20年的发展，已成为与丹佛斯差可比肩的全球细分行业巨头。

张道才与雍根·克劳森握了手，双方一拍即合。

丹佛斯刚刚请麦肯锡做了个战略咨询报告，指出中国是非常大的市场，要作为丹佛斯的“第二故乡”，牢牢抓住和发展。因此丹佛斯极大地加强了对中国市场的投资，包括寻找战略合作伙伴。在两位CEO相互握手后，三花与丹佛斯双方成立工作组，并达成共识，一起寻找彼此业务中都没有、但行业内有前途的产品标的来共同发展。三花提出将微通道换热器用到家用空调上，丹佛斯在商业调查之后，决定跟三花一起干。

那一年11月，双方在杭州签约组建合资公司，股权五五开，开发空调、商用冷冻、发动机热回收、医疗设备、干燥设备等领域的微通道换热器产品。

但随着市场形势和双方企业发展的变化，这个开局良好的合作项目在运行中却开始变得微妙起来。

合资公司对双方股东一开始的分工就是：三花发挥专业化规模制造的优势，丹佛斯发挥全球化销售网络的优势，帮助合资公司建立独立的制造、销售和经营能力。但是在实际过程中，三花发现丹佛斯始终不愿意放弃对国际销售渠道的掌控。

2009年，倪晓明调任微通道公司总经理。在三花内部，他负责海外市场业务，以国际销售能力见长。

“当时这家合资公司很艰难，几乎赚不到钱，公司业务主要以欧美客户为主，”倪晓明说，“我们觉得市场策略不对，要去参与和客户的直接接触，而丹佛斯不让，两家冲突就多了。”

## “分手”

“合资公司的历史，就是前面几年磕磕碰碰，到最后分道扬镳。从2006年筹备，到2007年上小批，2008年有点销售，2010年赚了一点钱，再到2011年双方谈了几轮合资公司的销售独立问题，签了东西却没有效果。后来我们提出来拆分，谈了一年多，专利、客户转移……细节很多，到了2012年底才拆分好。”

倪晓明曾分析丹佛斯为什么下定决心要跟三花“分手”，他说这可能是因为丹佛斯意识到三花是这个领域里最具实力的竞争对手。

“他们的主要感受是，当时三花的生产效率、管理成本的能力要超过丹佛斯了；新品迭代特别快；在和丹佛斯共有的市场上，三花占领了更多的市场份额。丹佛斯职业经理人CEO尼尔斯说，我再跟三花合作下去的话，对丹佛斯某些业务是一个毁灭性的打击。他认为从战略上来讲，跟三花合作是比较危险的。”

“但是张主席和雍根都一直认为双方互相合作，两家公司在优势互补的原则下都会发展得更强。两家分离了之后，张主席一直怀念他和雍根之间的友谊，惋惜两家没有进一步合作。”

“我感受到三花管理层不管做什么，都是百分之百相信，百分之百投入，刚开始两个有共同愿景的男人开启的真诚的基于信任关系的合作，后来交给职业经理人之后，更多的是基于职位上为公司创造了什么样的价值。在整个过程中，三花管理层的履诺度比丹佛斯管理层的履诺度要高。”

“丹佛斯的管理层也一直在变化，现在的丹佛斯更多地聚焦在把自己的核心业务领域做强，更多地关注客户和市场。丹佛斯最大的弱势就是对于市场需求反应速度太慢，新品研发速度太慢，是一个比较行政化的企业，”倪晓明说，“两家公司没有成功合作，最直接和最重要的影响因素其实是2007年的金融危机。因为当时丹佛斯想买三花30%的股权，但是2007年的金融危机，丹佛斯第一次出现亏损，亏损额度达10亿欧元，很多决策都搁置了，其中一项决策就是收购三花持有的30%股权。”

据参与三花和丹佛斯资本合作讨论的莫杨回忆，当时丹佛斯还请了麦肯锡来评估三花跟丹佛斯在资本市场上怎么合作，后来不知怎么就停了下来。“丹佛斯没有足够的资金来做这个事，三花也没有往前推，但是当时张主席是比较感兴趣的。”

“之后两家公司采取了完全不同的战略，三花走了同一产业内基于核心技术的产品多样化的战略，认为制冷空调行业的发展潜力是有限的，开始发展汽零制冷控制业务，张主席确定了新能源是未来发展的一个方向；丹佛斯更聚焦于核心业务，专注于制冷。”

“三花丹佛斯合资公司负责生产，丹佛斯负责全球销售，张亚波觉得跟丹佛斯合作的其中一个好处就是，学丹佛斯的国际市场布局、营销网络建设，”莫杨分析道，“张总抱有更强的一个信念，就是学习跟外资企业打交道的经验。丹佛斯可能输在职业经理人对丹佛斯发展的战略感和投入度不够深。跟丹佛斯合作以后，张总对全球化很感兴趣，比如微通道公司2012年以后走全球化，2015年后汽零也加快在走全球化。我记得合作初期，张亚波在内部会议说过，我们可以跟着丹佛斯好好学它的全球化和市场布局。”

2011年，与丹佛斯的合资终于到了分道扬镳的境地。微通道换热器业务，丹佛斯如今已高度萎缩，三花则已在世界上占到了绝对优势地位。

## 买卖不成仁义在

张道才回顾这段过程时说：“丹佛斯的雍根到60岁就不做了，不二工机的横山隆吉则还亲自管着他的企业。他们两个和我都是同龄人，这也是一件奇事，全球制冷行业里三家代表企业的领头人都是同龄人。雍根退休后聘的CEO尼尔斯非常傲气，原来我们认为我们（三花和丹佛斯）要成为战略合作伙伴。但它不做四通阀，不做空调冰箱部件，主要做冷冻冷藏行业，那我想我们两家原来的产品就不要互相重复竞争了，合作从新的方向去找。但是那个尼尔斯非常强势，把我们定位成对手，分开之后你既然把我当竞争对手，我在他那个领域又搞起了商用冷冻业务这一摊，慢慢地就跟它形成竞争了。”

2012年4月13日，丹佛斯全球首席营运官方行健接受媒体采访时称，其中国区业务增速以28%领跑其全球市场，并成为其仅次于美国和德国的第三大市场。不过，此时丹佛斯已与在华合资伙伴三花签署分手协议，各谋发展。

“买卖不成仁义在。”尽管与丹佛斯和平分手，但张道才与雍根的友情却始终保持如初。其间雍根有一次到中国，张道才陪他游黄山。雍根体重相当于两个成年男子，爬不动，就请当地人用滑竿抬了上去。两拨人轮流抬，张道才带着儿子张亚波在旁边爬山作陪。

## 从张道才身上学到的格局

事实上，十多年前外资企业进入“人生地不熟”的中国，选择与中企合资成为潮流。现今随着中国市场的日益开放，中外合资企业分手也屡见不鲜。

在分手过程中，倪晓明一边要跟对方“打架”，一边要跟对方抢业务、抢人。

抢人是最关键的。微通道业务不像在新昌那样有一群土生土长的三花人。这是全新的企业，全新的人，他们对三花文化没有什么理解，公司没什么本土文化积淀。丹佛斯是国际企业，号召力大，他们在公司所在开发区的酒店租了几个房间，带着人力资源经理一个个谈，一个个做工作，工资全部翻倍地抢人。

“他们住的宾馆，都是一天换一个地方，怕我们找到他们。当时研发人员都跑光了，搞得我没法开锅，我当时跟史总商量让研究院调人暂时应对，”倪晓明说，“后来，合资公司分拆后去了丹佛斯的一帮人，2012年、2013年、2014年业务没有做起来，只有我们的五分之一，业务没有成长性，技术人员跑回来很多，也有跳到别的企业搞两年混不下去又回来的。”

抢业务也是浓墨重彩的重头戏。倪晓明说：“当时三大家客户中，美国公司占了30%的业务，拆分以后我们要延续三大家的主要业务。”

“丹佛斯拆分以后，他们在墨西哥搞了一个基地。这也是我们急于到美国办厂的原因，我感觉在美国必须要有一个厂。所以我们2012年并购了美国的R2公司，2014年又在墨西哥设厂，现在回头看确实是正确的策略，对三大客户业务起了很大作用。”

倪晓明说：“三花在自己要的领域，定位是很清楚的，也更关注自己要做成什么样。在这个过程当中，跟谁竞争上了是自然的事情，没必要花太多心思去想谁会是竞争对手，我要打死谁，关键是做好自己。关注竞争对手只是业务实现的一种方法，通过关注竞争对手，分析对手哪里比我做得好，哪里比我做得差，通过照镜子，找出自己的不足。这是成长自己的一个方法，也是帮助自己奔向目的地的一个方式。”

“下一个30年，我们有信心。我们也在寻找，该做什么，该往哪里去，要把旗帜鲜明的三花价值观亮出来，这是引领企业往前走的核心。什么是三花？

三花美国密西西比州工厂

三花越南海防工厂

三花墨西哥科阿韦拉州生产基地

三花奥地利兰普雷克斯图森工厂

三花波兰蒂黑生产基地

谁是三花？一定要旗帜鲜明，这样我们就能够走得更远，”倪晓明说，“汽零部件、换热器最有希望成为当年的四通阀。产品定位很早就确定是全球定位，没有单独中国市场的概念。”

“原来四通阀是作为主线，但是现在有好几个‘四通阀’了。三花储备积淀了那么多基础技术，不会输，要输一定是输在技术方向偏离上。所以研究系统的目的，是跟踪技术进步方向，不要走偏。只要系统研究对了，那么系统里面的零部件、方案、工艺、质量、批量生产，三花都没问题。”

这就是倪晓明的格局，是他从张道才身上学到的格局。他始终相信，竞争对手只是成长道路上照亮自己的参照系或标杆，三花从来没有想要打死竞争对手。

所以在2012年，三花和丹佛斯合资公司拆分以后，倪晓明立即察觉到，和丹佛斯竞争，必须要在美国有工厂。当时，他们一边和丹佛斯拆分，一边开始策划收购一家美国工厂。

“我们跟丹佛斯合资的时候有三大客户在美国，拆分谈了很久，双方争利益争客户。因为协议的关系，这些客户要两边分，我们当时觉得拆分以后最关键的一点，就是要把业务抓牢。大客户都在美国，如果当地有生产基地就有话语权，胜出的概率就大了。因为丹佛斯是全球化企业，他有不同国家的生产基地，所以我们当时要补这个短板，2012年就一边拆分一边去收购。”

## 价格“拉锯战”

2012年底，三花通产公司出资1000万美元，正式收购了美国R-Squared Puckett Inc.（后文简称R2公司）100%的股权，并于2013年1月18日正式向外公告。

主导此次并购的三花微通道换热器有限公司总经理倪晓明，是个长于谈判、精于业务的并购专家，曾经参与三花对兰柯的并购谈判。

根据倪晓明对《浙商》杂志的回忆，我们会发现三花与R2公司8个多月的谈判过程，其实是一个围绕信任与博弈的过程，在两国法规构筑的空间内，争抢时间争取利益的故事，这与国内企业在全球经济危机中的“出海抄底”有很大不同。

三花丹佛斯合资公司分拆后，分别产生了两个对应公司：杭州三花微通道公司和嘉兴丹佛斯微通道公司，后者是丹佛斯从合资公司拆走的人员和资产另外组建而成的。拆分后， 两家公司尽管独立运营，但是客户群重合度极高。“微通道80%的业务量在北美，而丹佛斯在墨西哥有一个工业基地，占据了现场服务的优势，物流成本、供应链安全都是客户关心的焦点。我们怎么办？”

购买“海外现成的”成了争抢时间的不二选择。对于制造业企业海外收购时的做法与其他行业的区别，倪晓明表示目前制造业总体呈现利润递减趋势，出于追逐利润的需要，技术密集型企业纷纷调整战略，将竞争重点从产品制造转向客户服务，“由于客户服务战略贯穿企业整个供应链，因此具体到海外收购时，出于防范风险的考虑，每个环节都要审慎分析”。因此在三花领导层的规划中，意向收购的这家公司应该符合以下几点：属于微通道行业；具备客户供应和服务的一定基础；规模不必太大。

美国R2公司就这样进入了倪晓明的视野。“R2公司有150多个员工，2012年产值1500万美元，一直是三花在美国市场的小体量竞争对手。”

风险防范始于收购谈判启动之日，知己知彼是首条原则。2012年4月，三花并购团队与R2公司股东方在美国芝加哥首次碰面，初探意图后，倪晓明了解到，作为一家打拼多年的微通道换热器制造商，R2公司管理团队在技术把控上相当出色，但受限于资金实力，无论是扩大生产规模还是考虑长期发展都力难从心。“微通道行业的下游大客户要求供应商具备持续经营的能力。”

他心里有底了——谈判可以深入下去。于是，三花控股集团的财务专家和技术工程师当即被派往美国，查阅R2公司过往三年的财务账目，并且评估设备价值与技术价值。“算清楚并购后的供应链成本与人工成本，以及对方目前的运营状况，一句话，买下这个东西到底值不值得。”

由于法律环境、经营理念的差异，中国企业在海外并购时往往比境内并购更复杂。海外并购业内资深人士曾表示，要想收购成功，“要么企业自身拥有一支被充分授权的精英团队，要么有专业的中介机构助力”。

从这个角度而言，三花无疑是个慎重有加的并购者。除了技术、设备和生产工程师，以及财务、律师等并购专家组成的十几人国内并购团队，一到美国，三花还聘请了密西西比州当地富有声望的律师、会计师，以苛刻的细节主义反复审核每一个法律条款，以及评估整体收购价值。

“海外并购涉及多条法规，需要商务部、发改委等相关部门的审批。鉴于华为海外收购受阻的前车之鉴，更应该查询收购国当地的反垄断法、跨国并购审查法、公司法、社会保障法等，避免因潜在的法律障碍导致做无用功。”倪晓明表示，那一时期，不仅三花方面担心并购横生变故，而且三花的国内并购服务银行也关心进程是否顺利，以确保专项并购贷款的安全和收益。

当专业的美国律师最后出函，三花收购R2公司不在法律限制范围内时，倪晓明等人都松了口气。

三花收购R2公司是为了与丹佛斯抢占时机，然而双方在价格上的互不退让一度让谈判陷入僵局。三花控股集团表示原则上不能超过700万美元，R2公司的底线是1600万美元。

对北美市场的渴求总是和商业利益相结合，此时对收购价格的让步只会增加今后运营成本的压力。倪晓明告诉收购团队“搁一搁”。与此同时，他还担心来自公司内部的压力。

“当时开会汇报，担心集团不批，我很小心地告诉主席跟总裁，700万美元这个价格是划算的，但背后是担心这么个价格他们会不会同意。结果老板给了我一个更高收购价的权限，我心里有底了。”

“谈判其实是双方心理博弈的过程，要有明确的目的和要求，但也得有自己的底线，而且应对速度要快。”在一步一进的“拉锯战”中，双方均作出了妥协，收购价向1000万美元靠近。

“作为我们业务层面的人员，当时认为1000万美元也不小。那家公司收入分两块，微通道的收入大概1000万美元不到，另外一块业务是铝的管路件业务，它要绑在一起给我们。是不是值得花1000多万美元买其中有一块跟我们没有关联的业务，这个有点争议。当时我压力很大，对方一年收入大概1800万美元，要价至少1400万。”

2012年10月，奥巴马政府将征收“富人税”的消息在美国甚嚣尘上，R2公司明确了态度，如果三花要收购，希望在2012年12月底前完成所有工作，因为一旦美国的“富人税”议案通过，从2013年1月1日起，他们将多交10%的税收。三花并购团队意识到，这是敲定交易的最好时机，经过审慎分析，张道才果断拍板。

回忆整个谈判过程，倪晓明这样描述成交价的产生：“第一次报价的时候是700万、800万，我们着急把这个事情做成，然后公司要求700万，那个时候他们要求1400万，有点压力。我从1400万跟他们一步步谈，中间故意晾了他们两个星期，最后谈下来，一千零几十万。老板最后定下来，更多的是从战略意义上来判断。”

过圣诞节的时候，美方要求1月1日之前必须交易，要收到钱。否则过了1月1日税收差异很大，要多缴10%的税收。因此有个时间节点，如果12月底前无法交割，R2公司就不卖了。

“所以双方合同定下来后，我带了团队几个人，赶紧在26日飞去交割。跟美国律师也衔接好，一定要赶在12月30日以前把并购款付给他。大家都绷着这根弦，确实都比较紧张的。还有一个细节，当时交割现场什么都好了，最后对方的股权证书上有点瑕疵，律师一查不对，赶紧要对方去办一个法律上的变通，那个瑕疵也补掉了，这也是一个小插曲。”

“签署合同的那几天格外惊心动魄。”倪晓明说。12月25日原本是美国圣诞假期，三花并购团队全员备战，上一秒倪晓明还在与R2公司逐条核对合同条款，下一秒他就拎起电话请示三花控股董事局意见，得到同意签署合同的批复后，他又立即拨通公司经理的号码，通知早已等在银行门口的财务经理打款。第二天一早，三花并购团队马不停蹄搭乘飞机赶往美国。“股权交接仪式28日在美国律师楼举行，赶在这之前，要清点完R2公司的所有存货，补打尾款。”

“以往中国制造业大多靠低价赢得市场，现在正在往价值链高端发展，在研发、品牌、渠道等方面都需要全球化配置资源。”在三花海外收购的规划书中，收购的首要目的就是把微通道换热器做到全球第一，因此，收购的结束只是发展的开始。

为了平稳度过团队磨合期，三花一入驻R2公司，便在公司内部贴了两次公告，一次面向中层管理团队，一次面向全体员工。“目的是展示三花，向他们说明我们是谁，我们接下来要做什么，”倪晓明说，“说完以往的业绩和未来的愿景后，下一步该考虑怎么发挥好美国平台的作用。”

对于三花与张道才而言，从来就没有毫无意义的并购与合作，所有的合作都是各取所需。丹佛斯曾经是三花的偶像，但偶像是有黄昏的。

经历了与丹佛斯和不二工机的合作崩塌后，张道才意识到，三花已经告别了通过合资来获取技术、赢得市场的年代。它已经是个大块头了。它必须依靠自己，通过技术积累，参与到与巨头的竞争中。要么打败它们，要么被它们吞噬，没有第三条道路。

这是残酷的现实，但对张道才与三花来说，这也是最美好的现实。

# 走向资本市场

“我也遵守承诺”。这是对公众的承诺，对所有投资者的承诺。遵守承诺，意味着张道才成为了值得信任的上市公司大股东，理应赢得资本市场的尊重。

## 路越走越宽

1994年，新昌制冷配件总厂改组成为浙江三花集团公司。当年9月，三花集团与日本不二工机、三菱商事和日本东方贸易联合成立三花不二工机有限公司。

日本不二工机，是日本制冷空调控制元器件制造领域的龙头，主要生产和销售汽车空调、家用空调、商用空调膨胀阀及各种冷藏、冷冻系统用精密控制设备。后来三菱商事和日本不二工机相继退出，日本不二工机又独立在苏州建厂，与三花从合作伙伴变成了竞争对手。

一系列的股权变更之后，三花集团成为三花不二工机的控股股东，三花不二工机变更成浙江三花股份有限公司。而后三花集团变更成三花控股。三花股份就是后来的三花智控，而三花控股是其控股股东。

股权虽然变了，没关系，日本人的生产管理学到一些了。2005年三花股份上市的时候，主要生产电子膨胀阀、电磁阀、球阀等各种带“阀”字的产品。这个时候的三花股份并不生产后来的王牌产品：四通换向阀，这块业务的生产主体是三花控股的另一个子公司：三花制冷集团。

2007年，三花控股收购了兰柯公司的四通换向阀业务；2008年，三花股份通过非公开发行股份方式收购了三花控股包括四通换向阀在内的其他制冷零部件业务。从此，三花控股制冷零部件业务实现了整体上市。

那个时候，三花在全球制冷空调、冰箱控制元器件领域已经是细分行业领军企业了，不单是四通换向阀，除了三花没有涉足的压缩机之外，大部分制冷零部件全球市场占有率处于全球第一或前列的位置。

由于产品有了竞争力，三花的路越走越宽，以至于让它的美国同行们无路可走。2008年，美国公司Parker Hannifin指控三花股份向美国市场倾销家用空调截止阀产品，同年5月，美国国际贸易委员会裁定三花向美国市场销售家用空调截止阀产品，已对美国同一行业造成实质性损害，开始征收反倾销税。这个案子反反复复拉锯了6年，反倾销令终于在2014年被撤销。

收购兰柯以后，上市公司“三花股份”马上停牌，制冷集团整体注入，然后把兰柯也装了进去，一气呵成。这也是三花历史上的一个重要节点。

2005年三花股份上市，2007年收购兰柯，2012年收购亚威科，2015年把微通道业务也装了进去，2018年注入汽车零部件业务，实现了制造业板块的整体上市。“在三花股份上市和各块资产的注入过程中，张道才在几个节点上的把握很重要。”任金土说。

2000年，三花开始考虑资本运作，进行上市准备。张道才在三花进行了股份制改革，将不二工机的股权收回来，在2001年成立了三花股份，准备IPO，走向资本市场。

任金土说：“上市的目的，老板既要做资本，也要做实业。他考虑了两全其美的方案，就是把三花不二工机这块资产拿出去上市。那时候只有截止阀产品，电子膨胀阀刚刚开始，四通阀没有放进去，上得了市就上，上不了市的话，迟几年也没关系。政府对上市有政策，所得税交上去可以返还。2001年，我们是绍兴市乡镇企业系统第一个年利润上亿的民营企业。老板让我出任上市公司第一任总经理，去操盘，从改制到上市成功为止。”

“我在那边刚搞好上市公司，新的挑战出来，又开始为三花南征北战了。我搞营销是35岁，39岁到上市公司，那个时候天天都在外面决战。能力上面是磨炼出来了，体力确实也消耗很大。”任金土笑谈彼时峥嵘岁月，脸上浮现出年轻人般的激情。

《三花人》报主编杨长春当时在三花不二工机工作，他还记得，有一次跟任金土出去竞标。截止到招标申请头一天晚上，任金土定了一个价格，第二天招标开标，一个产品比人家的价格低一分，还有一个产品低两分。“就是这样中标的。”杨长春佩服得要死。他总是说，公司财务系统经常讲任总的“毛判判”（估摸），最后发现任总判准的概率奇高。

上市之后，三花站到了另外一个高点，进入另外一个高度，管理、治理都得到很大的提高。“特别是走向资本市场之后，社会知名度，企业知名度，各种荣誉都来了。”

在陈金玉的记忆中，三花于2005年6月公司上市，任金土8月份便卸任总经理，调集团任副总裁，主持总部“三部一办”工作。他重审多元化过程中的投资项目，发现一个个问题，开始逐渐对其进行治理整顿。

陈金玉2003年加入三花，那时三花正在做一件大事情。

“三花以前叫浙江三花集团有限公司，是经营实体；后来把三花集团有限公司拎高，把经营实体往下沉，成立三花制冷集团，三花集团有限公司更名为三花控股集团有限公司，是总部；再后来就搞多元化，从2003年开始，三花控股集团来做整个战略布局，下面就负责经营。2003年杭州下沙开始搞建设，前面已经拿了土地，只是还没有建设。”

组建三花控股集团，一方面是业务下沉的需要，另一方面也是上市的步骤。陈金玉说：“上市是一大转折点。上市之后加快脚步，2007年收购兰柯，重组四通阀。1998年兰柯收购我们不成功，也有价格的问题。“常恒”他们1.5亿元就拿过去了，我这里要3亿元。后来四通阀战役，国内三足鼎立竞争，鹭宫在广东佛山有分公司，兰柯在江苏常州有分公司，后来三花超过它们，2007年反向收购兰柯。”

收购兰柯之后，三花对兰柯进行了重组。那一年，兰柯项目领导小组组长、四通阀重组上市领导小组组长、美国追债事件领导小组组长、沈阳公司处置领导小组组长都是任金土。他日夜兼程、转战各地。

那一年，任金土还坐镇上海，负责房地产项目，销售7个多亿。“钱一下子拿回来，也是大数字，否则重组上市没有这么宽裕。”

重组四通阀业务从2007年并购兰柯之后开始，直到将四通阀业务和制冷集团有限公司注入上市公司。任金土说，当时“一面收紧一面重组，同步走。重组这个公司还剥离了很多不良资产。每次开会老板布置任务，很多重点任务都布置到我这里来，我压力太大了”。

通过增发实现制冷业务整体上市，并收购四通阀鼻祖兰柯的业务后，三花空调阀件霸主的地位已经确立。但这仅仅是快速成长的开始。

## 股份制改造

三花此前的多轮股改为上市扫清了障碍。

这有赖于时代潮流，更有赖于浙江乡镇企业的股份制改造走在全国前列，有赖于地方政府的思想开放。

三花第一次股份制改造，始于1992年。那一年早春，邓小平南方谈话再次开启了解放思想之路，中国的改革开放重归正途。

那一年下半年，张道才在新昌制冷配件总厂的中层会议上提出：要认清当前形势，统一思想，增强紧迫感和危机感；要加快体制改革步伐，组建股份制企业集团，深化企业内部机构改革；要坚持科技兴厂、加强对科技队伍的管理和教育。他说，建立股份制最大的优点是增强职工凝聚力、调动广大员工的积极性。我们要抓紧这项工作，争取年底批下来。此后，“股份制、集团化、外向型”成为新昌制冷配件总厂的发展路径。

三花第一次股份制改革的操盘手之一寿济成回忆说：“当时我们制冷总厂搞股份制合作，产权很难界定。以前乡镇企业产权模糊，镇里面说产权应该属于镇里所有，厂长说这个股份应该属于我们企业，统一不起来，于是，我们还跑到鲁冠球那里去取经，因为他是全国人大代表，请他谈这个问题。乡镇企业产权到底属于谁，怎样界定这个产权，鲁冠球当时说，这个产权除了国家投资外，谁投资就应该是谁的，其他的是职工创造的。那么这个产权应该属于职工所有，所以过去乡镇企业界定产权的时候，是谁投资、谁受益这个政策。我们三花的策略还有一条，就是谁创造、谁受益、谁所有。即我们企业创造的，就是我们职工自己创造的，这个产权就应该属于我们职工自己所有。”

在新昌县人民政府的指导下，新昌制冷配件总厂开始进行股份制合作试点，当时股份设置为集体股、优待股（影子股）、个人现金股和社团法人股四种。股本金总额3062万元，每100元一股，总计306200股，其中集体股45%，优待股19%，个人现金股9.5%，社团法人股26.5%。

优待股是把企业净资产的30%划归职工作为影子股，按照工龄、职务、贡献三个条件配股，作为股东进行分红，所有权仍属集体。

当时总厂800多人，人人有股。有一次，省里一位主要领导到新昌考察，张道才去汇报工作的时候，提到了股份制合作。

“老领导说，人人有股等于第二个大锅饭，要改革，经营管理核心层必须控股。后来，三花朝着这个方向进行改革。买断小股，经营者持大股，科技人员、经营人员、管理人员一起持股。现在，上市公司配股也是这个原则。”张道才说。

从1993年3月开始，新昌制冷配件总厂的股份制改革提速，张道才得到了从镇到县的支持。1993年8月，新昌制冷配件总厂召开第一次股东大会，通过了《股份合作制企业章程》。

产权明晰之后，属于张道才和三花的时代真正开始了。此后三花加大了在四通阀研发上的投入。我们很难想象，如果产权没有明晰，张道才依旧是一个“打工仔”，他是否还有足够的勇气，孤注一掷于四通阀的开发，并且将自己整个未来都下注给三花。

1995年，农业部将三花定为中国现代企业制度改革100个试点企业之一，要求进一步深化改革，实行“三改一加强”。张道才借此机会，将三花从股份合作制企业改造为规范的股份制企业，并且通过扩股形式，使决策层及高管层掌握了控股地位。

这是三花股改至为关键的一步。五年后，2000年7月10日，浙江三花集团有限公司被新昌县工商行政管理局批准成立。

2003年7月3日，国家工商行政管理局核准“浙江三花集团有限公司”名称变更为“三花控股集团有限公司”，同时核准以“三花控股集团有限公司”为核心，企业组建集团的名称为“三花控股集团”。

两个月后，张道才在三花控股集团董事局第一次会议上说：三花集团经历了近二十年的艰苦创业，现在已经到了第二个十年的最后一年。为了对第三个十年发展作出规划部署，集团在组织结构上作了调整，由三花集团发展成为三花控股集团。为给第三个十年的发展作准备，首先要把机构和高层领导班子定下来。

在此前的2001年12月20日，三花股份进入上市辅导期；2005年4月，三花

2005年6月7日，张道才与时任浙江省人大常委会副主任鲁松庭敲响开市宝钟

股份董事长张亚波带队路演，4月29日三花被核准上市；同年6月7日，“三花股份”（SZ.002050）正式在深圳证券交易所上市，张道才与时任浙江省人大常委会副主任鲁松庭一起敲钟宣告开市。

三花，终于成为资本市场的三花。

## 三花智控成长记

与上市及组建控股集团同步的是，从2001年开始，三花就在杭州购买了331亩地，开始兴建三花杭州工业园。

张道才说：“三花到了杭州这个二线甚至准一线城市，另外一个重要的伏笔也要在这里打下，就是把后来的研发中心即三花中央研究院也奠基在杭州工业园里。杭州越来越厉害了，是全世界头脑的聚集之地、中心之地。三花把

2008年，三花获“全国质量奖”

研究院放在这个地方，对全球人才的聚集和科技资源信息的吸取，有非常长远的意义。我下决心去杭州搞第二个工业园，也是考虑到技术创新的问题。把博士集中在新昌这样一个县城里面不现实。当时我们在上海、杭州两个地方选，上海有上海的优势，我与上海的大学关系还比较好，但吕祖善省长他们认为还是要在杭州发展，他们支持我在杭州。”

“后来截止阀业务（三花股份）我们去报上市，因为四通阀主导产品都在控股集团经营，属于同业竞争，证监会说这样不行。后来去找了绍兴市协调，我写了一个承诺函：先给我上市这个业务，两三年内我把大的板块都装到上市公司，证监会才勉强给我们通过。我也遵守承诺，后来两三年就把大的那块业务全部装到上市公司。”

2008年，在股票挂牌上市三年后，在浙江省进出口银行“走出去”贷款的支持下，三花股份收购美国兰柯公司的四通阀全球资产和业务，以及三花控股旗下四通阀等业务，三花制冷主业实现整体上市。

2015年7月，三花股份以12.8亿元对价，收购三花控股旗下微通道公司的业务和资产，并公开增发募集资金4亿元，在墨西哥投资建设大型综合生产和物流基地。2015～2017年，微通道业务销售、利润年均增长都在30%左右。

2016年11月，“三花股份”更名为“三花智控”，更突出三花节能、智能的产品与技术开发特点。

2017年3月，三花智控启动对三花汽零资产与业务的收购，9月完成3.19亿新股发行，以21亿元对价收购，并募集资金13.2亿元发展新能源汽车热管理重点产品项目，已经与国内外所有品牌车型实现生产和研发配套。

公告中称：扎根浙江，面向世界，经过十多年的发展，三花智控已成为全球知名制冷空调、家电和汽车制造商的战略合作方，是全球建筑暖通、家电和交通运输热管理细分领域的领先企业，拥有全球专利3000多项，其中发明专利近2000项，年均申报专利300多项，主持起草国家和行业标准30多项，掌握行业发展的较强话语权。

张亚波说，接下来三花智控将围绕建筑暖通、家电和交通运输热管理的主业做并购调研、实施与整合，目前更多关注行业内的智能控制、节能环保技术等领域的机会；管理好与绍兴市合作组建的“新能源汽车产业基金”，探索以基金为推手的滨海新能源汽车部件产业园的建设。

2016年10月，三花智控与三花控股集团有限公司、浙江绍兴转型升级产业基金有限公司、绍兴滨海新城产业投资有限公司、杭州三花弘道投资管理合伙企业（有限合伙）共同发起设立新能源及智能汽车并购基金，基金总规模为10亿元人民币。

在媒体的报道中，近五年来，三花智控投资20亿元左右，建设新昌梅渚、下礼泉工业园；未来三年，三花整体将投资近100亿元（其中固定资产投资60亿元），新建绍兴滨海新城、新昌大明市两个工业园和新昌梅林山生态产业示范园，在新昌布局建设“一个中心（人才与研发），三个基地（生产与培训）”，在绍兴滨海新城建成全球新能源汽车热管理控制部件大型产业园，项目已在规划或实施中。

未来十年，三花智控将投资150亿元以上，将各个工业园建设成为全球制冷空调和汽车热管理的最大生产基地和先进研发中心、人才中心。

当高端制造业插上了资本的翅膀，天空才是它的极限。

而在三花变成资本市场上的三花时，最重要的正是张道才的那句话，“我也遵守承诺”。这是对公众的承诺，对所有投资者的承诺。遵守承诺，意味着张道才成为了值得信任的上市公司大股东，理应赢得资本市场的尊重。

# 亚威科与外来者

无论得到的是经验还是教训，对于三花来说，亚威科都变成了身上的一块肉，必须让它饱满、丰富、有弹性，让它健康、充满活力。

## 全面收购亚威科

2012年，三花股份在并购白色家电行业全球核心部件企业亚威科集团（AWECO）冰箱电磁阀业务不到一年之后，又以5500万欧元的价格收购了亚威科集团的相关资产与业务，以及亚威科国际持有的分布在奥地利、德国、波兰和上海等地的10家企业。业务拓展到冰箱、洗衣机、咖啡机、洗碗机等部件领域，进入全球白色家电一线品牌核心供应商行列。

在张亚波看来，对德国亚威科集团的并购，标志着三花集团开始了深度国际化。他认为，德企扎实的作风与工业精神，与崇尚科技、管理、人才的三花一脉相承。

亚威科集团是德国一家专注于白色家电核心系统部件研发、生产经营的公司，主要从事洗碗机、洗衣机、咖啡机等家电系统零部件的研发、制造和销售。公司客户包括美诺、博世西门子、惠而浦、伊莱克斯、飞利浦等国际知名品牌，前10大客户约占销售额的90%。亚威科集团长期被家电客户视为洗碗机系统部件开发的第一供应商，同时在洗碗机、洗衣机和咖啡机领域的加热器方面不断推出新技术。

2008年金融危机发生后，亚威科集团将经营业务向劳动力成本较低的国家和地区进行转移。2011年亚威科集团销售额约为1.22亿欧元，其中洗碗机、洗衣机、咖啡机零配件业务销售额为1.1亿欧元。而亚威科国际是德国一家主要生产和销售设备、仪器、塑料产品和模具的企业。

借助收购上述两家公司，三花股份涉足小家电领域，延伸和扩张了产业链。对于这一举措，业内看法不一。有行业分析师表示，三花股份的此次收购可以在一定程度上增厚企业利润，使其在家电行业得到横向延伸，利于扩大市场份额。但也有行业专家表示了自己的担忧。近年来，中国企业海外收购并非一帆风顺，比如TCL收购汤姆逊、联想收购IBM，面临不同企业文化的融合问题，被收购公司都在不同程度出现了不良反应。

三花的海外收购效果如何呢？

## “这家企业有它的价值”

媒体的报道中说：“三花股份”经过多次洽谈，全面收购“亚威科”，并派出精干高管接管“亚威科”以及属下的各大公司。目前，1000多名外籍员工已在各地紧张有序地展开工作。

通过跨国并购，三花从小山城新昌出发，成为全球制冷部件的巨头。如今，三花并购重组的步伐越发稳健。

2018年4月23日，在绍兴市金融工作会议上，三花智控董事长张亚波说：“上市和并购重组的实施，拓宽了发展视野，丰富了发展思路，为不断寻找新商机、打破天花板、实现企业持续发展创造了重要条件，赢得了市场竞争的宝贵时间。”

接受媒体采访时，张亚波也表示：“亚威科和我们现在的前十大客户名义上看是一致的，比如美的，它有洗碗机业务，也有空调业务，但他们不是一个事业单元。再像BSH、美诺，既有冰箱，又有洗碗机、干衣机，收购会增加这些业务单元客户的协同性。”

“收购效果整体在预料之中，但是没有达到我们当时最乐观的估计，也没有突破我们对这次收购所设定的底线，两年前我们要求原来的大股东先进行内部重组，把规模最大的德国工厂关闭掉。他们投了1000万欧元，把德国工厂关了，还把另外一个德国工厂的工会谈判谈好了。在这个条件下，我们还看到他们拿到了欧洲主要客户3到5年的长期合同，因此觉得这家企业有它的价值。我们当时最看重的就是他们的客户群，有些客户对三花来讲是做10年都没办法做进去的，他们是一些家电领域里的奢侈品牌，比如像美诺等这些德国、瑞士的家电品牌，价格比西门子还要高50%～100%。这些品牌仅凭中国企业的努力，我们就算有比较好的质量，别人可能也不会理睬你。他们就好像是在不同的世界和产业链里一样。”

## 老葛的意见

葛哈德，奥地利人，三花内部人称“老葛”，是亚威科的负责人。

老葛之前在丹佛斯任高管，2006年加入三花丹佛斯合资公司，2011年合资公司分拆，丹佛斯抢人抢业务的行为令其失望，他便萌生去意。就在此时，张道才向他抛出了橄榄枝，希望他协助搭建商用制冷业务跨国团队。

“我之前一直帮欧洲企业搭建中国团队，现在帮中国企业搭建欧洲团队，对我来说这个翻转是很新鲜的。”就这样，老葛留了下来。

在他看来，三花不像是一个他所理解的典型的中国民营企业。三花有非常清晰的愿景目标，非常重视创新而且愿意在创新上投入大量资金。对在合资公司中的三花表现，他的评价则是：三花和丹佛斯合资，战略产品研发资金虽然由丹佛斯承担，但是真正的技术创新投入包括专利都是三花员工在贡献更多的力量，他们有内驱力，对趋势把握非常敏锐，也有意识朝着趋势不断努力。

"张主席几年前已经跟管理团队在说电动汽车，明确三花要进入电动汽车行业，还有一个领域就是太阳能领域。我认为主席不光是站在企业的角度来看企业未来的发展，而且是站在社会的角度，要给未来子孙留下一片青山绿水。张主席是把这个目标作为使命来追求的。"

葛哈德说："我是为三花的商用制冷业务服务的，商用制冷业务先并购了德国亚威科的电磁阀业务，很成功，当年并购当年盈利。我是奥地利人，会说德语，三花就雇用了我来进一步并购亚威科。"

张道才父子在并购亚威科之前曾征询过老葛的意见，老葛很谨慎地说，亚威科是值得并购的，但是亚威科跟三花是不一样的行业，是有风险的。

"主业不同，亚威科主要是家电产品，我们主要是制冷产品，但是看到我们有机会跟亚威科开展技术协同。我们在微通道领域有一些经验，一些微通道制冷技术是可以共享的，在洗碗机上也可以有一些技术的共享。"

"我认为三花要走向全球化，在欧洲有这样一次并购机会是非常难得的。完成亚威科并购以后，三花对家电市场经验还是不足的。张总说，了解了所有风险之后，虽然不知道能不能带来利润，但是三花可以承担这个风险。"

## 收购逻辑

张亚波有自己的判断，他喜欢干"符合逻辑的事"。他说："三花先并购了亚威科的电磁阀业务，带来了很好的效果，然后跟亚威科也有了一些链接，慢慢就熟悉了起来。我们发现亚威科在洗碗机上的技术也有独到之处，而亚威科也想进一步出售业务，所以我们当时就要它瘦身，进行整改。它也投入了资源。在整改过程中，我们也有参与，评估了亚威科的风险，基本也在可掌控范围内。”

张亚波复盘了并购亚威科的决策逻辑：“我们为什么决定收购亚威科？首先是因为洗碗机这个产品还行，亚洲市场未来有高成长的可能性。这是企业本身的价值。第二个原因是我们欧洲业务拓展花了很长时间，从在欧洲组建团队开始销售，一直到那个时间点，都还一直没有实现盈利，客户对我们有没有决心做欧洲市场还有顾虑，我们通过并购也是向客户展现我们的决心。第三个原因是三花的全球化布局中，在欧洲一定要有个生产基地，而亚威科已经在波兰有一个相对成熟的生产工厂，可以成为支撑三花全球化布局的一个点，后来实际运营也是这样，汽零业务也到波兰工厂建了生产线。最后一个原因，就是亚威科的客户都是欧洲家电行业的高端客户，我们通过收购这个方式，就是以时间来换空间，缩短时间换来这些客户，三花其他产品可以由于亚威科而带来更多的商业机会。”

“逻辑”形成了，收购就变成了顺理成章的事。

亚威科是三花到目前为止在境外最大的投资，1300多人，销售额1个多亿欧元，债务1200多万欧元。葛哈德说，当时他们在欧洲没有国际并购团队，用非常有限的几个人把这桩跨国并购完成了。在这个过程中，他们面临的挑战是怎样把亚威科融合到三花之中，使这家亏损企业盈利，帮亚威科在当地恢复雇主声誉；关闭德国比较陈旧的企业，然后在波兰开设新厂，在芜湖开设子公司，在技术上与三花实现协同。

“亚洲市场对洗碗机需求非常大，我相信4到5年后，中国会成为亚洲最大的洗碗机消费国。洗碗机内部，相当于心脏的一个产品叫Omega泵，负责让热水在洗碗机里面进行循环。在全球，我们的技术是第一位的，销售也是第一位的。我们向全世界的重要客户配套供应。”

“这个行业，供应商的利润空间还是比较高的。在欧洲如果能做到‘成本领先’，管理过程的挑战蛮大的。”

并购不只是带来了荣耀，也带来了某些教训。“我得到的最大的经验教训就是：收购一个严重亏损的企业是要非常当心的。三花和亚威科的整合是顺利的，现在三花亚威科不亏损了，但要实现成功，一些业务模式还比较滞后，”葛哈德说，“这些年里，很多三花的竞争对手都想收购三花亚威科，像日本milen。从这个角度看，三花亚威科也创造了一定的价值。”

由于三花亚威科在并购后虽然从亏损转为赢利，但长期没有实现预定效益目标，在2018年末的一次经营会议上，葛哈德还是被张道才批评了。尽管所有人都知道亚威科拥有巨大的可能性和值得期待的未来，但其业绩却始终没有大的突破。

葛哈德有自己的一套逻辑。

“中国洗碗机市场如果起来的话，三花亚威科没道理输掉。接下来洗碗机的市场就会跟空调一样。中国市场在持续增长，只不过增长速度不如预期大。格力遇到了技术瓶颈，所有销售没有增长得很快。如果他们一旦突破技术，销量就会出现井喷式的增长。现在，我感觉中国市场还在滑行阶段，一旦起飞会有井喷式的发展，而且这个态势会保持3年到5年。5年后，即使浪潮过了，市场规模也会稳定在一个更高的水平上。你看，前几年只有海尔、美的、格莱仕从事洗碗机业务，现在已经有15家到20家关键客户都在这个领域做投资，预示着中国市场很快就会被打开。另外一些国际品牌公司也开始在中国建立生产基地。这对三花亚威科来说都是很好的客户群体和市场机会。2019年亚威科还是比较艰难，2020年到2021年会迎来比较好的发展。”

无论得到的是经验还是教训，对于三花来说，亚威科都变成了身上的一块肉，必须让它饱满、丰富、有弹性，让它健康、充满活力。

葛哈德说："我感觉到张主席和张总裁对我充分信任。对于管理者来说，信任是最重要的一个要素。因为有这份信任，我坚信这份工作和努力的价值。除了信任之外，三花也给了我很多实实在在的支持。比如财务和人才的支持，杭州的研发团队整个配置给我，让我进一步发展在亚洲市场的业务。我们的芜湖工厂就建在三花芜湖工业园里边，这避免了很多要我们自己投入的基础工作，使我们可以直接拎包入住到工业园搞生产。我感受到各事业部之间的沟通是非常公开的。另外控股集团这边落实了很多人才激励计划，比如说前期落实的一些股票激励计划，把中国境外工厂的人才也包括在内。三花亚威科是在非常困难的时期成长起来的一个企业，它很难吸引到一些高端的人才，但通过这些激励计划就能帮助三花亚威科留住一些最可贵的人才，同时吸引市场上的一些高端人才。"

张亚波的"逻辑"则更为清晰简单。尽管欧洲三花和亚威科曾经给三花带来压力，但他从来没想过要关掉它们。

"欧洲市场我们是要好好经营的，虽然现在也在精简欧洲团队人员，但我们首先要看趋势，趋势就是要去扩张。因此我在人才团队布局的时候，就会适当考虑过配资源。就像去打仗，我们打这个山头，是一个连合适还是两个连合适，谁知道呢？我保险一点，两个连送上去，确保成功。即使事后证明我们一个连也可以把这个山头拿下，可是没拿下来之前，谁知道呢？就是这个概念。当然，如果说这个山头我不拿了，不打了，放弃了，那就另当别论了。那就不要说是一个连了，我一个兵都不放。这是方向性的问题。"

# 看到明天

当时，张道才要搞电动汽车热管理系统，包括黄宁杰在内，所有人都反对。

## 黄宁杰的选择

“中国怎么能搞环保？中国要搞经济，环保外国人搞，中国不用搞。”

2007年，国务院组织了一场关于环保的研讨会，邀请美籍华人专家黄宁杰参加，他的报告遭到与会院士的反对。震惊之余，受到触动的黄宁杰抱着“推动中国环保”的目的回到国内，并在调研的26家企业中选择了三花。究其原因，黄宁杰说：“当时三花不是最大的，但我的原则很简单，不选择国有，就要民营企业。”

黄宁杰，全球微通道换热器顶尖专家，又是美国通用公司院士、中国“千人计划”入选者，之前任职的通用汽车、德尔福、丹佛斯，都比三花大几倍甚至几十倍。

在得知黄萌生去意后，丹佛斯公司开出了极具诱惑力的条件——晋升黄为公司董事（总裁班子唯一的外国人，其他9人都是丹麦人），老板写了一封邮件称“丹佛斯比三花大10倍，在冷冻冷藏方面的技术都是原创技术……”竭力挽留黄宁杰。

在民营企业中，几家体量比较大的公司也向黄宁杰抛来了橄榄枝。

为何最终选择三花？

张道才和黄宁杰两人的接触成为关键。

黄宁杰说，选公司第一是看老板，第二看企业文化，第三看实际，三者一结合就看出来了。

“老板就是公司的魂，老板什么性格，公司就是什么性格。”张道才提出绿色环保的发展方向和黄的志向不谋而合，而张把管理、人才和科研放在首位的做法，更是让黄一看就看到了三花的魂。黄也了解过接班人张亚波的背景，“他跟我一样，理工科科班出身，毕业后到公司锻炼又去中欧商学院读书”。

不仅自己加盟三花，黄宁杰还带着张道才去底特律，为其介绍了两位汽车行业专家——通用汽车前同事海睿和埃德温。

此后多年三花的发展，证明了黄当初的选择是正确的。

## 能看明天的人

“当时我们以空调部件为主，慢慢开始在专业范围内基于核心技术向多产业扩展，这就不简单了。因为单单空调核心部件行业，峰顶只有几百个亿，但眼光向外扩展，电动汽车行业几千个亿，冷藏又是一个无限大的市场，从核心组件到系统又是一个超越，根本没有峰顶。”

并不是所有民营企业都有那样的远见和前瞻性。技术研发投入巨大，一旦技术、机遇、市场等条件不成熟，极易将一家公司拖入深渊。黄宁杰以自己过往的经历举例。

过去三十年，全球汽车空调行业都在寻找一个环保门类，这个大产业起起伏伏，每次亏损以百亿计，2000至2007年，全球七大汽车公司联合选冷媒，欧洲派支持爱华的HFO，美国派支持哈里威的$CO_2$。黄宁杰投了哈里威一票，在他看来当时HFO代价太高，一部车就会增加一倍成本，谁愿意来买单？

“如果三花只有三四亿的体量，我在研发拓展的时候，就不会做十年的研发，会先做两三年就能成功的研发，让公司运营起来。”

通用、德尔福的实战经验赋予了黄宁杰兼顾技术研发和公司发展的平衡能力，这也是从产业公司和科研院校走出来的科学家的不同之处。

2007的三花，刚刚完成对兰柯的收购，四通阀全球市场份额已超过60%，具备了产业拓展的基础。当时，张道才要搞电动汽车热管理系统，包括黄宁杰在内，所有人都反对。

在黄看来，“电动汽车完全是靠政策扶持的，政策就是两个，一个是环保政策，一个是双规政策，没有国家的强制性，电动汽车是做不起来的。中国会不会下这个决心？我也摸不准”。

当时三花-丹佛斯合资公司的产品微通道换热器，应用于洗衣机、洗干一体机、冰箱、洗碗机、咖啡机等系列白色家电，具有节约用电量、节省安装空间、减少冷媒充注量、减轻产品重量、减少产品成本、提高能效等级等核心优势，是家电领域更节能环保的新一代产品技术。

“空降兵”黄宁杰和“本土派”史初良都在合资公司任职，配合默契，黄负责市场研发，史负责生产管理。“全球500强企业基本我都可以敲门进去，关键就是要有一个好产品，史总能够把我的后方做得很坚实，我就有底气了，我就敢到外面定价推广产品。史总是保守稳定型的，关心做好现有的业务；我是比较外向激进的，更关心创新技术，敢拿新产品去敲新客户的门。我是一下子雇100多人，很快把产品打出去。丹佛斯曾占领全球95%的市场份额，三花进入4年就变成了老大。我有这个决心是因为有史总，我敢也是因为有史总。”

也有高管认为，三花和丹佛斯注定是要竞争的，合作只是暂时的，分手是迟早的事。身在局中的黄宁杰也持相似观点。

“不管是谁掌权都是这个结果，合资公司分家是必然的。合资是因为当时三花还没有信心把这个产业做起来，其实当时丹佛斯已经把三花看作竞争对手，合资是雍根的意图，并没有得到董事会的支持。雍根的退休只是加速了分家，因为两家公司在家用业务上没有竞争，但在商用业务方面因为垄断方利润率高，三花一定会进入，两个公司越往后越是头号竞争对手。”

更早之前，三花和不二工机的合资也是不欢而散。张道才曾听到外面有种说法，说“三花和人家合资，学了人家的东西就一脚踢走，自己上了”。其实这不是事实真相。

“三花内部能低头做事的人很多，但能抬头看明天的人不多，黄宁杰就是能看明天的人。”张亚波曾如此表述。

## “就这个方向”

2014年，三花30周年大庆，张道才给了黄宁杰和史初良一个任务——规划三花未来30年的产品方向。在交流中，张道才说，“低碳环保节能减排是大方向，产品规划要从机械往电子电控转型”，具体来说，要将原来的热力膨胀阀变成电子膨胀阀，水泵变成电子水泵，不做传统汽车，做可以适应于电动汽车、混合动力、插电式燃料电池汽车的空调和热管理系统。

电动汽车空调热管理技术如何实现？

全世界都不明朗。

黄宁杰对张道才说，我们一定要把三花30年来积累的最先进的技术，变频和热工（工程热力学与传热学的简称）移到电动汽车空调上来。

张道才拍板，“就这个方向”。

在三花举办的研讨会上，受邀的中国汽车协会空调委员会秘书长和上汽、比亚迪等汽车厂商代表，都认为三花太冒险了。

当时主流技术路线是利用现有产业链，外加电加热器。当时电加热器的价格已经由1万元变成1000元。但黄宁杰判断，电池只有20度电，加热器就要用7度电，只是短期的过渡方案。变频技术、热泵技术，可以实现空调制冷制热，也能转接到电动汽车上。

因为黄的坚持，张道才虽然也有担心，但还是决定抢占先机，把所有资源都投入进去。

2016年底，黄宁杰又作了一个重要判断——今后电动汽车热泵变频空调冷媒是$CO_2$。这一判断和之前全球七大汽车厂家作出的选择都不相同，但张道才抱着对环保节能方向的坚定信念，立即拍板，将其变成了当时三花最重要的战略研发项目。

官网统计显示，目前三花的研发人员共计2000多人，未来能否提升研发人员占比？黄宁杰认为，这要看老板的决心。“如果他很保守，那我肯定也很保守，因为我要保证研发成功。要适应他的性格，如果他很开放，我也会很开放。”

在黄宁杰看来，做研发成功与否不单看有没有创新技术，这是次要的，最重要的是看有没有市场和机遇。之前有创新技术，没市场机遇，他投了反对票，现在天时地利也就是产业链和市场机会都来了，他就推翻了原来的选择。

“电动汽车冬天加热需要增加1500元的电加热器，如果二氧化碳系统能低于1500元，这个市场就有了。二氧化碳项目除了压缩机外，其他都是三花自己做的，三花自己就承担了一个产业链；《巴黎协定》一来，全世界都在动，如今的中国从上到下也都鼓动起来了。”

推动了两年的三花已占据先机。在国内，三花协同推动中国汽车工业协会成立了$CO_2$联盟，和上汽，东风一汽、长安成立联盟，推广热工变频空调；在国外，三花得到了联合国环境大会、全球B20这些平台的支持，大众、奔驰等主流汽车厂商也认可了这个方向。之后，就看三花的技术力量能否支撑产业，产品价格是否具有竞争力了。

## 寻找出路

展望未来新能源的方向，黄宁杰认为，欧美将发展混合动力，中国选择电动汽车，最终的技术路线还是日本的氢燃料电池。2018年，三花和清华北汽联合申请了科技部燃料电池项目，将于2022年上市。

孵化出来的新技术如何快速产业化？黄宁杰正在寻找出路。他手下的博士崔凯的探索只是三花技术产业化路径探索的一个缩影。

崔凯在找了一个从汽车行业出来的人担任他的生产部长之后，有了更多时间可以跑市场。“没有市场，就别当总经理了，一定要否决的。其他的加分项，第一个当然是研发。此外，内部管理一定要有一个贤内助，一个人不能够全干了。”

黄宁杰在搭班子上很有一套，他评价崔凯：“我原来挑中他，是因为他敢闯敢干，市场和研发抓得都很好，但他内部管理不够好，所以我一直跟他说要找一个‘贤内助’。”

在黄宁杰看来，十年之后的三花将超过千亿市值规模。因为三花的每个产业都是创新驱动，极具市场前景。几大主打产品尚有两三倍的增长空间，而新兴产品的发展空间更是无可估量。目前三花的瓶颈在于，资本运作不够多元化，研究院研发机制亟待完善。只有突破了这两点，才能保障源源不断孵化出有前瞻性、有市场前景的大产业。

三花已经有创新技术了，但是品牌没有打出去，在社会知名度方面有欠缺。黄宁杰加入三花后，三花开始重新进入各类行业协会和组织。“我们现在参加国际能效联盟，通过联盟能直接制定联合国能效标准，标准是驱动整个行业的动力，如果我们能制定高能效节能减排的标准，全世界都会跟着。”

在新能源汽车领域，除了产业和市场规模方面，中国在其他方面都落后于人，美国和欧洲都有标准，中国还没有认识到标准的重要性，而三花已经认识到了。“从没有标准到高标准，高效节能的技术就进去了，产品就进去了。”

作为美国空调协会控制阀门主席、中国汽车工业协会委员会首席专家、家电协会标准委员会副主任，黄宁杰正在带领三花进入国际社会，参与标准制定。

在全球清洁能源部长级会议上，黄宁杰提出倡议，如果所有的空调、电动汽车都使用热泵，碳排放量将减少70%。这样一来，三花的贡献就体现出来了。

黄宁杰是一个能看未来的人，他是三花的首席科学家。

几年前，当张道才选中他的时候，正是看到了他能看未来的特质。

# 驱动未来

“我每走一步，成功也好，失败也好，比较冷静，善于总结。对市场经济的认知，就是在一步一步的磨难中产生的。”

商业世界的每一刻都不会重演。

未来不会自行发生，未来需要建构共识。

三花即使在2007年将兰柯的四通阀业务并购后，已经在制冷配件领域做到全球技术第一、规模第一，但却依然面临技术研发能力弱的问题。直到成立了三花中央研究院，才开始实现由“成本领先”向“技术领先”的转型升级。

2004年，三花实现销售收入30.7亿元，利润1.8亿元，分别比10年前增长了30倍和18倍。

媒体的报道总会这样描述——自1984年立志创业，20年来张道才领导着浙江三花集团有限公司艰苦奋斗，励精图治，战略发展，创立了闻名海内外的“制冷部件王国”。在三花的产品系列中：冰箱用二位三通电磁阀全球市场占有率在85%以上，家用空调截止阀、四通换向阀销量全球第一，2002年销售额首次突破了16亿元。

2011年10月19日，三花控股集团召开第一届科技创新大会，重奖科技功臣

目前，为了公司进一步稳健、快速的发展，在培养了可靠的新一代管理者后，他完成了从管理者向战略经营家的战略性角色转变。他审时度势，高屋建瓴地勾画出了“百年三花”的新画卷——汽车零部件产业集团、光电信息产业集团、房地产和旅游房产产业集团正现雏形。

## 技术领先

2004年，就在众人都在为三花创业20年的辉煌业绩欢呼时，张道才却又在沉思新的挑战：三花只是以“成本领先”击败了国际竞争对手，但是还远远没有成为真正的行业巨头，三花必须以技术和品牌取胜，成为全球行业新的引领者。

张道才又提出新的战略目标：从“成本领先”走向“技术领先”。一方面将三花主业继续延伸发展与转型升级，推动技术创新、生产方式自动化改造和国际并购整合，巩固全球行业领军企业的地位；另一方面拓展战略新兴产业，包括投入电动汽车空调系统开发和绿色太阳能光热发电项目的发展，储备企业发展后劲；争取在10年后经济效益翻两番。

张道才反思多元化时曾说：

做大的想法要说没有，肯定也有。企业发展到一个阶段，想要通过多元化来做大，也是难免的。“专注领先”，也是这样在正反两个方面的实践经验和教训中才总结出来的。

四通阀上来以后，效益在2002～2003年突然猛涨，当时资金也宽裕一点。原来浙大搞了一个背投技术，当时液晶电视机还没出来。我们刚刚成立了投资部，企业有点资金，想继续发展，当时就把这个项目谈下来了。2002年投了6000万，花了一些精力，当时我们刚好给长虹空调配套，跟长虹的几个副总关系也比较好，就跟浙大的教授一起沟通做这个产品。当时长虹的副总王凤潮提醒过我，等离子、液晶这些新技术以后极有可能上来，替代背投技术。实际上，后来等离子、液晶上来了，背投肯定不行了。

跨行业投资成功率不高，当然我们还有一些小投资，几乎没有什么成功率。而主业越做越强，所以我总结了“专注领先”四个字。“专注领先”是通过实践总结出来的，花了代价，也作了很多尝试，也通过好多不成功的例子，还是总结得出结论：“专注”是我们发展的正确道路。还是自己这条路，脚踏实地，越走越深，越走越有奔头，越走越得到行业的尊重，必须要朝这个方向走。

新昌老乡张健，原来最早搞远程监控，办了家公司叫南望，浙江第一家做监控的，当时大华根本没有起来，海康也没有。后来他去买地，想挣快钱。最后银根一紧，地又盘不出去，就死掉了，破产重整。

当时他每天过来，坐在我前面的椅子上，给我讲故事，讲产业怎么怎么好，他又带了一些样品给我看。我看这个人是新昌老乡，也蛮老实的，又这么专注地搞这个产业，也蛮有前景的，所以就给他担保。其实这个产业确实是很好的，现在已经做成了海康威视、大华这样几个大公司。这也证明了张健当时不是专心做产品，而是想挣快钱，结果没有量力而行，企业死掉了。最后他破产的时候，我给他付了3亿担保款。这是一个大教训。我原来以为担保不是大问题，通过这个事情以后，我把所有担保都取消了，只和新昌新和成互相担保，其他的都取消掉。我们认为不可靠就取消了。

现在做并购项目，我和团队讲，不好的企业，和三花主业不搭界的企业一定不要去碰，但行业里面的也要小心，好的、有利润贡献的企业，并购来是没问题的。否则变成负担的话，精力也会分散。我们现在自己培养的产业、产品，后面发展后劲很大，不要去分散精力。所以我们自己的产品加快扩大市场份额，技术改造也加快了。

事实上，我们今天放宽历史的视野，就很容易发现张道才的逻辑——他渴望三花能够拥有更好的技术，能够找到一个技术驱动的未来。无论是在科特还是在南望的投资上，他首先看中的是技术。他希望做到“技术领先”，然后务实经营，取得市场客户的认可。

多年后，在经历了失败与复盘后，他意识到，光有“技术领先”是不够的，更需要专注，专注于产业的务实经营。

有人曾经问张道才，为什么你总能在战略上比别人多看一两步？根源在哪儿？

张道才说：“我每走一步，成功也好，失败也好，比较冷静，善于总结。对市场经济的认知，就是在一步一步的磨难中产生的。有些人可能会得意，或者比较安于现状，我可能这点还比较好。总结‘走对了下面该怎么走，走错了怎么矫正’还是蛮关键的。30年走下来，再苦再累也好，受到曲折也好，看准的东西比较牢固，有韧劲。”

张道才相信，自己“善于总结，善于学习，善于分析，善于再学习再提高”。他觉得“这个循环很重要”。当初搞多元化探索三花未来，他希望获得技术，也希望企业不断扩张、积累利润，但这一切都归结于寻找三花的未来。

## 专注领先

经过不断总结、学习、复盘之后，他知道三花的未来在于——“专注领先”。

“老老实实在你这个行业里面精益求精，不断追求做好这个品牌，这样的话你是常青的，你可以走50年、100年。只要你能够坚持，就有未来。当然这个产业要是淘汰了，那是两码事情。但是一般来讲产业选择有门道，我都是围绕着人类社会吃穿住行这样的基本需求展开的。”

“海康威视现在有4000亿元的市值。当时南望有很大机会，却盲目搞多元化投资把自己做死了。所以一定要做到极致专注，才有希望做到行业前一二位，才有生存发展的余地。”

“对一般无关的东西，我不太关心，我关心的还是行业本身，思考问题也比较专注。看到有关的东西就会兴奋，就会把它看完，就会去理解、分析，然后对照我们自己作比较。兴奋点就集中放到一个点上了，但是这个点上一个是产业、产品，一个是管理人才、经营理念。就在不断分析、思考、对照中，总结学习人家的优点。”

多年后，吕虎回忆往事，说自己从张道才身上学到最多的东西就是“决断”——

“当时有一些项目看起来很漂亮很美妙，最后几乎要签字了，主席想了一个晚上，就说不干了。2003年，佛山华鹭，一家日资企业，做家用空调控制器方面的产品，我们讨论要跟他们合资并购，谈了好几遍，基本上要签字了，他们又提出来一些要求，最后主席拍板说，算了，我们还是不做这个事情了。”

“当时我们住在佛山市政府的招待所，蛮豪华的，跟他们市长当面交流。我把对方的公司介绍PPT打印出来，像一本书一样，拿过去给老板，老板决定不收购。卢朝晖（时任三花控股投资部长）当时一惊，没什么大问题和大错啊。啪停掉，不干了，老板说走了，不做了。”

“很多东西没做成功不一定是你不好，或者说这个项目不好，而是时机不好或者技术路线不对。LED刚刚起来的时候，背投是主流，美国都是这样的电视，当时主席到处找专业的人来做，请了大电视机厂市场运营的人，也去请教长虹。2003年遇上等离子液晶，新的技术、新的市场需求出来，背投的技术路线没戏了，路就没了。科特后来也搞了一个新产品，投影机。他们讨论要做高清介绍片，那时候没有内容源，只能搞个DVD机接上去当放映机。前半部分是基础路线，后半部分太超前了。”吕虎说。

很多年来，人们一直在探讨“三花为什么”，甚至张道才自己也在反思这个“为什么”——很多与三花同时代的民营企业都倒在了昨日的路上，很多曾经喧嚣一时的公司都烟消云散，而三花依旧常青。它的逻辑是什么？

张道才说，其实很简单，一个是看准未来方向，始终和潮流共舞；一个是把好自己的灵魂，保证走到正确方向的彼岸，而三花的灵魂就是“管理、科技、人才”。

张道才给三花历史总结了四个字：“专注领先”。没有什么未来是芜杂的，只有领先才能走进“无人区”，只有专注才能在“无人区”创出一条路。

这就是三花30年来一直在探寻的那条“未来之路”，一条“少有人走的路”。

我将轻轻叹息，叙述这一切
许多许多年以后
林子里有两条路，我——
选择了行人稀少的那一条
它改变了我的一生

·丨附　录丨·

# 三花人物画像之陈金玉

三花上一任“财务大臣”名叫任金土，如今退休，颐养天年，接任他的人叫陈金玉。

“金玉”和“金土”，听上去都是能带来财富的名字。

陈金玉名字显富贵，不知道是不是因为这个好名字，他常常否定张道才，什么时候有机会，他就让张道才“过不去”。

别人都拍手称好的投资计划，张道才讲给陈金玉，陈金玉三言两语就能将令人兴奋的事贬得一无是处。他语速极快，似乎三花高管里没有语速比他更快的人。当他像举着机关枪一样说出自己的想法，张道才只能闭口不谈或另觅知音。不知张道才心里默念过多少次：这个说话不知道拐弯的人啊。同样，对于三花集团的任何产业或子公司，陈金玉不认可的，皆直接批评，针针见血，不留情面——老板都不怕得罪，他还害怕得罪谁呢？

让老板意兴阑珊，按理说，这种职场人士的事业道路应该颇不平顺。但他之所以还身居要职，多半是因为张道才习惯冷静下来，重新思考自己曾经做过，或者准备做的决策究竟是否符合三花的战略定位，常常在此阶段，他又会想去找那个给自己泼冷水的人聊聊。

所以陈金玉在夸老板上，自然比别人高一个层次。

夸老板明智，他不像别人一样夸老板有战略眼光、看产品如十环中靶

陈金玉在三花控股集团年度大会上作汇报

云云。他说："我们老板这个人有激情，因为创业期，决策会快一点，但是他能够总结自己，反思自己。虽然我们有一些大的项目失败了，但是老板在投资过程中懂得止损，等老板一反思，他觉得这个事情不对，那么谁再忽悠他也不会继续了。这就是老板的自我纠正能力，因为说到底，企业就得靠老板的性格，老板的学习能力。"说到能力，陈金玉顺势又夸深了一层，连带着夸了张道才的人品："他能自己否定自己，反过来说这也是他的人品，不像外面有些企业家总要下属听话，要树立自己的权威，别人越是反对他就越是要继续。"

从陈金玉观察人的角度也可看出他心思缜密，视角独特。他说看一个人的人品还是得看细节，比如他观察到，张道才会接所有的电话，广告与诈骗电话一律接听，脾气极好，在任何人都会不耐烦提前挂断电话的情况下，张道才不会，比如广告电话，张道才会将秘书的手机号告知对方，让对方找自己的秘书推销。

自然，在与下属交流时，张道才更是有耐心，“不像有些老板，你跟他去交流，讲两分钟他就不耐烦了，但张老板不会，如果他感兴趣的话，你讲的时候他还要做笔记，之后还要提醒你发资料给他看”。陈金玉说道，这也是张道才很快精通房地产生意的原因，能沉下心来慢慢学习，所以张道才很早就提出，三花的房地产业务要划分在金融板块，资本运作与管理方面张道才也是通过自己的学习和与人交流慢慢总结的经验。从2001年股改，2003年报材料，2005年IPO，2007年资产注入，2010年增发，2014年资产注入……每个过程，张道才都要求陈金玉把申报资料打印出来给自己看，而不是全部扔给中介机构。

陈金玉是2003年“非典时期”加入三花的。他有一个朋友，是张亚波的同学，通过这位朋友，他开始负责三花集团的财务管理，并参与在杭州的收购业务。此时正是三花多元化战略的头几年，投资动作频繁。

从机关事业单位到民企的摸索阶段，陈金玉最先体会到的差别是与银行的关系，从“找上门”到“贷款今天下午到期，钱去哪里找还不知道”。恰好是三花拿了下沙工业园等地块的时期，对外投资也在同步进行，资金紧张，陈金玉每天都在办公室外的各处周旋，他提到更早期任金土的艰难状况，“任总天天给人送土产，托关系”。

但让陈金玉安心于三花的因素，还是张道才。

摸索阶段体会到的除了张道才的宽容外，最重要的还是信任。“一般民营企业，你这个财务总监刚来，身边肯定有个亲戚类的人物，给你制衡着。”但是张道才没有这么做，陈金玉认为首先是因为张老板的人品，还有就是经历使然——张道才曾经也是新昌冷配厂的空降兵。

陈金玉习惯阅读，接受采访的那段时间他正在看的书是企业家郭鹤年的自传，对于企业多元化他有着自己的认知。他用郭鹤年举例：“华人圈任何一个企业家，在这个大环境里，企业发展到一定势头和阶段，都要走多元化的，我觉得这是企业发展的自然规律，很多企业都是这么走过来的。”

他认为人的管理能力是有边界的，有多少能力就能管多少的事，有些老板在企业倒闭之前，连自己有650亿的贷款都不清楚。他还用南皇创始人张健举例，“就是500万元的管理能力，20个亿的时候，他的能力就跟不上了啦，什么事都随手拿一张纸，咔咔咔一写放夹子里，过段时间看，一堆碎纸片，连个笔记本都没有”。

读书这件事并没有给陈金玉身上增添装腔作势的伪精英色彩。他极度务实，他从别人的故事里总结规律，构建、完善自己的实务投资方法论体系。他认为我们的很多探讨实际上都是在用理论推理论。比如三花在经历了多元化的局部投资失败之后，会不会导致之后的产业布局过于谨慎，以至于有错失机会的可能？

陈金玉用实际数据给出了否定的答案。他接手之后，每年的投资额度都比往年更大，并且接下来会有更大手笔。投资原则张道才已经制定得很清楚：第一有相关性，第二有前瞻性，第三要有三花能发挥优势的地方。

但陈金玉绝对不是一个热衷于风险的投资者。他天性谨慎多疑，如果会议室里出现了一个陌生身影，他是唯一一个一定要以最快速度弄清这个陌生人身份的人。他不喜欢“生态链”投资，认为这是制造业投资区别于其他企业投资的一点。你问他今年的投资计划，他立马回答：“投资千万不能讲计划，不能说今年一定要投多少亿。投资是缘分，有好项目就投，没有就不投。真正的对外投资，一年能搞一两个大项目，跟我们产业有很大合作的那种，就非常好了。”

张少波曾问他，你这个基金怎么到现在还不投？陈金玉的回答自然很难反驳："如果有好项目的话我肯定投嘛，否则的话，一地鸡毛。"

第四部分

# 敲开未来的门

从创立公司的第一天起，张道才就将人才作为公司的根本。他知道，拥有了人才就拥有了科技与管理，就拥有了未来。有些人拥有未来，在今天看来似乎命中注定，因为他们在混沌未开的时候，就清晰地看到了未来。

# “勿为浮云遮望眼”

有些人拥有未来，在今天看来似乎命中注定，因为他们在混沌未开的时候，就清晰地看到了未来。

2018年10月22日，《浙江日报》刊登了一封浙商来信：《张道才：勿为浮云遮望眼》。

企业家朋友们：

习近平总书记20日回信勉励广大民营企业家坚定发展信心，心无旁骛创新创造，踏踏实实办好企业。这给我们增添了无限的信心。

最近，三花也有不少好消息：刚刚在越南拿下200多亩地准备建厂，墨西哥、波兰等地的工厂也在扩建；世界上主要汽车品牌陆续跟三花签订战略合作协议，项目多到来不及做；美国要对三花产品加征关税，但经过争取，客户接受了共同承担关税成本进一步深化长远合作的方案……

这些好消息的到来，是三花始终坚持深耕绿色节能和智能化控制领域的结果。不管大环境怎么变化，三花始终朝着“绿色环境智能控制领域的引领者”

这个目标努力。我想，专注是三花稳健发展的重要原因。

我也注意到，2018年以来由于宏观环境的一些变化，不少企业感觉到经营困难——增长方式不行，成本优势不再，增长速度下来了，人口红利消失了……的确有一股悲观情绪在弥漫。很多人一看情况不好，觉得什么都不行了，这种预期相互传染，悲观情绪就会占主导地位，导致很多企业家开始迷茫。

回想1984年，三花创业之初，那时候对什么是企业、什么是市场经济一概不知。那些日子，也会有迷茫，但心中未曾有过退缩，更没有恐慌。因为我们这一代人，什么困难没见过呢？改革开放之后，才有机会创办企业，改变人生。所以，我们对国家的未来始终抱有信心。

现在的困难不会比当年更大，但是面临的形势的确更复杂。越是形势复杂，企业家越要头脑清醒，不要人云亦云。困难是困难，但经验告诉我们，越是困难的时候越要注意保持定力，保持信心。在很多人都不看好的时候，把未来谋划清楚；在很多人都说不行的时候，找准方向，勇敢地去做起来！

风物长宜放眼量，勿为浮云遮望眼。万向创始人鲁冠球主席还在世的时候，我和他几乎每年都有一次深度交流。他在将近20年前就下定决心要造新能源汽车，并放过狠话："我会把万向挣到的每一分钱都用来制造电动汽车。"对他的这种眼光和定力，我非常钦佩。

大概10年前，三花决定布局新能源汽车热管理领域。当时我们看到，汽车进入千家万户后，尾气排放会成为大问题，新能源车是大势所趋。10多年来，三花在这一领域持续投资数十亿元。我常跟三花人讲，认准的方向，不仅要投，还要大投！

三花从一家公社农机修配厂成长为行业领先的跨国企业，伴随的是中国经济深度融入世界的历史性进程，是这个时代成就了我们。我们也应当把个人发展、企业发展与国家发展牢牢结合在一起，为中国经济在国际舞台创造第一流的竞争力作出更多贡献！

能力越大，责任越大，这是企业家应有的理想、信仰和情怀。让我们一起来努力！

三花控股集团董事局主席 张道才

这是对改革开放40周年的一次致敬。张道才用一封来信的形式，诠释了“浙商精神”。

在理论界和新闻界，浙商精神素有“四千精神”和“新四千精神”的总结。

“四千精神”，即“历经千辛万苦，说尽千言万语，走遍千山万水，想尽千方百计”，是第一代浙商群体在改革开放之初为了实现脱贫致富的目标，走南闯北勇于吃“第一只螃蟹”，白天当老板、晚上睡地板，什么脏活、苦活、累活都肯干的真实写照。以这样的“四千精神”，浙商群体终于在中国工商界开辟出了一片新天地，成为中国商业文明重要的缔造者和建设者。

“新四千精神”，即“千方百计提升品牌，千方百计保持市场，千方百计自主创新，千方百计改善管理”，是浙商群体面对全球金融危机冲击和经济转型升级的挑战，以创业创新为核心，是对老“四千精神”的与时俱进和精神升华。2009年6月，《浙江日报》刊发专门评论，指出从“四千精神”到“新四千精神”，表明浙江精神自强不息、百折不挠，在金融危机的磨炼中越加成熟，是浙江经济转型升级、可持续发展的新“引擎”。

张道才，是诠释“浙商精神”的代表。

张道才在1984年创立了三花。他在经营实践中意识到，管理、科技、人才，是一家制造企业赖以成长的根基。他从创立公司的第一天起，就将人才作为公司的根本。他知道，拥有了人才就拥有了科技与管理，就拥有了未来。

有些人拥有未来，在今天看来似乎命中注定，因为他们在混沌未开的时候，就清晰地看到了未来。

# 新昌青年

为了延续张氏家族的香火，三虚岁时他被送到离雪头村不远的细心坑村，认嫡亲舅舅为父，成为张氏第三十三世孙，取名张道才。

## 全国面积第四小的省

在中国的浙江省，从钱塘江再往南走出不远，就进入起伏不定的大片丘陵山地。“九山半水半分田”，不止一个城市或乡镇会用这句话来形容自己生长的土地的自然条件。接下来总有“但是”——

但是，精明又勤快的浙江人懂得穷则思变。地形崎岖，交通不便，他们就发展海上贸易；耕地稀少，他们就削平山头，种植梯田。

7000多年前，河姆渡先民到达浙江，他们的长相接近于澳大利亚-尼格罗人种。当时的他们已经将水稻作为农作物，收割、储存，并使用榫卯结构建造防潮的木屋。

5300多年前，浙北平原的良渚先民在用水稻解决温饱之后，已经缫丝织衣，使用玉器。

3000多年前，这片土地已经开始炼铜并铸造青铜器皿。

1949年后，浙江是海防前线，与国家经济工业布局无缘。整整25年，全国范围内，国有固定资产投资额，浙江省最少。九山半水半分田，那半分田的具体数字是0.68亩/人，人均耕地的水平还不及全国平均水平的一半。

国有工业基础、改革开放的政策扶持，浙江省仿佛全都无法触及。但就是在这样的条件下，商品经济浪潮来袭，浙江大大小小的乡镇企业，在这个全国面积第四小的省区，为全球一半的人生产领带，为全球三分之一的人生产袜子，为全球四分之一的人生产喝饮料的吸管。

直至今日，浙江省的富饶程度已不需要用更多数字来证明。

人们搞不清楚，争论不休：到底是这样的地理环境，逼迫一代代浙江人以商为业，还是如自我决定论，浙江人天生就拥有商业头脑？

## 新昌为什么能

让我们将这全国面积第四小的省区地图放大，将视线聚焦到浙江东部，绍兴市下辖的新昌县。

这里面积仅1213平方千米，2010年人口数量为435000。下辖16个乡镇（街道），415个行政村。新昌县政府门户网站用“八山半水分半田”来介绍新昌的地貌特征——比起浙江省大部分地区的“九山半水半分田”来，新昌的“分半田”算是难得的宽裕，虽然仍低于全省平均20%的平原面积。

就是这样一个看起来平淡无奇的县城，用了11年时间，实现了从全省次贫县到全国百强县的跨越，诞生了10家主板上市企业，总市值最高时达到1700亿元，低时也有1100亿，虽然上市公司数量少于诸暨和绍兴柯桥，但市值远远超过前两者，三花、万丰、新和成是其中代表，被称为新昌县的三驾马车：新和成市值最高时超过510亿元，三花接近过500亿元，万丰达到过440亿元。

把新昌县划分为东西两片的话，西片地区田地相对较多，东片地区可耕种田地较少。新昌县有领导通过观察发现，西片地区除了出了一个浙江医药的董事长，就再也没出什么大的企业家，而新昌县的大企业主们，绝大部分都出生在历史上群众生活更为贫困、忍饥挨饿状况更为严重的东片地区，比如张道才出生的巧英乡，就是有名的贫困山区，90%以上的土地都是山。

“这说明一个道理，条件好容易使人不思进取，条件差就只能靠拼搏改变命运。我们从20世纪80年代末90年代初的全省次贫县变成现在的小康县，实现了历史性的跨越，就是因为穷。这个问题怎么看呢？我的理解是穷则思变，改变命运的动力更加强，政企双方一直高度重视、配合，想要拔掉这个穷根。八山半水分半田，饭都吃不饱，就得首先解决温饱问题。温饱问题比较好的解决办法就是做工业经济。一穷二白，没任何基础，我们就靠思想，靠精神。”新昌县领导如此解释后来被称为“新昌现象”的根源。

新昌，这就是张道才成长与建立事业的地方。对于上述问题，他给出了肯定的答案：每个人的聪明才智都差不多，而政策与环境因素也差不多，关键是你对这些因素的把握，能否不断去努力拼搏，追求自己的梦想。

## 相伴一生的爱好

1950年4月5日，在新昌县东部巧英乡下雪头村，中国一个真正穷乡僻壤的农村山沟里，张道才出生了，排行老三。为了延续张氏家族的香火，三虚岁时他被送到离雪头村不远的细心坑村，认嫡亲舅舅为父，成为张氏第三十三世孙，取名张道才。道才二字来自张氏排行“道”字辈与生父家族的排行“财”字辈的组合。

张道才的到来让本就开朗幽默的养父张贵金更加高兴，张贵金喜欢唱家乡的地方戏绍剧，在村里业余剧团先唱老生，后唱花脸。张道才小时候不仅听，也跟着学唱，在村里剧团上过舞台。他后来痴迷京剧，应该与童年时期对戏曲的耳濡目染不无关系。

可以说，这个从民间走到城市，又从城市走向皇宫的艺术形式成了张道才相伴一生的兴趣爱好。他尊重京剧演员，每次看演出都坚持买票，并带着亲戚朋友一起去看，同时希望别人也喜欢京剧。他经常在繁忙的行程里增加一趟飞行，只为听他喜欢的演出，听完即飞走。他结交的几位著名京剧表演艺术家，包括“老生第一人”于魁智、梅派第三代传人李胜素、老旦名家赵葆秀等，都对他的品位赞不绝口，认为他绝不是附庸风雅，而是从心底里尊重京剧表演者。在谈起张道才时，他们不约而同地用了一个词：儒商。他们认为他注重文化修养，尤其是在中国的传统文化国粹京剧方面，在做企业这件事上，必然也是个注重企业文化和精神情怀的企业家。有一年《同一首歌》节目组应三花之邀来到新昌演出，张道才坚持打破常规，请于魁智、李胜素、赵葆秀、孟广禄四位京剧表演艺术家加入《同一首歌》节目单，上台演出。

张道才生父董保兴、生母张仕香

“张道才是真的懂戏。有很多的企业家、票友，说实话，京剧就只是他们的个人爱好，未必内行。但张道才手机里头全是戏，跟我们探讨京剧流派什么的，这些他都懂。”京剧表演艺术家于魁智如此评价。国家一级京剧演员赵葆秀说：“有共同素质的人才能成为朋友，京剧的两股气，底气和静气，张道才都有。这位民族企业家身上有难得的清醒，太清醒了。”

但一个20世纪50年代初出生的人，必然不会只有戏曲艺术带来的欢乐。饥

张道才与著名京剧表演艺术家孟广禄（右）、杨赤（左）

张道才与著名表演艺术家焦晃

张道才和著名京剧表演艺术家叶少兰

张道才与著名京剧表演艺术家于魁智（左一）、李胜素（左二）、赵葆秀（右一）

饿感，这种张道才的后代再也不能真切感受到的痛苦，在张道才的童年和少年时代刻骨铭心。饥饿感虽催人奋进，但却没有丝毫文学作品里的美感 它通常意味着绝望。

## 短暂的教师生涯

养父张贵金曾有几亩薄田和几块虽然绿意盎然却难以耕种的山地。土地改革时他被划为下中农，当时张道才7岁。有几年，人们开始饿肚子。张道才去食堂打饭，不小心弄丢了粮票，便只能挨饿，甚至吃喂驴的菜籽饼。

初中未上完，张道才便跟着父母在生产队劳动。农民的孩子学种日，不知

早期张道才与家人的合照。第二排左起为张道才的养母俞唐娥、养父张贵金、岳父俞小塘；前排左一为张少波，左二为张亚波

道改变命运的那扇门在哪里，也不知道改变命运的钟声将在何时敲响。

1969年，刚刚高中毕业的张道才成了细心坑村村办小学的教师，担任三四年级的班主任，工资每月23元。张道才较少谈论这段短暂的教师生涯，外人猜测他身上的儒雅气质与曾任教职有关，但更为重要的是，一个少不更事的年轻人在理应汲取知识的阶段被剥夺了获取知识的权利，在他尚未准备好的时候，命运又让他教授别的孩子基础知识和启蒙道理。显而易见，这多少成为张道才在后期做企业时渴求人才的因素之一，不仅求贤若渴，而且对富有专业技能和知识的人才极其敬重；更重要的是，还将其视作企业立稳脚跟的关键。

## 一个能人的出场

"那是我一生中感觉最好的时候，因为之前我一直只是以工分制创业的穷小子，现在一下子给了这么高的待遇，人走出去，胸都挺起来，人都好像高了几公分。"

1974年下半年，时任莒根公社农机厂厂长王苗法向莒根公社党委书记王相铨推荐张道才，并由王相铨出面做张道才的工作，使本在细心坑小学教书的张道才成为莒根农机厂的一名业务员。他的第一个任务是跟着上级去江西采购机床等设备。在那之后，他只身一人出差陕西宝鸡和河南开封。那是张道才第一次出远门，为的是推销农机厂的产品。

呼啸的寒风没有给张道才带来业务，带来的是急性的支气管扩张与咳出的鲜血。张道才身体底子不大好，当时还很瘦，拿到订单后在当地小医院看病，打针吃药都不见效，只好赶火车去上海。在上海医治好后，他立即转战安徽芜湖，为厂里谈下一个为芜湖制冷厂生产加工五金件的订单。

年轻人凭着一腔热血和冲劲儿拿下的生意，却被厂里的各种狭隘思考泼了冷水。这个打击也许让涉世未深的年轻人意识到，农机厂并不是他这种想做事的人可以待的地方。

## 古庙里初创业

张道才最早独立创业是在老家细心坑的灵龟庙里。这座叫“灵龟庙”的古庙，坐落在一片参天的古枫林旁，庙内的菩萨早在“破四旧”时给毁掉了，其时已成了一座空庙，加上年久失修，一幅斑驳陆离、蛛网悬梁的寂寥景象，农人们只用它来堆放犁耙谷物。

那时正值20世纪70年代中期，“斗斗闹闹”的做法还没有最后拉上帷幕，空气中仍散发着刺鼻的“火药味”，外面世界那刚刚萌发的“经济意识”根本不可能传到这山窝里来。当初介绍张道才来农机厂工作的公社书记王相铨，一直看好张道才。在王相铨的鼓动和协调下，张道才回到村里，与细心坑大队及当地20来个农民一起，在这古老的灵龟庙里办起了一家名叫“红星农机厂”的小五金加工厂，为陕西宝鸡一家拖拉机厂生产加工一些小型的螺丝螺帽。当时这小五金加工厂与那个时代的反差，就像那座古庙本身跟里面放置着的洋玩意一样，极不协调和相称。庄稼人看着这些叫什么车、什么钻、什么床的家伙，更是一脸迷茫。对此，有寄予希望的，也有等待观望的，还有等着看“好戏”的，各种各样的议论更是此起彼伏。而那时的张道才却正处在“上有老下有小”的人生最繁忙的阶段。

这是张道才早期创业的起点——位于莒根公社细心坑大队灵龟庙的“红星农机厂”

为了全力经营好这家小五金加工厂，张道才成了走南闯北的“江湖人”，将侍奉年迈的父母、抚育幼小的儿子等等重任扔给了妻子。平时难得回家一次，还要将各种各样的客人径直往家里带，妻子只得丢下哇哇直哭的儿子，操起“马大嫂”（买汰烧）的家伙什儿。每当此时，他常有怜悯之心从心头掠过，可一想到小五金加工厂，检验产品质量、拓宽销售渠道、采购原材料、洽谈业务等等，又不得不舍小家为大家。家，无疑成了他的过路饭店和旅馆。

而当时，小五金加工厂的经营权却掌握在支部书记、大队长这些人手里，张道才只负责工厂的具体工作，加之偏僻山村不通公路，材料、设备、产品等等都得靠人力抬。在如此的环境和条件下，张道才居然还能从宁波请来两位师傅负责小五金加工厂的技术工作。

可喜的是，短短几年时间，小五金加工厂的年利润居然做到了6000元左右，而当时一个民办教师的月薪是23元。这利润无疑是村里最大的一笔可支配集体经济，对一个穷山沟里的小村庄来说，这已经创造了一个不小的奇迹。

这算得上是张道才的第一次创业，他初次显露了自己重视人才的企业家特质，并感受到了做生意是怎么回事。用他自己的话说，“培养了对市场的敏感性”。

但这个时期的创业主体毕竟不属于创业者个人，支部书记、大队长、细心坑大队的权力掌控着这一切，这对一个真正做实事、二十多岁的小伙子来讲，充满种种压力、重重限制。

张道才想改变环境，难于登天。

## 穷小子走出大山

1978年，党的十一届三中全会召开，提出全党工作重心转移到“以经济建设为中心”的轨道上来，实行改革开放，打开了尘封已久的国门。这之后，中美建交，计划生育酝酿讨论，农村联产承包责任制试水，知青返城，长途运输兴起，合资企业的法令颁布。开放的开端，繁荣的伏笔，浓浓的春意开始在中国大地上荡漾开来。

这一年，号召“社队企业要有一个大发展”。适逢新昌长诏水库建成，县里计划在西郊公社境内建设一座第四级水力发电站，又将新昌汽车站从老城区迁至西郊公社王家斗村对面。1977年7月至1980年5月，时任西郊公社党委书记、管委会主任的莫樟贵，敏锐地抓住这个极为有利的机遇，召开党委扩大会议，研究了西郊公社骨干企业的发展问题。当时西郊公社农机厂没有一个“落脚地”，厂址借用下礼泉大队预制场的场地。莫樟贵就把公社预制场在下礼泉的3亩地基调整给农机厂，将预制场搬迁到王家斗村，从此使农机厂有了一个落脚点和可供扩展的场地。

社办企业有了“落脚地”，但农机厂已12年徘徊不前，到1978年还亏损4000元。企业发展迫切需要人才，莫樟贵就委托在新昌县喷灌机厂的朋友陈伯铭师傅为农机厂推荐一位供销人才。于是，与张道才打了多年交道的陈伯铭把张道才推荐给了莫樟贵。

陈伯铭很了解张道才，从1974年起，张道才在乡、村农机厂跑业务，至1979年已在市场上摸爬滚打了6个年头，也为喷灌机厂帮了很多忙，帮他购买了大批铝锭，从西安、宝鸡等地运回新昌。那时是计划经济时期，分配工业原材料要靠计划指标，只有国营大企业才能分得到，县级企业是很难分配到的。陈伯铭知道张道才是一个会办事、又踏实能干的人，所以把这位年轻人推荐给了莫樟贵。莫樟贵办事魄力大，非常看重人才，于是在1979年10月把张道才作为“引进人才”聘为西郊农机厂供销科科长。这一年，张道才虚岁30，正是三十而立的年华。

为了引进张道才，莫樟贵与时任公社副书记、管委会副主任的杨玉昌等领导商议，给张道才开了每月80元的工资，外加25元出差补贴，而当时西郊农机厂的厂长月薪却只有张道才的一半。虽说是西郊公社的骨干企业，但农机厂既无自己的产品，也已连续亏损多年。

被重用的张道才多年以后回忆，“那是我一生中感觉最好的时候，因为之前我一直只是以工分制创业的穷小子，现在一下子给了这么高的待遇，人走出去，胸都挺起来，人都好像高了几公分。”但同时张道才也深知，“人家的钱不是白给的，可见压力也很大，要是做不出业绩，什么都不用说了”。如果说以前不辞辛苦跑业务靠的是精神，那么现在又多了一份责任，要考虑这个农机修配厂以后做什么产品，路往何处走的问题。

## 在新天地里大显身手

当时为厂里争取的第一笔订单价格4000多元，是为陕西宝鸡叉车厂提供配件。这笔“巨额”订单在西郊公社属于轰动事件。自然，背后的辛苦何止是挤挤长途汽车与火车硬座。一个普通话不标准的南方人去北方跑业务，非亲历者永远难以体会这到底需要冲破多少障碍。“当时，我认为有这种机会给我，我从农村可以走出来，能够去打拼，感觉再苦也是福祉，再苦也是甜的。有这种激情，有创业的精神！”张道才说。

销售人员拿下订单，这不代表工厂就有能力生产。从这时起，张道才再次意识到了主动出击抓市场商机、创造条件把业务做起来的紧迫。当时，他看到商机，提出农机厂应该转型做冰箱里的制冷配件。

农村实行了联产承包责任制，使原本吃“大锅饭”、干活“磨洋工”的农民意识到，一年只有365天，得先把自家的田地种好了。然而，焕发了种田积极性的农民在效率迅速提升之后，紧接而来的就是劳动力过剩。于是，人们开始搞多种经营，马路边开始有了“马路饭店”。人们切实感觉到，计划经济正缓慢过渡，更有活力的东西正慢慢到来。

正是在这种转变中，张道才判断制冷配件是市场紧缺产品。厂里采纳了他的提议，农机厂转型做制冷零部件的机会由此到来。“马路饭店”需要厨房冰箱来冷冻肉和鱼，而厨房冰箱最简单的零部件是冰箱铰链：一个叶子一个锁，所有铜匠只需投入一只炉子的成本就可制作。

计划经济时期，全国的厨房冰箱生产经营主要由商业部下属的多家商业机械厂生产，简称“商机厂”。改革开放后，上海、江苏的乡镇企业，也开始进入全国各地的厨房冰箱市场。张道才又从陕西西安拿到了一笔几万元的订单。很快，很多冰箱铰链订单也由张道才带回。转型当年，厂里就实现了7.09万元的产值，不仅扭亏为盈，还实现了2.5万元的利润。接下来，江西商业机械厂、广州冷冻机厂、武汉冷冻机厂、上海制冷设备厂、宁波冷冻机厂、江苏泰州商机厂、衡阳商机厂、湖南医疗器械厂、上海环球冷冻机厂……接踵而至的订单验证了张道才的判断，虽然制造能力不算突出，但一款产品一旦在市场上供不应求，西郊农机厂也有机会在市场上取得一席之地。

这是张道才的1979，他在新天地里大显身手，推动了农机厂转型为西郊制冷配件厂，而且在当年就让所有人看到了转型后的活力，扭亏为盈就是最好的证明。

## 突破困局

在新昌，地方国营企业有柴油机厂、轴承厂、喷灌机厂、制药厂等。柴油机厂的前身南明机械厂生产经营制冷设备、膨胀阀、扳手等产品。西郊制冷配件厂的崛起就从对南明机械厂的模仿开始，而南明的逐渐式微，也正是从西郊制冷配件厂也就是后来的三花站稳脚跟开始。

制冷配件里的膨胀阀和截止阀，在20世纪80年代的中国，只有两家工厂生产得出来：上海恒温控制器厂和南明机械厂。其中膨胀阀是制冷系统中的一个重要部件，它能使中温高压的液体制冷剂通过其节流成为低温低压的湿蒸汽，然后制冷剂在蒸发器中吸收热量达到制冷效果，通过蒸发器末端的过热度变化来控制阀门流量。膨胀阀由阀体、感温包、平衡管三部分组成，是制冷系统四大部件之一。

用张道才自己的话说，膨胀阀虽然小，但它在整个系统里是个“大件”了，定位上是个核心产品；没有膨胀阀，制冷系统的四大部件就不完整。

南明机械厂在浙江新昌，上海恒温控制器厂在上海离人民广场不远的一个弄堂里。这两家工厂是计划经济年代国家机械部的定点企业，也只有他们可以参加机械部的会议，民营企业在计划经济末期还无法进入这个“圈子”，国家在计划内分配原材料，一般企业拿不到钢、铜的分配指标。

当各地的需求方争相向这两家采购膨胀阀时，常常需要用铜材的指标换取采购机会。在张道才经常跑业务的西安，膨胀阀更是属于稀缺商品。

他从南明机械厂买来膨胀阀产品做研究，开始在厂里开发这种产品。通过董伯舒的介绍，张道才从嵊县请来了老师傅陈祖培、周嘉霖，从奉化请来了董善根，与厂里的技术人员王明生、王长生一起研究开发。

董伯舒被张道才称为自己的创业启蒙老师，是张道才出生地的老乡，也是当地的文化人，在张道才读高中的时候就彼此认识和交往。后来张道才去河南开封跑业务，董先生给开封一个肉类冷冻机厂写信介绍张道才。那时张道才还没怎么出过远门，跑供销没什么门路，开封当时零下十几摄氏度的天气，他在一个旧宾馆里住了几天，拿到了一点螺丝螺帽的订单。

判断膨胀阀的稀缺性并不像如今成熟的市场环境下那样复杂。当时南明机械厂周围长时间住着全国各地的采购人员，想要买膨胀阀。他们带着支票和电解铜指标，来到新昌住下来，目的就是排队买到东西。但就算如此折腾，最后膨胀阀能不能到手也还是个未知数。

可以说，这是个人人尽知的市场机会。但似乎没有人觉得可以做些什么，连南明机械厂也毫无防人之心，哪怕这层技术壁垒并不坚固。

一次偶然的机会，张道才跟着几个工业局的朋友去南明机械厂参观。中午吃饭时间，车间空无一人，生产线上端是装配，下端是加工，装配旁边就放着膨胀阀的样本册。当时西郊制冷配件厂已完成了膨胀阀的开发。朋友问张道才想不想要这个样本，张道才自然不拒绝，拿回去后还把样本上的“南明”两个字用白色纸条覆盖，改成了“西郊制冷配件厂”的名字，然后就拿出去当作自己厂里的样本给客户，推销当时自己已经开发出来的产品。

后来南明机械厂的人发现了西郊制冷配件厂用的样本其实是自家东西，层层告状，告到了工业局。当时新昌的县委书记王贤芳思想开放，富有创新精神，在新昌任职之前是浙江温州的组织部领导。他是新昌公认的改革开放、经济发展的大功臣，直到现在新昌人民还会怀念他。王贤芳当时一以贯之的想法是：新昌县这个地方没有什么地域优势，一无农田资源，二无靠海的地理优势，要想让寻常百姓富起来，必须大力发展乡镇企业。

如此一来，本应强势的国营企业南明机械厂反而被王书记教导：一个乡办企业的农机厂，能够仿制你们的产品已经很不容易了，你还要弄他们?

在开放的新思潮的帮扶下，张道才带着西郊制冷配件厂不断扩充自己的产品种类：铰链、膨胀阀、截止阀、电磁阀、手动阀。艰难向前，张道才也成了副厂长。

# 时间开始了

"'开拓进取和培育人才，永不停步开发新产品'，这是我现段时间已定之决策，我一生所欲望企业的未来，以'产品质量领先，以产品应变来取胜。'"

## 三花元年

筚路蓝缕的创业阶段告一段落，1984年8月28日，张道才被任命为新昌制冷配件厂厂长。

这一年张道才虚岁35。我们无法得知一向喜怒不形于色的他是否兴奋到雀跃，尽管在后来这一年被定义为三花集团的元年。但我们查阅历史可以知道，1984，改革开放的第6年，有许多足够激动人心的时刻。

这一年共和国成立35周年，邓小平在国庆那天阅兵，游行队伍中北大学生举的横幅，正是那句"小平，您好"。

19天之后，中共十二届三中全会讨论通过《中共中央关于经济体制改革的决定》，它阐明了加快以城市为重点的整个经济体制改革的必要性、紧迫性，规定了改革的方向、性质、任务和基本方针政策，强调了增强企业活力，发展社会主义商品经济，政企分开等重大问题。邓小平说："这次经济体制改革的文件好。""我的印象是写出了一个政治经济学的初稿，是马克思主义基本原理和中国社会主义实践相结合的政治经济学。"

1月，邓小平来到广东，肯定了深圳、珠海特区的经验。他题词说："深圳的发展和经验证明，我们建立经济特区的政策是正确的。"回北京后他立即提出开放14个沿海城市。

6月30日，邓小平在会见第二次中日民间人士会议日方委员会代表团时说："社会主义要消灭贫穷。贫穷不是社会主义，更不是共产主义。社会主义的优越性就是要逐步发展生产力，逐步改善人民的物质、文化生活。"

"计算机普及要从娃娃抓起"也是邓小平在1984年参观上海展览馆举办的十年科技成果展时，摸着演示计算机的学生李劲的头说的。李劲后来在清华大学读了博士，成为微软亚洲研究院的研究员。邓小平还为《经济参考报》题词"开发信息资源，服务四化建设"。

1984年对很多企业和包括张道才在内的企业家来说，都是值得铭记的。

1984年，张瑞敏成为青岛冰箱厂厂长；柳传志下海；鲁冠球聚焦万向节单一产品；而张道才视之为榜样的日本松下电器创始人松下幸之助的生意初入中国大陆；北京天桥百货股份有限公司率先开始实行一系列股份制改造工作，以每股100元人民币的价格，由工商银行代理分期发行，总计1000万元，成为中国第一家股份制公司；上海飞乐音响股份有限公司创立，成为新中国第一家股份制上市公司。

1984年，中共新昌县委书记王贤芳(右)来冷配厂调研

这一切的一切之前不久，王贤芳面对南明机械厂状告张道才"冒牌样本"的诉状，站在了乡镇小企

业这边，亲手保护了尚在襁褓里的三花——西郊制冷配件厂。

这一切的一切的30年后，《邓小平时代》出版，张道才仔细阅读了那本书里的每一句话。

## “女婿”与“儿子”之争

关于选张道才当厂长这个决定，多年后西郊公社党委书记、管委会主任杨玉昌回忆起自己职业生涯时是这么说的：“我担任这个职位没有失职，我做了我应该做的事。如果不选张道才做厂长，那我就是失职了，我对不起西郊一万多人。乡镇企业那时候喜欢过安稳日子，不求发展，但张道才他不局限于小发展，他要大发展。”

最初杨玉昌担心留不住张道才这个能人，他还把张一家四口的户口也迁到西郊乡，划拨一块地、一块责任田让其安家落户。

但这并不是一个人的草率决定。1984年5月9日至11日，为了贯彻中共中央、国务院转发的《关于开创社队企业新局面的报告》，将发展乡镇企业列入重要议事日程，新昌县委和县政府召开了全县乡镇企业工作会议，出台了《关于加快乡镇企业发展的若干问题》，制定了一系列优惠措施和政策。

3个多月之后，8月28日，新昌县西郊乡的党委会上，杨玉昌提出任命张道才担任厂长的提议，陈庆阳等党委领导一起研究通过了新昌制冷配件厂的领导班子，下发文件，张道才任厂长，并签订了5年的承包合同。

但并不是所有人都同意让张道才一个外来人当厂长。西郊人重用外地人，这简直是重用了女婿，轻待了儿子。原来的冷配厂厂长是本地人，调整岗位后成为党支部书记。他本人不愿意接受这个组织决定，想要自立门户开办冷气机厂，还想把厂里的骨干带走。杨玉昌书记担心起矛盾，去找张道才谈话，意外的是张道才显示了自己的气量，他知晓后表示，只要他们愿意走，就走，全由自己选择。

一些企业骨干离开了，但是王德锋没有。多年后他回忆自己当时做决定时的考虑，非常务实。“人各有志，你只要在一个地方把事情做好就可以了，为什么要走来走去呢？而且当时厂里已经有了自己的产品和市场，我说我要跟张道才干的。不过那时候我也没想到张道才能把企业做到后来这么大。”

给予张道才支持的当地“一把手”还不止杨玉昌一位。1985年9月，一纸调令把时任新昌县西岭乡副乡长张长才调到西郊乡，担任乡长，1987年1月转任西郊乡党委书记，接了杨玉昌的班。张长才，张道才，名字听上去像两兄弟，实际上却完全没有亲戚关系。杨玉昌则调任大明市乡担任书记。临走时他还不放心，对张长才再三叮嘱，西郊乡没有多少工业基础，乡党委一定要支持好张道才，把冷配厂办好。杨玉昌还交了底牌：我之所以把冷配厂的承包合同一签5年，就是为了防止我调走了，新来的书记不支持张道才，所以签了5年合同，这5年里边总不能把张道才这个厂长换掉了的。

张长才听在耳边，记在心里。担任西岭乡副乡长时，他就知道了西郊乡有个能人厂长叫张道才。当时新昌县的说法是“富西岭，穷西郊”，1984年的工业产值，西岭乡有1500多万，而西郊乡只有120多万，因为西岭乡有很多工厂。作为“工业富乡”的副乡长，他的主要工作就是和各种各样的办厂事务打交道，熟悉经济工作，所以虽然与张道才还没有什么交集，却对他有着某种天然的好感。到了西郊乡后，张长才与张道才终于结缘了，这缘分一结就是几十年。张长才作风强势，同时更多了些风趣幽默，民间段子张口即来，讲道理做工作，让人十分受用。在西郊乡党委书记任上，张长才强调乡党委、政府班子要思想统一、团结一致，全力支持张道才和冷配厂的发展。他说：冷配厂是西郊乡的重点骨干企业，企业要发展，我们就要用好人才，乡党委、乡政府必须支持张道才的工作，这一点绝不能动摇。他表扬张道才思路清晰，有战略眼光，鼓励张道才重用人才，开展技术改造，还通俗地说“技术靠退休，机器靠换旧”。1992年，张长才调任新昌县城关镇镇长，而随着新昌县行政区域调整，冷配厂更名为“新昌制冷配件总厂”后，属于城关镇管辖，仍然是在张长才治下。张长才前后做了张道才和冷配厂12年的“父母官”，在他的坚持和支持下，冷配厂顺利实施了1985～1989年第一轮与1990～1994年第二轮厂长承包责任制，并启动和实施了股份合作制改造。

## 从“能人”到“企业家”

张道才当厂长，正好赶上了社队企业向乡镇企业的转型。

改革开放初期，社队企业对农村经济发展的重要作用已经被肯定，但受制于计划管制体制，只允许办集体企业，以至于产品在生产、流通、价格，人员在招聘、薪酬、利润分配等多方面受管制，社队企业还是很难放开手脚。1983年全国普遍推行家庭联产承包责任制时，社队企业总数已经减少到了134.64万个。

一份资料显示，1978年时全国社队两级企业还有152万个，平均每1924个农村人口就拥有一个社队企业，这些社队企业安置了农村劳动力2827万人，占农村劳动力总量的9.2%；社会总产值491亿元，占全社会总产值的比重为7.17%，占农村社会总产值的比重为24.10%。

徐丹之（左）与张道才在开会

1984年3月，中共中央转发《开创社队企业新局面的报告》，正式将社队企业更名为乡镇企业。这一变更也与上一年废除农村人民公社体制相符合。

可以说，张道才正好在乡镇企业发展的拐点当上了厂长。之后几

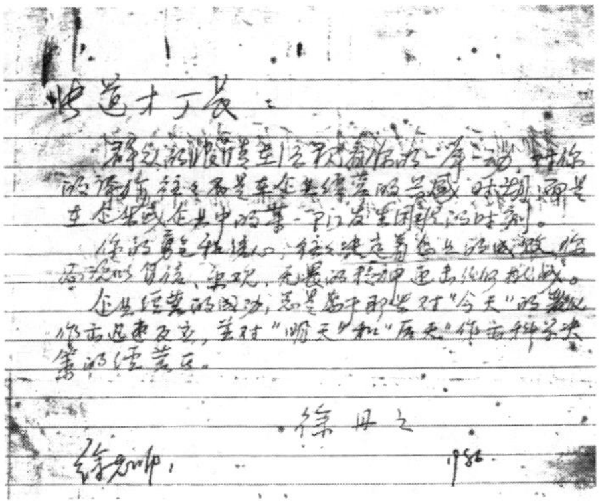
张道才厂长：
群众的眼睛在注视着你的一举一动，对你的评价往往不是在企业经营的兴盛时期，而是在企业或企业中的某一部门发生困难的时刻。
你的勇气和信心，往往决定着企业的成败，你必须以自信、乐观、无畏的精神迎击任何挑战。
企业经营的成功，总是属于那些对“今天”的变化作出迅速反应，并对“明天”和“后天”作出科学决策的经营者。
徐丹之

1986年3月，徐丹之写给张道才的信

年是乡镇企业发展的辉煌时期，乡镇企业成了农村经济的“半壁江山”。到1988年，乡镇企业总产值占全国社会总产值的比重达到24%，占农村社会总产值达到58%，1986～1988年农民净增收入中有一半以上来自乡镇企业。

很难用一个确定的时间，来定义张道才从一个“能人”到“企业家”的转型。但现在贴在新昌县三花历史展览厅里的两封信，能让我们探索张道才成长为一个企业家的初心。

张道才厂长：

群众的眼睛在注视着你的一举一动，对你的评价往往不是在企业经营的兴盛时期，而是在企业或企业中的某一部门发生困难的时刻。你的勇气和信心，往往决定着企业的成败，你必须以自信、乐观、无畏的精神迎击任何挑战。企业经营的成功，总是属于那些对“今天”的变化作出迅速反应，并对“明天”和“后天”作出科学决策的经营者。

这是徐丹之老先生在1986年所写的一封信。徐丹之先后任职新昌县人民政府、新昌县二轻工业局、计划经济委员会和乡镇企业局的干部。在写这封信之前，张道才的经营理念和办厂思路他都看在眼里。张道才对他的评价是“徐老师会计出身，水平很高，头脑清晰，对市场经济、企业管理都有自己的理解”。

1986年张道才登门拜访徐先生，邀请徐丹之为配件厂上管理培训与企业文化课。而这封信其实是二人当年在绍兴开会，同住一屋时徐丹之递给张道才的一张纸条。当时冷配厂的经营遇到了点问题，新昌小山城内也议论纷纷，徐丹之看在眼里，急在心里，就想到用这种方式给张道才鼓励和提醒。徐老先生肯定想不到，当年自己的一张表达重视与鼓励的纸条，被张道才珍视至今。

张道才肯定是感激这封短信的，因为从他的回信可以看出，当时的他胸中早已有千军万马呼之欲出，只是难得有对象可表达。

徐老先生：

谢谢你对我的信任和启发，世界万物在不断地运行着，变化着，但随着社会形势之变，企业的兴衰起落在我的心目中是毫无奇怪的事！但值得注意的是“兴不自满，衰不失望”，这是永远不能忘记之语，也是事业成失的分界线。“开拓进取和培育人才，永不停步开发新产品”，这是我现段时间已定之决策，我一生所欲望企业的未来，以“产品质量领先，以产品应变来取胜”，使我们的产品争创第一，打出世界！我自信我有坚定的意志和勇气，在困难间必须以冷静头脑重视对策！越是在困难的时候，越要有拼搏精神，来带动或启发我的下属，把我所定的方针、目标、任务、措施，使他们共感兴趣，有一个共同的进取精神来拼搏奋斗！那事业就必定会成功，理想也必定能实现。

回这封信的1986年，张道才37岁，上任厂长两年。他有无数的道路与信念可以选择，他可以稳中求生，发财致富，享受生活。张道才选择了最艰难的一条路。

他在一个乡镇的小厂里感受到了“世界万物”，在心里推演着“社会形势之变”，在想好了“一生所欲望的企业的未来”时，他已经默认了自己必须要成为一个企业家，一个“争创第一，打出世界”的企业家。

# 求贤令

"做人比做学问还难。低调，这是张道才教我的。不是嘴巴教的，他是身教。"

## 定位配角

2003年，当隐形冠军这个词由西方传到中国，中国的媒体对照国外的隐形冠军标准，第一次去寻找属于中国的隐形冠军。他们把主要搜寻目标放在浙江，三花无疑是十分符合隐形冠军标准的企业。张道才进入北京主流媒体视野，面对镜头，他显现出一个大家惯常印象中的企业家形象：POLO衫，黑色皮带，微腆着肚子，面部已比当年富态不少。他扶着自己的皮质老板椅，背后是装修精美的书柜，微皱眉作思考状，脸上除了和善，还显现出企业家常有的疲惫神情。

再回看1984年左右的张道才，身材瘦削，穿着白衬衫，坐在简单的办公桌前，还是一脸和善。但在那个时期，他所作的决策已经成为一家隐形冠军企业的基础：

《隐形冠军》的作者，被誉为隐形冠军之父的赫尔曼·西蒙（Hermann Simon）对这类公司的定义其中有这样一条：它们的产品经常是“无形”的或“不被人们所知”的产品。

新昌县交通不便，张道才清醒地意识到自己没有地理位置上的优势，这里只有一条路，路窄，车挤，不管去上海还是杭州，不管坐车还是开车，都要花费一天时间，早起晚至，披星戴月，有时去上海的途中还要在嘉兴过夜。国家的资金与补贴从中央银行分配到省，从省到市，从市再到县，乡镇企业就基本没有什么获得资金支持的可能了。三花最早的银行账户就开在西郊信用社。

运输不便，不宜生产耗材过多的产品。没有产业政策支持的优势，每一笔生意就得全凭自己奋力争取，每一个订单都必须算清成本与利润。张道才知道自己最需要坚守一个企业的基础。

他选择了体积小的制冷配件作为厂里的核心产品，将制冷配件厂定位为冰箱大厂的上游配套厂商——一个配角的角色。与大型家电企业互相配合，却又不相互依存，因为当家电品牌在消费者心目中不断退场与重登舞台时，终端消费者不会知道冰箱里的零配件来自一家叫三花（新昌制冷配件总厂）的企业，这个企业不依赖于家电品牌，但只要有消费者还在使用制冷家电，三花这家企业就有较之家电品牌更顽强的生命力。

## 求师问道黄滋德

新昌县与上海之间现在的车程不到300千米，虽然当年交通不便，但上海还是给了张道才弥补配件厂技术实力不足的机会。

从19世纪的洋务运动开始，上海就是中国重要的工业基地，1933年上海工业资产总额约占全国的40%，产业工人数约占全国的43%，工业产值约占全国的50%。1949年后，上海电机厂、上海汽轮机厂、上海锅炉厂、上海重型机器厂成为上海近代工业文明的摇篮。学术与之并行，改革开放初期不少浙江中小企业都去上海的工厂与大学里“找老师”。

但张道才从任副厂长开始就已经主动去上海求师问道了。1983年夏天，他来到上海交通大学，通过上海环球冰箱厂副厂长魏春喜，拜访了上海交大制冷教研室党支部书记黄滋德。

黄滋德没摆任何架子，面对上门拜访者，他安安静静听了一个小时，并一直做着笔记，20多年后，《张道才传：奠基者之路》的作者黄志益采访黄滋德，黄滋德回忆说，当时心里暗暗惊叹张道才的记忆力好，而且思路清晰，所有枯燥的数字都记得一清二楚，当时就认定张道才是个有事业心的人，“要是没有事业心，这些数字怎么也不可能在短时间内记住”，而当时张道才做制冷产品才没几年。

三个月后，张道才给黄滋德去信：

我厂办厂方针是“巩固、提高、完善、发展”，所以我们首先把对原来产品的巩固提高放在首位。对膨胀阀的质量问题，只有拥有完善优良的测验设备，才能得到巩固和提高，因此膨胀阀测试台一定要在你们的支持下设计上马。同时，我们了解市场信息，从冰箱、棒冰机等产品发展到各式空调机，已有不少厂家正投入研发，发展势头很好。目前，恳求你们对我厂设计的空调机主要配件四通换向阀提供帮助。归根结底，我们认为与对口大学、院校挂钩，可以聘请大学、研究所的科技人员来企业兼职，做顾问以及帮助搞研究、设计工作；请一些有理论实践经验的离退休老师傅来厂，可以帮助我们提高产品质量，并带动本厂有一定理论基础的优秀青年职工，提高科技才能。

在这封信里，张道才以副厂长的身份，言辞恳切、清晰直接地表达了自己的需求：希望对方支持自己设计膨胀阀测试台；希望对方为厂里研发的四通换向阀提供帮助；邀请有经验的人才来厂里兼职。关于四通换向阀的需求，张道才的确显现出敏锐的市场洞察力，空调市场在之后不断发展。也许张道才当时没有意识到，研发四通阀的困难超出了他的想象。

但是关于技术支持的请求则在第二年夏天得到响应。包括黄滋德在内，上海交通大学13个专家教授受新昌县委、县政府之邀，到新昌考察。

时任新昌县委书记的王贤芳，之前在冷配厂开发膨胀阀时就大力支持过这家乡镇小厂的发展，此时不仅用开放的思想支持乡镇企业发展，还抓住一切机会邀请上海的专家教授去新昌考察工作，凡是到新昌的技术专家或教授，王贤芳都要亲自接待，并叫县里的企业负责人和工程师一起来讨论。

## “星期天工程师”陈芝久

张道才自然是其中的积极分子，自此他与上海交大结了对子。常来常往中，他又认识了陈芝久。

陈芝久任上海交大制冷二系的教授。他刚从德国学习回来不久，是1981年上海交大的首批五人访问学者之一，看过了国际顶尖的研究方法，见识了欧洲各大优秀的相关公司。他去新昌考察的时候，觉得地方国营企业南明机械厂“架子太大”，但作坊式的制冷配件厂又太简陋，技术、设备、人才每一项都是明显短板。

《上海制冷信息》杂志发表过陈芝久的一篇《漫忆当年——我和“制冷所”》，其中写到1983年他刚从德国回上海时国内制冷专业的研究现状：

“1983年，我回到上海，繁荣里弄已有邓丽君的歌声，但是制冷教研室里仍十分平静，信息闭塞，科研工作基本上尚未开展，老师们满足于每天按课表和老教材上课，专业仍未受到重视。”

经过思考，陈芝久决定“白手起家”，在学术界建立自己的话语权。他把在德国学到的量化研究制冷系统方法提炼出了3个基本观点，然后用电脑量化研究制冷装置。这套方法在教学上受到欢迎。1984年，他开始与上海航天冰箱厂进行科研协作，对张道才所在的乡镇企业自然是不太重视的。

陈芝久去看过丹佛斯，还在回国前拒绝了丹佛斯的邀请。这家1933年于丹麦成立的跨国公司，在制冷、供热、水处理和传动控制制造业方面处于世界领先地位。20世纪80年代，丹佛斯生产压缩机达到1亿台，是丹麦最大的工业集团。

陈芝久提到这家公司，是因为在张道才口中，他就想做这样一家公司，而陈芝久用眼见为实的经历告诉他，差得太远了。但不可否认的是，丹佛斯刚成立的时候也只是一家不到10人的小企业，经过后期发展才以技术创新闻名于世。而谁能知道冷配厂这家一开始固定资产不足18万元、销售额才20万元的小厂日后会成为庞然大物呢？

当时黄滋德、陈芝久等专家教授住在新昌县柴油机厂的招待所里，因为全新昌就只有那里有3个既能洗澡又有空调的房间。被看中的南明机械厂，因为本身大学生和工程师的数量在当时就不算少，又认为高校教书的人重理论，所以对这些能使自己持续进步的专家们没有表现出什么迫切的诉求，好像也没有什么产学联的想法和热情。

求贤若渴的张道才却三顾茅庐，“盯牢”了这些专家。每天一早，张道才就去他们住的招待所报到，陪同一整天，晚上很晚才离开，紧接着不定期往上海交大跑，千方百计寻求合作机会。

“穷得滴滴答，也没什么东西，就是诚恳，始终不肯走，在我们招待所门口等，我们就是这样子被他感动的。”陈芝久教授回忆说。那之后他便成了张道才的“星期天工程师”。

“星期天工程师”在那个时期的浙江民营企业中普遍存在。因为民企缺少技术人员，上海高校的专家和国营工厂的工程师会在周末休息时被请去小厂指导工作。据陈芝久记录，上海交大动力系制冷所实验室主任帮上虞风机厂的亲属试制风机冷却塔，振动所的两位教师和实验系的工程师都在联丰玻璃冷却塔厂发挥余热，当厂里产值突破千万时，每年为学校返回的效益达30万元。

黄滋德与陈芝久向学校申请后，也走上了产学联的道路。1984年6月10日，新昌制冷配件厂与上海交通大学技术服务部签署《聘请技术顾问协议书》，正式聘请上海交大制冷工程教研室陈芝久与黄滋德为技术顾问。在那之后，又相继聘请上海电气厂庄洪涛工程师领衔开发家用冰箱干燥过滤器，聘请徐丹之担任总会计师，聘请原上海交大实验室管理处处长袁明圣（新昌人）为厂办主任。

陈芝久每个星期六早晨从上海出发前往新昌，到星期一才返回，因刚开始不了解冷配厂而产生的高傲态度被一扫而光，后主动帮张道才介绍了自己当年的大学校友汪钦尧。汪钦尧是上海交大动力学内燃机专业出身，毕业后被分配在上海造船厂，之后又被调至辽宁葫芦岛10年，后来回到家乡新昌，想进入柴油机厂工作。奈何柴油机厂不仅不缺工程师，反而排挤他，汪只好进入当时的新昌计经委工作。

张道才向王贤芳提出借用汪钦尧工程师，王贤芳很快同意并安排。但汪钦尧自己愿意离开原单位到“破破烂烂”的乡镇企业工作，在当时是件不可思议的事。他家里经济情况不算好，当时冷配厂也困难，张道才除了通过汪的原单位给他发工资，每月还会再给他发一点奖金和补贴。陈芝久陪同张道才一起敲开了汪钦尧家的门，聘请汪钦尧担任制冷厂总工程师。在那之后，他还陪张道才去北京跑业务，去奉化请技术员，去拜访客户、推销产品。

这个国家很多城市都有寺庙。新昌的大佛寺始建于东晋，寺内有一座依悬崖绝壁而凿的弥勒佛石像，有1600多年历史，是中国南方仅存的早期石窟造像，被誉为“江南第一大佛”。南朝著名文艺理论家刘勰赞曰：“不世之宝，无等之业。”

1984年8月，陈芝久住进了新昌的大佛寺，开始为期两星期的制冷技术集训。新昌制冷配件厂的20多名高中毕业的优秀员工，每天都会来到大佛寺的一间厢房学习，其中还有董菊珍和章琼月两名女工。陈芝久带来了一些丹佛斯的挂图为员工讲解，从ABC开始讲制冷系统与部件匹配的原理。那应该是高校的技术优势最明显的年代，一两个教授就带起了整个厂的培训工作。

## 顾问张钢

张钢1986年在中专教书，一个偶然的机会，他去新昌的轴承厂讲质量管理课，张道才闻讯，第二天就赶去轴承厂跟张钢见面，希望张钢第二天到冷配厂坐坐。“那时候张道才很年轻，30多岁，新昌冷配厂规模也很小，但张道才非常热情地接待，我觉得他有种求贤若渴的味道。”张钢回忆。的确，还没有聊几句，张道才就提出想让张钢老师做冷配厂顾问的想法，只需要他寒暑假闲暇时间来厂。张钢印象很深，张道才给他开出了每月35元的顾问费，那是他月薪的一半。

张道才的求贤若渴不仅体现在真诚的态度上，他还愿意不惜重酬挽留人才，提升管理水平。当张钢觉得受之有愧，婉拒张道才的顾问费时，张道才就坚持托人每月把钱交给张钢，持续两三年之久。最后张钢在张道才的热情邀请下，还是加盟了三花，直至工作到退休。退休后，张钢喜欢上了摄影，遍游世界各地，包括以70高龄到南极采风和拍摄，作品还在一些比赛中获奖。在喜滋滋向别人展现他的摄影作品时，张钢偶尔会反思和提到当年的选择，“当初我这一步真是走对了，退休时还有一定的股份，每年有红利分配，给了我老有所乐的支撑。像现在这样，可以有条件全世界旅游和拍照片，真是享受了‘老来福’”。

## “大内总管”盛江

盛江，1977年任新昌中学副书记、革委会副主任，1986年任县委党校副校长。他知识面广，思路开阔，人正心善，以培训讲课闻名。徐丹之最早向张道才推荐了盛江。1985年9月，新昌县乡镇企业局在煤矿招待所举办为期4天的厂长培训班，冷配总厂的任金土等人培训后向张道才汇报说，盛江老师讲的《企业经营决策》《行为科学》等课程对人启发帮助很大，都是全新的知识。“盛江”这个名字就这样在张道才脑海中留下了印记。

20世纪90年代，盛江先后担任新昌县经济学会会长、县体改办主任、县计经委主任、县质量管理协会会长等职。同处一城，又都从事经济工作，张道才与盛江多有工作上的交往。2002年初，张道才得知盛江从县里领导岗位退下来，于是轻车简从，亲自登门拜访，邀请盛江到三花帮助工作，负责企业行政管理与企业文化建设等方面的工作。盛江到现在都记得那是一个天寒地冻、大雪纷飞的上午，“老板登门，倾心交谈，感动不已”。2005年3月，盛江加入三花，成为张道才的“大内总管”，亲身经历了三花发展壮大以及从多元化经营向专业化经营的回归，在协助张道才处理众多企业事务的同时，主持编纂了320万字的《三花发展史》《三花发展史料汇编》等鸿篇巨制，为三花发展留下了最宝贵的历史资料。在同期发展的大大小小的企业中，如此花力气于企业历史的完整记录与整理，无疑眼光卓著，极有前瞻性。

## 人才战略显成效

与大学结上对子之后，张道才不光顾着把专家教授和工程师请回来，还把高中毕业生送出去进修。这是颇需要魄力的决定。1986年起，冷配厂每年都要拿出3万元资金用作异地培养人才的专项资金。送人才出去也有流失人才的风险，而冷配厂与送选职工的进修合同是这么签的：

外出学习的一切费用由厂里承担，工资照发，工龄照计，每月还补贴5元，期末考试成绩突出，奖励50～100元不等，考不好罚款30元。学习期结束后必须返厂工作，学历提升者工资升级；但是，私自离职则需要返还培养费3000～50000元不等。

最先送出去的是高中毕业生章益均和章剑敏等数十人，他们到上海交通大学，王伯琪到武汉华中理工大学学习，之后还有送往西安交通大学、华中工学院（现为华中科技大学）制冷系和浙江农业大学、绍兴职工大学机械系学习的职工。

多年后陈芝久回忆与三花的情谊，表示自己年轻时因为学术道路顺利，为人高调张扬，但认识张道才后懂得了更多做人方面的学问，“做人比做学问还难。低调，这是张道才教我的。不是嘴巴教的，他是身教”。

人才战略效果初显。1986年，冷配厂开发的带限压（MOP）交叉充注新型热力膨胀阀，通过了省级鉴定，改变了国产热力膨胀阀体积大、性能差的弱点，并在之后几年批量生产。

张道才要扩建厂房建生产线，乡政府也下了决心，他们一起找县委书记王贤芳，用三天三夜的时间征了土地，冷配厂获得了农田加厂房共20多亩，如虎添翼。1986年这一年，冷配厂的利润第一次超过了百万元。

当时冷配厂的人力资源存在两极分化的问题，上有如汪钦尧那样大学毕业的工程师，下有勤劳肯干但只有初中学历的一线工人，中间没有中专生或技术员。以体力换取酬劳的工人看不懂图纸，更不会绘图，不懂得千分尺和游标卡尺的使用方法，工作方式粗糙、简陋，对质量标准没有概念，又没有质量检测制度起监督作用，残品与次品往往扔在废铁堆里。张道才决心重塑制冷队伍。他心里对合格职工有三条标准：第一条是最基本的，即“政治思想正确，遵守厂规”；第二，不要求学历，但自身文化水平得相当于高中毕业生的程度；第三才是追求专业技术。

张道才被任命为厂长的1984年，中国最出名的厂长是浙江省海盐县衬衫厂的步鑫生。从“厂长”改称“企业家”，似乎也就是从他们那一届厂长开始的。1984春节前夕，浙江省委组织联合调查团对步鑫生进行调查，肯定了他的首创精神。胡耀邦再次批示：抓住这个指引人们向上的活榜样，对干部进行十一届三中全会以来的建党路线、方针、政策的教育，统一思想，推动经济建设和整党工作。

而那个年代的“首创精神”，无非就是重视质量，并为此以身作则，赏罚分明，建立激励机制。回顾步鑫生在海盐衬衫厂的破与立，这些决策今天看来似乎过于简单，连机场的书店都早不屑于卖这种低级的经管书籍了，但在一片荒芜了太久的土地上，当时这些管理方法的确是闪耀着改革之光。安徽省凤阳县小岗村农村联产承包责任制启发了步鑫生，他在衬衫厂实施联产计酬制、超定额计件工资制，奖惩制度是“班组承包，超产有奖。上不封顶，下不保底”，做多少衬衫拿多少钱，做坏一件赔偿两件。那应该是中国第一个按件计酬的企业，后来浙江遍地开设的工厂里，工人们多做出一件合格产品，就多一分收入。

## “一包三改”

不知道同在浙江的张道才有没有在报纸上了解到步鑫生的管理改革。

他实施了“一包三改”。“一包”即承包，全厂员工根据全年定额逐级签订承包合同责任制，“三改”即管理人员固定工资改为基本工资加浮动工资，生产工人实行按件计酬；固定工改为合同工；干部任命制改为聘用制。

由张道才首创的则是“目标成本”承包经济责任制。由总厂每年给各个车间拨款供日常生产开支，车间要取得收入来平衡支出，取得收入的方式是增加产量的同时节约支出。

它最先在冷配厂的干燥过滤器车间推行，将车间视作分厂，经济独立核算，自负盈亏，相当于把车间变为相对独立的经济核算单位。这样一来总厂与车间的财务关系就变成了缴拨关系，领取关系变成了买卖关系。车间实现的利润直接上缴给总厂财务部，厂部统一分配后，一部分上缴国家财政，一部分作为工资、奖金或补贴发放给职工；车间与总厂、车间与车间之间如有货物或劳务上的交换，需按照内部定价往来结算。

张道才的目的是增强干部与职工们的价值观念、投入产出观念与效益观念，这在某种程度上也是职工培训的一种，让职工有利可图地节约，使得“千斤重担大家挑，人人肩上有指标，众人核算，众人当家”的价值观深入人心。实施效果显著，不光是新昌县，连外地的企业和政府部门都慕名而来学习这一套“目标成本”承包经济责任制。

为配合承包制，“厂内银行”应运而生，它有权发放厂内核算支票、厂内核算通知单、车间产品交库单、厂内劳务加工结算单和材料成本差异账单五种结算凭证。各个车间与厂内银行每月对账一次，使得总厂可了解各个车间的资金运行情况。

可以看出，这种创新的厂内承包制并不是一时的心血来潮，张道才为此设计了会计核算、统计核算、业务核算等多种核算制度，且一年比一年更加深入和完善，根据生产定额、工序定额、质量定额和消耗定额，对五个产品系列，324种规格品种的每道工序涉及的零件共制定出了27472个定价，水电成本也自有其核算规则。

制度为王，在乡镇企业早期管理混乱的情况下，这种重视数据、标准和透明度的制度，为成本管控进行了科学的规划、落实、分解和核算，不断接近最少的劳动力消耗、最低的制造生产成本、最佳的经济效益。

之前提到张道才用人的三条标准，只有其中一条达标的，工资降一半，3年内还没有全部达标的直接自动离开冷配厂——这给了初中毕业的工人3年时间提升自己。另一方面，1986年5月18日，一个在中国传统文化意义上吉利的日子，冷配厂专门用万元资金建立了职工业余学校，为学历低的职工补习文化课。文化补习班有两个，共89人，由冷配厂党支部书记吕德根兼任校长；全厂自发报名生产技术学习的有130多人，老师是省质量管理协会理事、宣教委副主任张钢以及总工程师汪钦尧；为企业管理人员开办了经营管理班，以提升较高职位员工的科学管理水平，60多人参加管理方法学习，老师是徐丹之。张道才也没忘了以身作则，他带了几个副厂长参加北京经济函授大学的学习，取得了大专学历，带头效果立显，在他们之后通过函授和电大取得学历的职工有100多人。1987年，张道才通过与县人事部门的积极联系，厂里终于来了两个中专毕业生。

天时、地利、人和，筚路蓝缕，张道才在1985~1989年的第一个5年经营承包期中，取得了以下成绩：销售收入2906万元，平均每年581.11万元；利润576万元，平均每年115.1万元；累计完成产值3829万元，平均每年775.77万元；固定资产415万元。

值得注意的是，冷配厂利润超额完成了基数的1.6倍，累计产值超额完成了基数的2.16倍，5年累计缴税165万元，1989年当年的销售额达到了863.64万元。

# 看见未来

这一切与国内工业完全是“两重天”。这种巨大的差距能直接甚至暴力地催生出一个企业家最根本的欲望。

## “让我们先试试”

团队是出好产品的基础。

技术是出好产品的根本。

那时候，国家鼓励国产制造业生产出的产品能够替代进口产品。这就是后发国家著名的“替代进口战略”。

冷配厂的客户原是机械部定点的冷冻机厂，改革开放初期，定点厂从8个增加到了16个，后来有的就转型为冰箱企业，比如宁波冷冻机厂更名为凤凰冰箱。其中，一个重要的冰箱品牌海尔是张道才一直接近的客户。当时冷配厂已经在为海尔提供冰箱过滤器产品，张道才又来到海尔的客户订货会，向海尔总工程师杨绵绵表达想为海尔开发二位三通电磁阀的想法。没想到杨绵绵的回应，让张道才到现在都记忆犹新。杨绵绵说：“小张，这个产品看起来小，但由机械、电磁线圈和电子控制三部分组成，技术要求可是很高的啊，甚至比我们做冰箱还难。冰箱厂的压缩机向外购买，核心控制件也是进口的，看起来规模大，实际上以总装测试、销售服务为主。你开发这样难度的产品，能做得了吗？”张道才只回应说，让我们先试试。

回来后张道才跟王德锋说：“二位三通电磁阀是大厂不愿意做，小厂做不了的产品，但是冰箱整机厂商今后向大容量产品发展，又需要这个配件。我们做成了就会上个新台阶。”

二位三通电磁阀为一进（A）二出（B/C）电磁阀，非通电状态，冷媒从冷凝器经电磁阀A—B，经冷藏室毛细管进入冷藏室，再到冷冻室，回到压缩机；冷藏室达到设定温度，电磁阀通电换向，冷媒由A—C，经冷冻室毛细管进入冷冻室蒸发器，回到压缩机。实现双温区独立控制，并达到节能效果。这代表着小的单温区的冰箱以及冷冻机用不上二位三通电磁阀。但是随着人们的生活水平提升，多温区（冷藏加冷冻）冰箱将会成为主流，那么二位三通电磁阀也将成为冰箱制冷配件里的主流。比如海尔前身的青岛冰箱厂引进了利勃海尔的技术，这才有了我们今天普遍认知的冰箱——冷冻和冷藏分开的双控冰箱。

## 发现市场机会

在双温冰箱尚属于奢侈品的年代，生产二位三通电磁阀的技术壁垒始终存在，因此一直从丹麦进口，进口单价为150～160元。如今三花的二位三通电磁阀单价为30～40元，却依旧有利润。这中间的故事，就是在中国许多制造企业都发生过的对国外先进企业先模仿再替代，并利用生产成本实现超越，最后展开新一轮技术创新能力角逐的故事。

三花的这一次“模仿、超越”也不例外。这个故事，要从1989年张道才第一次出国考察时说起。

1989年，张道才与陈芝久、汪钦尧一行3人来到了北京，启程去欧洲考察。路途遥远，他们先在俄罗斯过夜，第二天又到哥本哈根住了一夜，第三天才到达欧洲制冷行业巨头丹佛斯总部，丹麦日德兰半岛东南角的诺德堡。

1933年9月1日，梅兹·克劳森（Mads Clausen）在丹麦诺德堡自己父亲的农庄创立了丹佛斯，张道才去参观的时候，丹佛斯已经从一家小企业发展壮大成了一家大型的跨国公司，拥有1.8万名左右员工，是全球生产自控元件最有名的公司之一。以冷配厂的体量，在那个时候是根本见不到丹佛斯的老板的。由于丹佛斯到中国做产品展览的时候，一直是陈芝久教授做翻译，所以他与丹佛斯工作人员约好了接待和考察工作。但那一年夏天，丹佛斯偏偏临时决定，不跟中国的企业谈任何合作。

由于没有合作项目可谈，张道才就把行程全部改为实地考察。他在丹佛斯总部总共停留了一个星期。那是张道才第一次出国，除了吃牛排后因为水土不服上吐下泻而不得不休息外，他每天都跑两家工厂，“没有一天游山玩水”。由于丹佛斯在制冷自控元件、水处理、传动控制制造、空调控制元件、精密机械、采暖控制元件、液压配件、燃烧及锅炉配件、工业自动控制件等多个领域都有涉及，工厂很多，所以在那一个星期里，张道才看工厂“看了个饱”。

据陈芝久的讲述，丹佛斯在后来“很怕张道才”，一怕张道才的营销网络，二怕张道才拥有的成本优势。“虽说三花要从‘成本领先’转到‘技术领先’，但丹佛斯讲他们最怕的就是张道才的‘成本领先’——丹佛斯的生产成本很高，在工厂里他们要放音乐做事情，与我们是不好比的。”

但在当时，1989年的初夏，丹佛斯对这家小小的中国乡镇企业完全没有戒心，认为其对自己不可能有任何威胁，没有什么竞争的资本，所以全景式开放，任由张道才参观学习。张道才心里时刻想的都是厂里正在主力开发的二位三通电磁阀。在参观了很多阀件厂后，他终于在丹佛斯冰箱温控厂一个车间的角落里看到了朝思暮想的二位三通电磁阀的组装生产线。但是这个电磁阀对丹佛斯来说不算是很重要的产品，他们的技术成熟，现在只做二位三通电磁阀的设计和装配工作，生产制造则有下游厂商来替他们完成。

眼见为实，加上这些年的行业经验，张道才下了判断：国家正在倡导国产替代进口，国内的冰箱、冷冻机主机厂商也在全力推进国产化，生产二位三通电磁阀这个关键配件有技术壁垒，而自己的冷配厂已经实现了小批量生产，如果能抓住时机实现量产，提高工艺水平，替代进口电磁阀，改变之前国产主机厂一味依赖进口的状况，加上中国劳动力的低成本，那么自己一定能够抢占市场先机。

做到比丹佛斯的二位三通电磁阀便宜并不难，关键是要做到让客户觉得自己的电磁阀跟丹佛斯的产品一样好用，冷配厂的供货能力跟丹佛斯一样强。

回到自己的冷配厂后，张道才立即决定加大投入，将这几年培养的人力和积累的财力，全力以赴投入二位三通电磁阀的开发和量产，将原来粗糙的作坊式的生产加工方式，改为现代化机械设备加工量产。

就在三年前，张道才从海尔谈定研究二位三通电磁阀，回来后就组成了冷配厂与上海交通大学联合攻关的家用电冰箱电磁阀研制组，交大的黄滋德、陈芝久等教授，以及冷配厂的汪钦尧、陈于前、王长生、章益均等技术人员共同工作。当时在研发过程中，交大的教授们重在设计理论，具体实际工作由汪钦尧和陈于前他们两人再组织人员展开。产品技术通过三年的攻关已经掌握，但将其大批量生产，变成一份能制造高额利润的产业，还需要攻克很多难关。

## 老领导的“提示”

1988年3月8日，浙江省一位主要领导来到新昌考察。据张道才回忆，老领导思想开放，支持乡镇企业发展，所以对他“待遇最高”，给30多岁的张道才递名片：“小张啊，我跟你交朋友。”老领导考察冷配厂，当张道才陪同参观生产车间，并向其展示二位三通电磁阀时，得到的指示让他若有所思：第一，这个产品技术含量高，你得申请专利；第二，你要引进国外的自动化设备才行。在这之前，张道才不知道这世界上还有专利这回事，“当时还没有什么专利的概念”，以为能模仿出来已经很不容易，还从来没想过要申请自己的专利，老领导的指导让他“长了见识”。同时，量产要引进自动化设备的观念，也在张道才心中进一步扎下了根。

产品从开发出来到批量生产，确实还有一段距离。海尔、上海航天冰箱厂、万宝冰箱厂、青岛电冰箱总厂、新华机器厂等多家厂商在表示支持冷配厂研发二位三通电磁阀的同时，也都提出了自己的技术要求。

量产的第一步就是技术改造，这涉及对自动加工装备的选型。张道才又从上海交通大学聘请了制造方面的专家出谋划策，同时组成自己的团队攻关研究。总工程师汪钦尧面对两个不同的电磁阀技术改造方案，犹豫不决：选择购置自动纵切机床为主要加工机床，这是上海交通大学黄聪教授提出的改造方案；购置数控机床提高加工精度，这是厂里的陈于前和陈雨忠等人提出的改造方案。两个技术团队的思想始终统一不起来。

没有前人经验可参考，没有能给出经验指导的大师级人物，没有人能保证哪个选择一定不会出错，这个决策只能由张道才来做。张道才熟悉的是跑市场搞管理，突然面临这样的技术决策，心里一时也没底。经过考虑，虽然市场机遇难求，但张道才没有冲动，没有凭着一时热情去急着购置大批车床，而是显示出稳健理性的决策方式：两种机床都只先购置一台，用实践结果来检验谁的方案更科学，然后再大批量购置机床。这个决策看似简单，但其所耗费的时间成本，在千钧一发的市场竞争环境下是昂贵的——谁知道哪个省还有哪个道才也蓄谋已久了呢？

经过实践的检验，数控机床的方案奏效，阀芯加工的难题被完美解决，批量的产品成本降到16元，还能进一步降到10元以下。张道才立即向政府申请了

300万元贷款，同时跟绍兴市科委、经委正式申报了二位三通电磁阀的研制工作，并申报了国家小型节能示范项目。冷配厂开始大批量购置数控机床，配备数控绕线机、超声波清洗机等专业配套设备，建立生产线。

## “要向冷配厂学习”

当时，担任浙江省机械厅厅长的吕祖善正好带领工作组到新昌考察，主要考察对象是新昌柴油机厂这样的国营大厂。张道才请他们到冷配厂参观指导。在现场看到这么多自动加工车床，吕祖善厅长又惊又喜，回去后就把冷配厂作为乡镇企业能用大批数控机床进行生产的典范，在机械厅系统内教育当时的国营大企业“要向冷配厂学习”。

在二位三通电磁阀通过攻关、技改推上量产的同时，冷配厂前两年实施的人才培养计划也收获果实。平均每一年半就有5人学成回厂，在重要岗位独当一面。张道才没有见好就收，在紧张的二位三通电磁阀试量产阶段，紧接着又用20万元培训资金送更多职工去大学、大专院校、培训机构深造。1989年，原职校校长吕德根退休后，又聘请了另外一位经验丰富的老校长俞华康到冷配厂兼任职业学校校长。

这绝对是中国最早一批的企业学校之一。乡镇企业职工的学历水平与国企不缺大学生工程师的情况远远不能相提并论，而在乡镇企业的初创期，高学历人才往往并不愿意舍弃“金饭碗”和“铁饭碗”加入一家根基不稳的乡镇企业。张道才坚定不移的重视、培养人才的战略选择，其实也是一个厂长在通往企业家路上，一条不得不选择的艰难又无法抄捷径的道路。

除了聘任校长，张道才还让厂办副主任、会计师、工程师、全面质量管理办公室副主任组成职校领导班子，有组织有计划地科学培训。经过领导班子研究，开设的课程有全面质量管理基本知识、产品检验基础知识、会计基础知识。培训制度也建立得尽量完善：教学计划、备课质量、教学方法、理论结合实际缺一不可，学生的表现如出勤情况、学习成绩、合格结业等都集中在学籍卡制度上——张道才又做了一回教书育人的工作。

下半年，浙江机械工业学校进入新昌开设夜中专。家门口的职业技术学校对冷配厂来说是可遇不可求的财富，张道才第一时间向人事部门下达命令，了解招生简章，公布招生信息。冷配厂的员工报名很积极，经过厂长办公会议决定，拿出一万多元的学费与学杂费，在30名报名职工中选择了6名，签订培训合同。这些工作都是在3天之内完成的。

## 两个重要人物的加入

1989年，有两个在整个三花历史上都至关重要的人进了冷配厂。

上海交通大学机械系机械制造工艺及设备专业毕业生史初良进厂，他分别在模具车间、电磁阀车间和中心试验室实习。这个大学生刚来就为冷配厂解决了实际问题，他自行设计制作了用天平和游标卡尺改装的小型弹簧测试仪，解决了当时小弹簧没有测试仪器的困难；紧接着又牵头研制了公司第一台计算机辅助的电磁阀容量测试台，在进厂的第一年就获得了公司科技进步奖，初露锋芒。浙江大学化工系化工机械专业毕业生陈雨忠在当年2月进入冷配厂，正是二位三通电磁阀最紧张的批量阶段，他一进厂就开始逐步参与电磁阀的产品设计、工艺、工装工作，边学习边指导工人进行数控机床的编程和操作。

1990年，浙江工学院（现为浙江工业大学）企业管理与工业外贸专业毕业生、浙江嵊州人倪晓明进入冷配厂，先后在企管办、标准化办公室和职校工作，在冷配厂缺少英文翻译的早期他还翻译了不少外文资料。在1986～1990年，共有6名本科毕业生、9名大专毕业生进入冷配厂工作。为了留住这些高学历人才，除了县政府规定的工资补贴，张道才还做了一套完善的人才激励机制，既体现了冷配厂在生活上对高学历人才的关心，甚至在企业规章里为他们的退休制度都做了保障。

为了给高学历人才一个良好的生活条件，就像当年杨玉昌担心留不住张道才这个能人，把他一家四口的户口也迁到西郊并为其划地建房一样，冷配厂在1988年投资了32万元，建6层楼房的宿舍楼来使高学历人才安家落户，基本实现了中专以上学历的毕业生每人一间房；中专以上学历的职工工资向上浮动一到两级，奖金补贴优厚，优先提干、优先分房、优惠买房，有重大贡献的实行重奖政策，奖励规则是工作成果与经济效益挂钩，上不封顶。

1990年，冷配厂有专业技术人员42人，经济员27人，高工教授3人，会计师、工程师3人，助师7人。张道才又聘请了高级工程师、会计师、大学讲师、教授、研究员以及具有多年生产经验的老师傅作为顾问，他们通过传、帮、带，在拥有全新设备的二位三通电磁阀车间与高学历毕业生们一起完成了总装和部装两条流水线的设计、制造、安装和调试工作。

## 量产之后

随着张道才对管理的理解一天天深入，他又定了一条新规：公司干部禁止在8小时工作时间内坐在办公室开会，必须全员投入到经营与生产现场，直到太阳落山才能进行工作总结和员工培训。1991年，量产已经进行了一段时间，张道才发现二位三通电磁阀的注塑线圈合格率不升反降。那时他已总结出了冷配厂自己的质量公式：在产品设计定型后，产品质量＝工艺装备水平+产品质量过程控制+人员素质。刻不容缓，他亲自带领技术人员在一线排查问题，之后实施了《二位三通电磁阀车间生产现场管理制度及考核标准》，还规定只有特定的员工才能操作设备，管理细致到带证上岗。为了稳定产品质量，完善配套件质量保证体系，张道才还组织了二位三通电磁阀外购外协配套单位质量座谈会。

当然，张道才重视质量由来已久。张钢老师曾是冷配厂的质量顾问，在他的质量管理课上，冷配厂组织了几乎所有班组长以上的骨干员工听讲，张道才也亲自听课并做笔记。除此之外，张道才也没有放过任何一次能获得质量管理经验的课程，张钢在浙江省乡镇企业培训班讲课时，就在讲台下看到了张道才的身影。

从研发到小批量产，再到质量稳定后的大批量产，在张道才的耐心与雄心经过了漫长的考验之后，二位三通电磁阀的成品合格率终于达到了99.8%，罩壳电气绝缘性能强度、高频钎焊气孔、回复弹簧质量、氩弧焊废品等一系列技术问题也被解决了。

二位三通电磁阀，这个艰苦卓绝的产品成为冷配厂第一个利润过千万的产品，也成为此后三花的第一款拥有核心技术的重要制冷产品，它可以称得上是三花的基石产品，奠定了三花在全国家用冰箱配件行业中的地位。同时，它也打开了一个企业成为一家伟大企业的第一道门。

1991年，冷配厂实现了3000万元的销售收入，较上一年增长了90%；实现利润845万元，较上一年增长了75倍。而光二位三通电磁阀这一项产品，就销售了23.23万只，实现了1621万元的销售额，占当年销售额的54%。

“这个产品开发出来以后，巨大的利润进来了，企业马上起来了，公司的面貌也改变了。”对此最有感触的任金土回忆时说。他是三花第一任财务科长。

## 未来的线索

张道才第一次出国，是带着几个“产品”回来的。

这是他的远见，也是他的渴望。

可以说，张道才这一阶段的成功与上面出场的各个人物都有某种层面的关系。让我们暂时撇开张道才个人的诚挚不谈，拿时任新昌县委书记王贤芳举例。在改革开放初期，并不是浙江的每一个县委书记都能有此开放的心胸和为企业着想的心态。亲历者懂得用这样一句话形容一些县：“政治空气不太好。”闻者就懂得这个县的领导只会每天打官腔，企业主不敢在此生根发芽，高校教授亦不愿意到这些地方来做技术帮扶。

而新昌县除了冷配厂这个后来成为三花集团的大公司，在当时，制药厂、柴油机厂、轴承厂都很有名气。可以看出，新昌县当时确实贯彻了引进人才的战略，比如史初良、陈雨忠这两位重点大学毕业生的加入，背后也离不开县政府当年吸引大学生的政策：加入乡镇企业，收入在原工资基础上再增加两级工资。

陈芝久在退休多年后也还记得王贤芳书记的话：“凡是工程师和高校讲师到新昌来的话，县委办公室一定要通知我，我要亲自见。”当年张道才想让在新昌计经委工作的汪钦尧工程师来厂里工作，王贤芳书记也是用最快速度协商落实。“新昌为什么能上得这么快，这个县委书记绝对是功不可没。”陈芝久感叹。

而张道才，在资源匮乏时期的创业，所能做的事就是用自己活络的头脑和双手实现从无到有、从零到1。他留心观察市场，清醒地意识到：冰箱部件国产化将带来整机厂配件的迅速扩张，这时候谁能及时提供可替代进口部件的同类产品，谁就能赢得大量的订单和市场份额，占领先机。

他发现市场机会后就再也没有松懈过一丝一毫，提前组织力量开发，形成规模生产能力。他处于几乎一穷二白的乡镇企业，却依靠真诚与执着招揽了几乎新昌所有与冷配厂相关的能人与技术高手，还邀请到了老工业基地上海的专家教授倾囊以授、热情相助。他善待这些人才，按时发放工资和补助。在没有经济条件给予物质回报时，就雨天送伞、晴天送茶叶蛋，在“星期天工程师”

每周末回上海时再送上当地土特产，用真情感动他们。当然，他们的情谊一直持续到多年后的今天。

经过了二位三通电磁阀的成功，张道才更加坚定了走隐形冠军的道路——即使他在那时还不知道这个词——他用自己质朴的语言定了位："成为让客户放心和满意的最佳配角。急客户所急，想客户所想，超前思维，提前准备，超前判断附加值高的整机配件。"

也有诸多未来的线索在这一阶段埋下伏笔：张道才对市场敏感的感知力，在选择产品上显得很精准，在认定要发展的产品后又能倾力投入，在倾力投入的同时又注意组织执行，并培养人才，同时又显出关键节点上的谨慎与理性。

## 国际化梦想的种子

出国考察的那趟行程，除了丹麦的丹佛斯，张道才还去了德国奥托、艾格尔霍夫、赫里昂和瑞士亨席柯公司。不熟的牛排让他胃部不适，但除此之外他所见的每一眼都是收获。丹佛斯的行政机构、研究开发部、培训基地、博物馆伴随着庞大的工厂体系，他们组织生产的产品每一个都着眼全球经营，每一步都是用先进工业化设备实现自动化生产。他们还有着高学历高素质、整齐划一的工人队伍，长期积累并依旧在不断完善的现代化管理体系。这一切与当时冷配厂小批量作坊式生产，每年有几万个零配件产出已属不易的情况相比，让张道才觉得不光是自己的冷配厂，这一切与国内工业也完全是"两重天"。

这种巨大的差距能直接甚至暴力地催生出一个企业家最根本的欲望。多年后有人问张道才：为什么三花的国际化之路开始得这么早？张道才在思考良久后，回忆起的就是这个1989年，他亲眼见证了那种令人扼腕的差距，打算回去后"狠抓基础建设"。

这是一个企业家真正开始想要把企业做大做强的最直接证据：他想告别一

个草莽英雄的时代，想让冷配厂成为像丹佛斯一样高效运转的机器。所以他想的不可能是一夜暴富或风光无限的未来，而是要狠下心，不惜牺牲短期利益，也要把基础建设做好。高楼不可能凭空起，对企业来说，这是一种奠定地基的长期行为。

与此同时，张道才的个人生活也在这个阶段出现了质的改变，他彻底告别了吃不饱饭的日子。作为一个男人、丈夫和父亲，他承担起了改变家庭经济状况的责任，即便多年后他还是喜欢谈起饥饿感，那是那一代人特有的对贫穷深入骨髓的体验。

当张道才回忆起填不饱肚子的岁月，他已不再单单感慨往日之艰辛，他说，这一代中国人的半生，抵得上欧美企业家所经历的几代更迭——从农耕社会到工业时代，工业时代尚未结束，又迈入了信息化时代。

# 春天的故事

"任何事物成熟的同时，也预示着衰亡的开始。产品在畅销之后，才是最可怕的时刻，你必须同时进行四个过程：生产一代，试制一代，研究一代，构思一代。"

时代的指针指向1992，中国更加开放的一年。

标志性事件当然是邓小平的南方谈话，这个谈话被赋予了中国从计划经济向市场经济转型的官方意义。

## 两个与时代同行的"小人物"

大的变革下总有无数人的小心试探、欢欣鼓舞，让我们先放下我们主人公的事业，看两个与三花有关的"小人物"的故事。

吕增海，1946年出生于宁波，初中文化，拥有助理工程师、经济师职称。1971年他来到新昌县莒根公社，开始在农机厂工作；1985年成为冷配厂的技术员，仅仅工作4个月后就被提拔为车间主任，之后主导开发了冰箱所用干燥过滤器等产品。1994年开始，随着冷配厂的迅猛发展，吕增海的职务也不断变化：制造部长、副总经理、上海分公司技术主管、总经理、北京分公司总经理、常州分公司董事长、苏州分公司总经理、杭州哈德森公司副总经理，最后的职务是三花集团副总经理，然后退休。后半段职业经历里，他主导开发了汽车空调贮液器、空调截止阀、四通换向阀、空调操纵机构等产品。

这是一个典型的技术工作者。在改革开放浪潮里，跟随一家公司，发挥了自己的专业之所长，又根据高速成长企业的需要，锻炼出了自己的管理能力。

他的命运在改革开放初期的1982年，曾有过一个分岔口。那一年吕增海看到政策松动，身边的万元户一个个冒出来。他按捺不住，自己办了个公司，做了两年，赚了两万元钱，算得上收获颇丰。但这种收获没有给他太多兴奋感，随之而来的反而是担惊受怕。

“‘文化大革命’我是经历过的，老是害怕自己被冠上资本主义尾巴的名号。赚了两万块不得了啊，就不敢搞了，再搞下去，要被批斗了怎么办？再批斗起来我受不了。”吕增海放弃了自己的生意。如果命运给他一次重新选择的机会，如果他选择继续做企业，我们无法定论他是否会做出一家不错的公司，但至少他拥有这种可能，而他后来的选择则让他走上了完全不同的一条路，消灭了另一种可能性。在这种选择的背后，是他对于未来不确定性的恐惧。中国会更开放，还是再次封闭？当时的吕增海不敢赌。

他准备回到宁波老家，跟一家集体企业说好将他调剂回去，买回曾经卖掉的房子，一家老小都回去安置。与此同时，张道才向他发出了邀请，先后请了一位熟人和自己的妻子来做吕增海的思想工作。最终，吕增海进入三花，开始了自己从一个技术骨干到三花创业一员加职业经理人的道路。

另一个人物是上文中提到的张钢。在他给冷配厂做了一段时间顾问后，1992年，冷配厂的新厂房已经建造好，却还空置着。业务扩张期的张道才急需大量人才。他跟尚在学校任职的张钢说：“张老师，你干脆到我这里来做吧。”

“我那时在中专学校里很舒服的，寒假暑假也不用坐班，一个礼拜就那么几堂课，上完就回家了，回家以后在外边还兼点课。我就说，让我考虑考虑。”张钢用了一个暑假的时间验证自己是否能适应冷配厂的工作和生活。他上了一个暑假的班，下定了决心。在这之前张道才到他家里去了3次，谈了3次，表达诚意。

1992年底，张钢跟校长提出要离开学校。校长很恼火，张钢也不服气。他提出现实问题：家里有两个儿子，将来都要给他们结婚买房子，这学校能解决吗？解决不了，只能走人，为家人的未来考虑。而张道才那边甚至已经一口答应为他解决两个儿子未来的新房问题。除此之外，张钢还担心自己已经50岁出头，离开学校加入乡镇企业后，他个人的未来养老问题无法保障。张道才只回答说，我这么大一个厂，还养活不了一个人吗？当时冷配厂的年销售额不算很高，但显然，张道才对未来已有足够信心。

学校不放人，不给开离职证明，不肯为张钢转移工作关系。张钢下定决心，写了一封辞职报告就绝尘而去。春节前他到达新昌，张道才在大会上为他专设、独创了一个职务：总质量师。让他进入决策层，待遇与总工程师一样。张钢立即投入冷配厂工作。他后来感叹：“乡镇企业当时那个机制，国有企业根本没法比。我之前从一个国企调到中专这种差不多国企性质的单位，工作关系没过来就拿不到工资，拖了好久手续才办齐全，少一样都不行。乡镇企业呢，什么都不要，你人来了就行，只要你开工就给你发工资了。”

张钢的故事是那个年代万千故事中的一个缩影，有能力的人才向更具活力的组织迁移，成为那首《春天的故事》里的一个音符，并产生一种热烈情绪的共鸣。

张道才一直坚信，不管是哪个时期的中国人，都不比欧美人笨。事实上他毫不自夸地认为，中国人更加聪明，更加勤奋，之前只是被僵化的体制捆绑了；而只要有人将大方向把握准，然后让老百姓自由发展，中国是会追上和超越西方国家的发展水平的。他说，发展是硬道理，只要破除不符合发展要求的条条框框，解放人民的思想，发挥亿万人民劳动致富的积极性，人民就能发挥出自己的聪明才智，创造出惊人的生产力。

那个当时把握方向的人，自然是万千企业家尊敬的人物。在经过了徘徊与哀伤之后，一切重新焕发生机，中学和大学的教科书中，以及1992年那一年的高考试卷中，“社会主义市场经济”这个词汇开始出现，《股份公司管理条例》以及《有限责任公司管理条例》从国务院出台，现代企业的游戏规则有了背书，张道才苦苦实践摸索的现代企业管理模式，开始显出更多希望与梦幻色彩。

## 股份合作制改革

1992年6月，冷配总厂职工队伍已经扩大至795名，发展党员64名。经县委组织部批准，冷配厂成立厂党委——新昌县乡镇企业中第一个厂党委。经镇党委研究决定，张道才任中共新昌制冷配件总厂委员会书记。

厂党委学习的第一个重要讲话，即为邓小平的南方谈话。学习成果总结里是这么写的：消除了长期以来姓资还是姓社的重重顾虑，明确了发展才是硬道理，一致认为要进一步解放思想，适应改革开放的新形势，一定要抓住当前的有利时机，更快地发展我们自己的企业，关键是要增强危机感、紧迫感、责任感；企业经营机制的转换、许多新情况、新问题需要研究解决。第二年，厂党委又学习了《邓小平文选》。

1992年5月18日，冷配厂开了一次重要的常务委员会议，出席会议的有张道才、王德锋、任金土、汪钦尧、徐丹之、王月波、陈国良、王长生，列席会议的有寿济成、黄聪、陈伯铭、吕正勋。

这次会议上，张道才第一次提出了要把企业所有制性质转成股份合作制企业，要建立具有法人资格的集体、全民、个体、合资的集团公司。

在干部会议上张道才提出了股改的目标：“认清当前形势，统一思想，增强紧迫感和危机感；加快体制改革步伐，组建股份制企业集团，深化企业内部机构改革；坚持科技兴厂，加强对科技队伍的管理和教育。”他还强调，建立股份制企业，最大的优点是增强职工凝聚力，调动广大员工的积极性，股改工作要抓紧，“争取年底批下来”。

股改的实际步伐比张道才预计的略慢。股改的背景之一是：1992年10月，中共十四大提出建立社会主义市场经济体制的改革目标；另外，国务院公布了《全民所有制工业企业转换经营机制条例》。

同年，广东顺德作为“改革先驱”，成为广东经济改革的综合实验区，率先进行了行政体制改革和企业产权制度改革，在全市范围内建立了市场经济的框架和现代企业制度。那之后，“顺德制造”与“青岛制造”划江而治。无论是顺德还是青岛，都与冷配厂有业务联系。顺德的广东科龙电器股份有限公司是冷配厂的客户，彼时使用冷配厂生产的二位三通电磁阀数量达8万套，并且科龙出具的质量用户意见书显示，新昌冷配厂提供的产品合格率高达98.9%。

紧随其后，在新昌县人民政府的指导下，冷配厂开始进行股份合作制改革试点。改革的宗旨是：在企业现有有效资产归属的基础上，将单一的乡办集体所有制企业，转为集体、全民、个人多种所有制并存的股份合作制，实行资金共筹，风险共担，利益共享，积累共有。目的是增强企业活力，提高经济效益，积累筹集资金，增强职工主人翁意识，走自主经营、自负盈亏、自我积累、自我发展的新路子。

当年9月，绍兴市国有资产评估中心评定冷配总厂净资产为3810万元，一部分是企业经营数年所取得的效益，经过国家、集体、职工三者利益分配后，一定数额的企业积累；另一部分是企业历来享受的各项税收减免所形成的基金，改为股份合作制企业时，在资产界定上理应视作企业集体所有。

为了鼓励企业盈利，冷配总厂划出30%适量资金作为企业股分红享受。股种分为集体股、优待股（即为影子股，按照工龄、岗位、贡献分解到人，对科技人员适当照顾，直到股东逝世终止）、个人现金股（与优待股挂钩，入现金股者享受优待股，既参加分红又承担风险）和社团法人股（中国农村经济技术发展信托公司、绍兴信托投资公司等单位）共四种。

全部股金总额是3062万元，每100元人民币为一股，计306200段，其中集体股占比45%，优待股占比19%，个人现金股占比9.5%，社团法人股占比26.5%。

股改制度初步完善后，为不懂得股改为何物的职工们宣讲也是一件大工作，冷配厂宣传时也从上述目的与意义几方面展开，告诉职工在股份制企业成立后，职工“既是劳动者，又是所有者，既享受企业的红利分配，又要承担企业的风险”。此举被认为更好地发挥了职工的创造性与积极性，将企业初期员工的利益与未来企业的命运实打实地联系在了一起。

1992年年底，新昌县政府各个相关单位聚集在冷配厂召开现场会议，县委书记钱信浩主持会议，张道才作汇报后，有关领导们对冷配厂的股份制改革表示了肯定。

次年3月，新昌县人民政府发出《关于开展企业股份合作制试点工作的通知》，冷配厂被列为试点厂之一。

8月，冷配厂召开了第一次股东大会，通过《股份合作制企业章程》，全厂836名职工均拥有股份。

前几年来新昌考察时，给张道才递名片要与其“做朋友”的那位老领导，在股改期间，又来到了新昌。

“当时领导来，我们也害怕。我小的时候，在院子里种一株南瓜、一株丝瓜，这都是资本主义。”张道才提到，老领导来新昌时他很紧张，股份制改革正在进行，他有理由有万千种担心。

但没想到的是，这位省主要领导不仅肯定了冷配厂的股份合作制改造，还提出一个建议：不应该人人有股，这样改革等于第二个“大锅饭”；经营者应该是大股东，持有主要股份，因为经营者是主要责任人，应该由经营管理的核心层一起控股。

在第一次股份制改造初期，张道才的确没有想到这个问题，800多职工人人有股。后来张道才的股改思路，一直按照这位浙江省主要领导的建议进行：买断小股东股份，持股人逐渐向核心职工聚集，也就是向科技人员、经营人员、管理人员聚集。这种配股思路和原则一直延续到三花上市，其中科技人员尤其被重视，为了留住人才而进行人才配股，甚至优于高层管理者。

张道才现在仍然跟这位老领导保持联系，他认为老领导为人正派，为政清廉，思想开放，“浙江的乡镇企业在当时能够走到全国前列，跟这些领导开放的思想是分不开的”，可以说，他们是在设身处地为浙江乡镇企业的发展着想，他的肯定也让更多像张道才一样的厂长不再害怕因为“一株丝瓜”被戴上资本主义帽子，而是更踏实地朝着一个企业家的角色努力。

关于股份制改革，后来张道才总结出了对那个时代的企业有着借鉴意义的五个“进一步”：进一步明确产权关系，企业所有权属于股东，决策权属于董事会，经营权属于厂长，产权制度需要权、责、利分明，有利于政企分开，扩大企业的经营决策自主权，做到真正按照市场规律运行；进一步增强企业的凝聚力，企业职工不但是劳动者，实行按劳分配，而且是投资者，实行按股分红，成为企业真正的主人，形成了与企业共呼吸、同命运的血肉关系，增强其主人翁责任感，干部有压力，职工有动力，企业有活力；进一步形成多元化的投资机制，便于筹集资金，把分散的资金集中出来，用于发展企业生产，投入技术改造项目，缓和资金紧张的矛盾，促进企业的发展；进一步加强风险责任，职工作为股东与企业的兴衰息息相关，利益共享，风险共担；进一步促使各项生产要素优化组合，有利于增强企业的合力，形成规模经营，增强市场竞争力，推进与国际接轨，参与国际竞争。

## 下一个核心产品

“任何事物成熟的同时，也预示着衰亡的开始。产品在畅销之后，才是最可怕的时刻，你必须同时进行四个过程：生产一代，试制一代，研究一代，构思一代。”1991年张道才在笔记本上写下了上面这句话，富有哲理又残酷清醒。

改革开放如火如荼，浙江的冷冻机厂数量猛增，纷纷转型为冰箱企业，最多时达到上百家。但市场经济强大的生命力，也让竞争格局严格按照市场经济的规律演变。经过市场竞争的淘汰，几年后，活下来的冰箱厂屈指可数，只剩下4家：杭州西湖、宁波凤凰、嘉兴益友、杭州华日。原来的国营厂或被国内民企并购，或被国外品牌并购——温室长大的植物，在“野草经济”时期，一旦遇到风吹雨打，就是最残酷的烈日，最严峻的腊月霜雪，完全撑不过野草。到了2000年，以上冰箱厂商尽数消失，全国只剩下青岛海尔、广东科龙、河南新飞、四川长虹。

作为计划体制外的市场经济产物，三花在主机厂激烈竞争的格局下，作为配套厂站住了脚跟。新昌县仍是贫困县，但开始重视文化建设，挖掘了“唐诗之路”“茶道之源”等文化题材作为自己的旅游资源。据张道才回忆，这些规划其实在20世纪80年代就已经开始，但后来新昌的企业慢慢做大了，新昌的富裕程度大步提升，为家乡文化建设提供了丰厚的物质基础。此时的张道才，正和很多当地企业一样充当着推动新昌致富的排头兵，同时他还思考着冷配厂的下一个核心产品。

这个核心产品其实从张道才没开始当厂长的时候起就在心里谋划了。

20世纪80年代初的某个夏天，他正跟董伯舒一道，入住在上海的新昌宾馆——张道才还清晰记得，那是在西藏路与新闸路交叉口，靠近南京路的第一百货商场。当时，北京路那边有一家五金百货店，工业用品都是在那里购买。天气炎热，张与董一直在讨论空调。张说：“如果每个房间都能装上空调，那这个市场可不得了。”上海浦东有个燕牌空调机厂，江苏太仓有个空调机厂，这两家都早于后来知名的春兰和华宝空调机厂。那时张道才心里就明白，空调的市场非常大，以至于他后来回忆起四通换向阀作为冷配厂新一代核心产品的开端，不是从空调配件的市场调研开始，也不是从四通阀的初次投入开始，而是源于那年炎热夏季无意间的一次讨论。

三花人有时会开玩笑说，四通阀像一只小龙虾。的确，它有两条龙虾须（接线），观者眯眼看，再多添加一点想象力，的确是一只趴着的小龙虾。不过若非千万次的凝视，行外人应该很难通过看几眼枯燥的阀门，就能想到流行美味来。

四通阀一般可用于普通的冷暖两用空调系统，通过改变制冷剂的流动通道，改变制冷剂流向，使空调夏季制冷，冬季制热。夏季，制冷剂液体在室内机内蒸发吸热成为气体，在室外机中放热，用于室内供冷；冬季，制冷剂液体在室外机中蒸发吸收外界热量，在室内机中放热，用于室内供热。其中四通换向阀是热泵型家用空调的制冷制热换向的关键功能部件。

1906年，一个叫威利斯·开利的美国人发明了现代空调，从此人类在生活舒适度上迈出一大步，在整个现代文明中又迈出一小步。直到1957年，美国一家叫兰柯的公司发明了四通换向阀，从此，空调才不仅可以制冷，还能在冬天制热。

可以说，是兰柯发明的四通阀让空调有了制冷和制热的双重功能。因为四通阀的发明，兰柯走进自己的黄金时代，约40年里，全世界大部分的空调用的都是兰柯的四通换向阀。

兰柯所向披靡，那时它自然绝无可能想到，在多年后的中国，曾经制冷配件技术领域“寸草不生”的土地上，有家公司从名不见经传到通过四通阀8年奋战崛起，使得自己不得不注意到它，忌惮于它，想要吞并它。兰柯更无可能想到，故事的最后，由自己发明创造的四通阀，会整个业务被这家自己曾想要收购的企业反向收购。故事很长，这是后话了。

还在张道才担任副厂长时，他通过上海燕牌空调机厂，拿到了一只空调整机上拆下来的，且已经破旧的日本大金公司生产的四通换向阀。限于职权、资金实力、研发能力等，他无法立即组织开展研发工作，只有把四通阀当作一个不灭的愿望。张道才理智地先放下了这个愿望，没有盲目投入资源去研发。

一直到1991年，四通换向阀研制组正式成立，由王长生、陈宝祥等人组成。之后四通换向阀列入浙江省科学技术委员会新产品试制计划项目。

初期管理层对研发四通阀没有信心，张道才就使用激将法。一位三花老员工回忆："那个时候我们老板的脑子很发达，激将法就是开会。我是党员，党委会上叫我去搞研发，我说不行啊，没有办法。"张道才就表明利害关系，四通阀关系到冷配厂的生死存亡，没有四通阀就没法往下发展。

从零开始解剖、测试，模仿试制阶段过后，冷配厂生产出了小批量样品，免费提供给宁波空调机厂、广州胜风工业公司等几家空调机厂试用。

1993年模仿制成的SHF-7型四通阀通过了浙江省科委的鉴定，经上海通用机械技术研究所测试，达到要求，其主要技术达到了机电部标准的规定，客户反映良好，可靠性强，正式批产。第二年获得了国家级新产品称号。SHF-7型四通阀的主要完成人员是陈雨忠、陈宝祥、王长生、潘新法。

这个型号的四通阀被上海通用机械技术研究所认证为达到了20世纪80年代末国际同类产品的先进水平，填补了此类产品一直以来的国内空白。

但此时已是90年代初，兰柯等大公司同时也在研制最新、更节能的阀件技术。这一年，张道才向县计委提出四通换向阀节能技术改进项目建议书，项目总投资为1500万元，拟建规模为年产30万只，自筹资金800万元，向国家经委申报项目款700万元。

1995年，三花的四通阀已被国内多家空调整机厂配套装机使用，部分已出口韩国及中东、南非等地区，生产能力处于远远不能满足于国内外市场需求的阶段。

于是浙江三花集团——此时的新昌制冷配件总厂已经更名为“浙江三花集团”——又向县计委报告，要求审批“四通换向阀节能扩建工程项目”，扩建项目生产纲领为年新增70万套，总投资2708万元，其中建筑工程500万元，设备投资1808万元，自筹1208万元，建贷1500万元。项目达产后，可新增年产值11200万元，利润3779万元，税金1429万元。

张道才很有杀伐，开始投入大量资金进口先进设备，扩生产线，其中投资200万美元引进四通阀阀体加工专机、阀块加工专机、滑块注塑等关键生产设备和检测设备，之后又投入百万美元引进瑞士全自动高精度12工位芯铁、封头加工专机等设备。

1996年底，四通换向阀的产量突破了10万套，但这还远远没有达到张道才心目中的理想水平。当时全世界大多数阀件制造商对四通阀的研究工作尚处于实验试制阶段，对应用极其广泛的家用热泵空调系统几乎没什么研究——张道才已占领了先机。

## 向更高水平冲刺

他没有坐享其成，而是马不停蹄地要跳出仿制阶段，冲向自主开发，以应对未来国际市场的抗衡和挑战。不知道张道才当时是否想到了日后直面的竞争对手就是美国兰柯。

1996年跟上海交大合作研究四通阀，1997年新昌白云山庄的技术研讨会，都是张道才向更高水平四通阀冲刺的步伐。

陈芝久的名字再次变得重要。他带领上海交大的两名博士、一名硕士作出了四通换向阀动态特性研究报告；白云山庄的会议上，除了上海交大，出席者还有上海704所、中国制冷空调协会、机械部通用所等科研单位专家约20人，主机厂代表有上海夏普、三菱重工、海尔空调公司、广州华凌公司、宁波奥克斯等公司。

白云山庄会议之后的一年，四通阀的年产量达到了55万套，1999年则是突破了百万套大关。

兰柯就是在这个阶段意识到了三花给自己造成冲击的。这家中国的隐形冠军拥有最傲人的优势——成本，并且在技术上也突飞猛进。

1998年9月，兰柯一行5人来到中国浙江省的小县城新昌，拜访三花。他们下定决心要垄断中国市场，此行便是雄心勃勃地想要收购三花的四通阀产品。

张道才西装革履，跟工程师一起陪同这几个美国人游览新昌的名胜古迹大佛寺。在青山翠竹前，7人合影留念。张道才笑得不算灿烂，他抿着嘴唇，关乎整个集团生死存亡的决定等着他去做。

当天下午两点半，他召开了总经理班子会议，汪钦尧、吕增海、马正勋、倪晓明、王大勇、史初良、张钢共8人出席。他们决定受邀赴美，不管同意与否，先去美国考察考察。

转年1月，三花一行5人赴美。他们很快回来，再次召开了总经理班子会议，介绍最新的谈判情况：兰柯的母公司Invensys集团欲收购三花四通阀80%股权，给出的条件是1999年四通阀预期销售毛利的5倍，兰柯愿出资1亿元人民币（时价1000万美元），希望能在当年的6月底完成收购工作。当时三花已有年产200万套四通阀的能力。三花方要价3亿元人民币，双方僵持3个多月后，兰柯又将出价抬高至2500万美元。

近3亿元人民币，这个数字背后蕴含了太多。

首先，大量的金钱能让辛苦多年的三花集团职工们收获财富，这个数字是物质与名誉的双重嘉奖。

其次，这个数字是对三花整体实力的肯定，是对三花几个月间成倍增长的出价，代表着三花的四通阀业务正处在高速增长期，拥有先进的设备、辛苦培养的高素质员工、多年积累的研发技术与生产工艺，也代表着20世纪90年代中国人从冰箱彩电转向家用空调的消费热点，未来空间可期。更重要的是，国内不仅拥有人口红利，改革开放的面貌使得中国社会到处一片朝气蓬勃，欣欣向荣。市场正在兴起，下海的人越来越多，仿佛到处都是可以攫取的金子。同时，国际市场上中国也拥有越来越高的地位，低廉的劳动力和越来越开放的规则使得全世界没有人敢小觑中国在制造业的成本优势。

而对三花来说，四通阀已经成长为核心产品，卖掉它，张道才不知道是否还能有下一个四通阀作为主导产品。主张“卖”的干部自然没错，但是张道才还想到整个三花集团的工人们。

三花的日益壮大，吸收了新昌县及其周边的很大一部分优秀人才。很多年轻人愿意留在家乡工作，陪在父母身边，正是因为家乡有三花这样的杰出企业可以承载自己的事业心和梦想。如果被兰柯收购主导产品的绝大部分股权，三花的未来命运就要由兰柯来决定，张道才思考：这些工人及其家庭又该怎么办呢?

1999年5月20日在三花集团常委会上，张道才做出了这个关键决定，他宣布：“四通阀的关键是解决产品质量的稳定性。解决了这个问题，我们在产品性能上就能超过美国兰柯，发挥我们的成本优势，将四通阀打入国际市场。”

可以想象，张道才是以一贯的平稳冷静说出这段话的，但这段话足以激励人心。三花人要放弃3亿元的收购资金，留住自己的核心产品，并且必须不顾一切解决质量稳定性问题，只要解决了质量问题，与兰柯的产品没有性能上的差距，而成本又远低于兰柯，那么国际市场就是三花的了。

顶着巨大的不确定性和一些人的反对意见，张道才放手一搏。也许在不久的未来，他与兰柯的市场地位、角色会对调。但眼下他必须面对这个选择带来的压力，他必须赶上兰柯，做得比兰柯好，他必须要让全厂员工知道，他有能力给三花更好的未来，给三花人、新昌人更好的生活。

在接下来的岁月当中，他必须进行一场关于未来的孤注一掷了。

# 公益三花

从穷山沟里“饭都吃不着”的普通少年，到今天重塑世界产业格局的企业领袖，饮水思源，张道才特别感谢时代，感恩从小生活长大的家乡故土与父老乡亲。

张道才曾经感慨道：“我们这一代人，是跨度最大的一代人。”

沉甸甸的话语，饱含着时代的巨大变化。从穷山沟里“饭都吃不着”的普通少年，到今天重塑世界产业格局的企业领袖，饮水思源，张道才特别感谢时代，感恩从小生活长大的家乡故土与父老乡亲。所以在企业的发展壮大过程中，只要有机会，张道才总是热心社会公益，回报社会，希望能帮助到更多的人，实现共同发展和富裕。

## “高质量就业”

到2018年底，三花拥有全球员工2.2万多人，其中海外员工2000多人。在张道才的心目中，这些不仅仅是他的员工，也是到三花平台上共同创业的伙伴，他一直努力为他的这两万多名伙伴创造优良的发展平台，完善公平合理的激励机制，营造为事业而奋斗的企业文化，让大家对企业愿景“共感兴趣”，并使之成为自己的职业愿景，从而发挥聪明才智和创造激情，共同奋斗。在2016年全球B20杭州峰会上，张道才作为B20“就业与增长组”成员，提出了“高质量就业”的概念，认为企业不仅要提供就业机会，还要提供“高质量”的就业岗位。在B20峰会现场，张道才这样阐述他的“高质量就业”概念：一方面要通过科技创新，创造更高质量、更多数量的就业岗位；另一方面也要通过培训教育，提升员工的专业技能和文化素质，适应更多、更好岗位的需求。这才是社会和企业、企业和员工的多赢之道。在三花的核心价值观中，“员工满意”位列“顾客满意”之后，名列第二，排在“股东满意”之前。“最终来讲，只有员工的发展成功了，在企业发展中也实现个人价值了，企业才算真正成功了。”

## 回馈社会

不仅仅是企业和员工的共同发展。作为行业龙头企业，到2018年，三花仅在新昌当地和周边县市，就带动了100多家制冷中小型企业的创立或发展，创造了两万多个就业岗位，带动了这一块的年产值超50亿元。从中培养的完整产业链、当地各层次的经营管理人才和熟练技工，更是一笔难以估量的财富。2018年，三花上缴国家税收11.2亿元，长期位列浙江省百强纳税企业榜。用当地干部的话来讲：“这是实实在在的社会贡献。”

2013年，张道才还在新昌县成立了以他名字命名的“道才公益基金会”，和儿子张亚波、张少波共同出资1000万元，用于巧英乡细心坑、雪头等村的老弱病残补助、困难子女读书补助和村级公益事业建设。他设立了新昌调腔保护发展基金，首轮捐资100万元，支持保护调腔这一全国硕果仅存、被称为“和熊猫一样宝贵”的地方戏曲发展。2008年，在新昌县人民政府设立的“新昌县慈善

父子三人共同捐款1000万元，成立“新昌县道才公益基金会”

冠名基金”，张道才提议捐赠3000万元，以实际行动回报家乡，造福桑梓。

在教育事业捐赠上，张道才尤其热心。在上海交大、西安交大、浙江大学这些名牌大学设立奖学金、奖教金的同时，他也在家乡的著名中学澄潭中学设立了奖学基金。早期他在新昌县西郊乡创业，担任县、乡两级人大代表时，听到老百姓最一致的呼声就是办学校，解决适龄孩子的读书问题。当时的张道才处于创业早期，公司资金并不宽裕，但他还是捐资新建了一所完整的西郊中学，帮助解决办校难题。在举世震惊的2008年汶川大地震后，他第一时间专门召集高管开会，组织公司和员工捐赠，一下子捐款近400万元，被浙江省政府授予“慈善贡献奖”。在浙江省结对扶贫奔小康、新昌县“五水共治”等公益工程中，三花从未缺席，2014年就为“五水共治”捐款1000万元，各种捐赠累计达数千万元。2018年11月，在接受《浙江日报》“浙富论”专栏采访时，张道才说：“我也是从新昌最贫穷的山沟村里走出来的，明白贫穷的滋味。我们参加多种结对扶贫，成立基金，给读不起书的孩子资助学费，给家乡农村的老

2017年11月7日，张道才邀请浙江省乡镇企业局老领导和外地已退休的创业时期专家顾问考察三花

人们和困难户一些照顾。这也是企业家的义务和责任，责无旁贷！”

当然，作为一名企业家，他最大的社会责任和公益担当，还是做好企业，做好自己的产品。对于这一点，张道才从来都想得很清楚。“我们要珍惜这个时代，做好自己该做的事情。”张道才心中的“自己该做的事情”，就是实现三花愿景中所描绘的“发展智能低碳经济，营造绿色品质环境”，为世界贡献绿色环保和智能化控制的产品与技术。这是三花最大的公益，也是最大的社会责任。

·|附　录|·

# 三花人物画像之任金土

三花的现任“财政大臣”叫陈金玉，金玉良缘，是个“财政大臣”的好名字；三花的前任“财政大臣”叫任金土，五行生克，土生金，也是个“财政大臣”的好名字。

1981年5月，任金土从西郊的一家乡镇企业调入同样隶属于西郊乡的制冷配件厂（三花前身）当会计。那时候张道才是管销售的副厂长。任金土是西郊人，但他看到了张道才身上蕴藏的巨大能量。他看到他们第一次搞承包的时候，4个主要承包人分到了10万元的超额利润奖。

10万元，在万元户极为罕见的20世纪80年代初，是一笔巨款。4个人分配了这笔巨款，张道才第一次尝到了“有钱”的滋味儿。职工们也雨露均沾，任金土说，大家每人分到了2000元，而那时候一个月的工资也只有29元。

1984年，工厂又搞承包，西郊乡的头面人物分成了两派，一派力主老厂长主政，另一派觉得张道才能力更胜一筹，希望他来承包。最终，外来户张道才胜出了，老厂长去了另一家冷气机厂。

老厂长走的时候，张道才说，设备和人任你挑。老厂长带走了技术骨干，他们都是西郊人。任金土选择了留下来，与他一起留下来的还有王德锋，他们后来一起构成了张道才的“国王班底”。

日子一天天过下去，张道才的冷配厂越来越红火，而冷气机厂则陷入

三花30周年庆典上，张道才为30周年司龄以上老员工任金士颁奖

冰冷之中，最后还是由张道才收购了冷气机厂，原先从冷配厂出去的人又回来了。张道才既往不咎，量才使用。

从二位三通电磁阀到空调四通阀、汽车空调电子膨胀阀，三花的拳头产品一个个出现了，三花也走出了新昌，走出了国门，成为制冷配件行业炙手可热的新霸主。在2007年完成对兰柯的并购之后，“三花”已经成为这个行当中最绚烂的花魁。

人们通常只看到事物美好的一面，容易赞颂成功者的远见卓识。他们很少能够了解，那些人是如何熬过最艰难的时日。

张道才的好日子，大家都了解。三花靠一个冰箱里的干燥过滤器，销售收入过了千万；靠二位三通电磁阀，利润过了千万，公司上了一个新的台阶。当时开发二位三通电磁阀，三花作为小型乡镇企业，“产品没有产品，资金没有资金，人才没有人才”，依靠国家能源公司的一个“小型节能示范项目”提供的项目经费，完成了开发。这款产品，主要的采购商是海尔冰箱。它使三花在1991年利润超过了1000万。

三花的好日子一下子来了，张道才的心也突然变大了。他开始想搞截止阀。截止阀的开发很顺利，两年时间就完成了全部开发，很快就上了量。截止阀成功了，他就开始惦记起那只“小龙虾”四通阀了。

四通阀是张道才心心念念的一款产品。自他从上海空调机厂搞回那只长得像小龙虾的四通阀样品后，他就天天惦记着这只“小龙虾”。有一次他去日本考察，在鹭宫看到了四通阀，就把人家的产品册拿回来，翻来覆去地看。

当他决定搞四通阀的时候，他的苦日子来了。

张道才的苦日子，他的妻儿并不了解，公司的员工也不了解，只有任金土最了解。三花开发四通阀的同期，公司与日本不二工机合资成立了三花不二工机，公司的“现金奶牛”截止阀注入到了三花不二工机，三花自己一下子失去了一个重要产品。

四通阀初期开发得并不顺利，有一些技术问题始终解决不了，产品也无法上量。那时候张道才在银行里贷了款，在外面借了钱，产品无法上量，利息却不得不付，巨大的资金压力压得他喘不过气来。

任金土说：“那时候张主席压力挺大，让我在跑资金。我资金都是东借西借，搞来搞去都是我在操盘，都是我在借。”

这是三花历史上最难挨的日子，老产品没了，新产品上不来，新厂房正在建设，一屁股债，一屁股压力。即使如此艰难时日，张道才也没有选择出让公司股权。借钱可以，卖股权他不干。

1997年，三花的四通阀业务开始有了起色。艰难时日熬过之后，任金土也被张道才调整了岗位。以前市场销售老起不来，张道才就让他去搞销售。

任金土不想搞销售，他觉得自己没管过销售，不懂。张道才跟他说：“反正我在，你就按照我的想法来做就好了，这个工作我会亲自来抓。”

张道才这么说，任金土也就不好推辞了。况且任金土心思重，他看着四通阀市场没有打开，投下去的设备和厂房像菩萨一样杵在那儿，搞不好就是破铜烂铁一堆，心里头急。

“你一年的折旧多少钱，损失一年就不得了，利息也不得了。我都是外面借过来的钱，我压力也是很大的。这个转折点上，我们实际上也是一次大的血战。”

“四通阀不打开市场的话，三花有可能还会生存下去，但是没有像现在这样的三花。”

1998年兰柯要收购三花的四通阀业务，张道才没卖；第二年，三花的四通阀就开始上量。四通阀之所以能上量，与张道才的销售思路密切相关——“我们把市场服务搬到用户家门口去。”

三花成立了几个办事处，负责当地客户的维护。任金土到处跑来跑去。从此开始，任金土就习惯了在三花一边扮演“财政大臣”，一边扮演“救火队长”。三花搞上市的时候，张道才让他去筹备，做第一任上市公司总经理；三花多元化出现问题的时候，他去收拾绝大多数摊子。

那时候房地产市场不景气。有一次开会，张道才让他去上海管房地产，他又推辞说自己不懂。张道才给他打气：“你是冲到哪里胜到哪里。”因为他“冲到哪里胜到哪里”，所以张道才但凡遇到难题，需要有人顶上，第一个想到的就是任金土。

就这么走着走着，任金土突然发现，自己与张道才都老了，张亚波已经成长为三花新的领导者。他知道自己是时候退了。

“他为什么这么信任我？”他问自己，“我这么多年下来，跟老板一起打天下，什么事情都没出过纰漏，对三花也是赤胆忠心。这么多年，很多事情都是老板在决策，我在下面操盘。他在心底里面是完全放心的，这就叫‘信任感’。”

任金土亲历了三花历史上的所有关键时刻。他与张道才一起熬过最艰难的时日，也享受过成功带来的荣耀。他曾主导过张道才一生得意的并购兰柯谈判，也曾与张道才一起驱车在内蒙古的沙漠上寻找未来。

当他退下来之后，他时常会想起，以前每逢公司遇到难题时，底下人都会在那儿撺掇，“让任总去烤一烤，让任总去烤一烤”。他愿意去“烤”。这是张道才对他的信任，是他们多年来创业的兄弟情，是三花的情感沉淀。很多年之后，当三花矗立成一座中国制造业雄伟的纪念碑时，他知道一定会在上面刻有一个自己的名字。

第五部分

# 未来已来

每一个未来其实都摆在我们面前，关键是谁睁开双眼提前看到。未来到来的时候，有的人看到的是表象，有的人看到的是假设，有的人看到的却是滚滚雷声下的巨潮。

# 陌上花开

“使我们的集团逐步向国际化、多元化发展，使我们在冷配行业中成为中国之首、国际一强。日本有三菱，中国有三花，这就是我们的奋斗目标。”

每一个未来其实都摆在我们面前，关键是谁睁开双眼提前看到。

未来到来的时候，有的人看到的是表象，有的人看到的是假设，有的人看到的却是滚滚雷声下的巨潮。

## “关键还是在人才”

北电网络破产的时候，诺基亚与爱立信抢设备、抢资源、抢客户，而任正非却不遗余力地收揽人才。他知道，有了人才就有了技术、资源与客户。人才，比什么都重要。

张道才从创业之初就知道人才比什么都重要的道理。“三花”——管理、科技、人才，根本的元素就是人才。

有了人才，就有了未来。

20世纪80年代初，张道才曾在自己侄子董士富十几岁时，把他从雪头村带出来工作，一次去上海的途中，他对侄子说："汽车我已经坐过了，火车呢，我要坐一坐，飞机呢，我至少要看到过。"

那时的张道才肯定不会想到，没过几年他就坐着飞机去丹麦考察，再过些年，他会参与全世界最先进的新能源汽车制造事业，并且去攻克世界上其他企业无法突破的技术难题。

从三花为"未来公司A"解决燃眉之急的案例可以看出，三花的研发工作已经进入了全球意义上的高效率创新阶段，与之前产品动辄八年十年的开发量产周期不可同日而语。当然，这与张道才一直以来坚持的人才、科技、管理立企的战略密不可分。

2016年的半年度经营管理大会上，张道才表示对"未来公司A""未来公司B""未来公司C"项目不再争取"多"，而要做好质量。

"如果说科技创新是企业高成长的基础，那么人才资源就是发动机。资源有限，智慧无限，以科技创新为重点的竞争，尤其注重要发挥人才团队的努力奋斗精神，发挥他们的积极性和创造力。还是以汽车热管理系统业务的发展作为例子。前一阶段，汽零和研究院的联合团队，以'把不可能变为可能'的拼搏精神，在产品研发和设计验证上的首创智慧，充分发挥每一个人的积极性和创造力，已经实现了我们预期的目标。开局非常良好，前景非常广阔，但是接下来挑战也极为巨大，核心就在于怎样做好已经获得的产品项目，成功实现产业化。这是最关键的。"

"汽车行业的要求本身就高，我们又应对的是全球最顶尖汽车制造商的要求，从二级供应商向一级供应商升级，很多知识和标准都要重新学习与实践，客户要求的实现批量供应的时间又很短很紧。而无论是提升技术创新的开发能力，还是投资工艺装备能力、贯彻质量体系、确保产品质量，关键还是在人才，在于干部员工的思想意识到位、专业能力到位和实际工作到位。现在三花在电动汽车领域的新产品项目，有的是独家配套，直接面向全球知名电动汽车制造商，万一出现质量事故，将直接影响到汽车制造商客户的整体生产，负面后果非常严重！所以我们对此要充分提高思想重视程度，把工艺装备投资、TS16949和VDA6.3等行业质量体系保证、人员素质培训提升这三大质量要素贯彻到底，准备工作要做到绝对过细，集中全力确保电动汽车领域已有的产品项目顺利实现批量生产，符合客户要求，达到客户满意。所以对科技研发和管理人才的培养，对国际化销售和技术服务团队的建设，对普通员工的培训，对全员质量意识的教育和质量体系的贯彻，都要下决心去提升。一方面是知识和能力的培训，另一方面是文化和价值观的建设，包括学习借鉴德国、日本优秀企业的成功经验，使全员都能充满强烈的斗志，主动把本职范围内的创新和改进作为一种自觉驱动的行为，成为发自内心的乐趣，并在这种追求中不断创造成绩，获得激励，提升自我。只要做好了当前的重点产品项目，成功实现批量生产后的客户满意，三花在新能源汽车领域内的发展机会就会源源不断地来到，三花未来30年的持续发展也将奠定更为坚实的基础。”

但是在获得“未来公司A”“未来公司B”“未来公司C”的优秀供应商称号之前，关于汽车，三花还有一段不可忘却的历史。

## 与汽车相关的第一个主导产品

在创业的第一个10年（1984～1994年），三花在基础期形成了冷冻冷藏、家用冰箱、家用空调、汽车空调四个大系列的配套产品。接下来的10年被张道才定义为二次创业，三花将进一步开发新产品，改进老产品，形成完整的制冷空调控制元器件系列产品。

其中，汽车空调膨胀阀是1987年起三花与上海交大联合体共同研发的，1990年10月通过省级产品鉴定，1992年与北京吉普和广州标致配套成功。

这是三花与汽车相关的第一个主导产品，也是有相当技术含量的一个产品，因为之后多年随着研发水平的进步与技术积累，随着中国汽车市场的爆发以及全球汽车市场的不断发展，三花在汽车空调领域的扩张变得举足轻重。

在引领汽车零部件行业的部分技术创新之前，张道才第一次见到汽车膨胀阀是在他第一次出国考察时，在丹麦的丹佛斯之后，他到德国斯图加特市的艾格尔霍夫公司参观。膨胀阀，特别是汽车膨胀阀是艾格尔霍夫的主要产品，占到了整个欧洲市场的80%。当时艾格尔霍夫年产各类膨胀阀的数量已达到1200万只。在艾格尔霍夫CEO的亲自陪同下，张道才参观了由毛坯到产品包装入库的全部生产过程，他们甚至热情地陪同他参观了实验室。

1992年7月，张道才率队出国考察20天之久，目的就是落实汽车空调热力膨胀阀、汽车空调贮液器两个项目的关键设备，洽谈汽车空调热力膨胀阀的技术引进与合资事宜。6人的考察团相比第一次出国时已非常成熟，除了张道才，还有总工程师汪钦尧、厂长助理王长生、分厂厂长吕灵秋，以及省计经委能源处的一位工程师和一位翻译。

其中德国站张道才再次来到了艾格尔霍夫公司，他已不再是当年那个看新鲜的中国厂长。他与艾格尔霍夫的老板谈判，打算签订技术转让与合资协议：100万马克，取得汽车空调热力膨胀阀的生产技术权与商标使用权。在新昌以嫁接的形式筹建公司，总投资200万马克，年产汽车热力膨胀阀60万只。但由于艾格尔霍夫不肯将膨胀阀的核心技术转让给合资企业，最终合同没有签订——张道才是不会允许自己的企业成为国外品牌的代工厂的。

那趟考察，三花团队还去了日本，张道才在东京会见了日本不二工机株式会社国际部部长滨田名夫等人。不二工机（FUJIKOKI）是20世纪40年代就成立的企业，主要生产汽车空调配件、家用空调配件、冷冻冷藏配件，和三花的产品系列接近，其中不二工机的汽车热力膨胀阀和空调贮液器在全球市场的占有率都是最高的。

第二年，三花的考察团再次来到日本，不二工机社长横山隆吉亲自接待，表示有意向与三花在汽车空调膨胀阀与贮液器方面进行合作。

那几年，除了不二工机，日本鹭宫、三菱重工、美国华阳公司、三电国际公司等外企也都多次与三花有过接触，商谈合作的可能性。也是1993年，三花的产品开始走出国门，外贸出口额为177.45万元。

## 张道才的合资逻辑

张道才那时对于合资的态度非常鲜明。他认为外方来中国投资的背景主要是发达国家市场基本饱和，并且进入衰退期，中国市场潜力无限，他们来中国投资无非是想开拓市场。而三花进入他们视野，一是他们看准了三花在同行业公司中的地位，二是看准了三花的经营机制，在国外企业来三花工厂参观时，他们也看到了三花的工作激情与近几年的业绩增长。

而三花是否与外企合资，合资的目的又是什么，张道才也想得很清楚：引进先进技术和设备，学习他们的管理经验，提高产品质量，缩短与发达国家之间的差距；引进资金和管理方式，使三花的产品能朝着规模经济的方向发展，提高国际竞争力和经济效益；加速转化三花的经营机制，与国际市场接轨，参与高层次的国际市场竞争。

与外国企业合作，无非是从各个方面，“逼迫我们提高企业的整体素质”。

1994年8月2日下午5点，上海波特曼大酒店，中外合资三花不二工机有限公司签字仪式正式举行，不二工机的社长横山隆吉、部长滨田明夫、常务董事山本薰出席。另外的合资方日本三菱商事株式会社和日本东方贸易株式会社均派代表出席。四个合资单位共同签署了合资企业经营合同书、合资企业章程、技术转让合同3份文件。

合资公司的名称叫三花不二工机有限公司，计划年生产经营房间空调及冷冻冷藏截止阀200万套，汽车空调膨胀阀55万台，在国内销售，合营期限不定。合营公司总投资95250万日元，其中三花出资37%，不二工机出资39%，三菱商事出资15%，东方贸易出资9%。

第二天，一天的会谈过后，他们拟定了张道才为合资企业董事长，山本薰为副董事长。一个月后第一次董事会召开，任命山本薰为总经理，并分别任命双方企业的高管担任副总经理和总工程师等职位。1994年12月26日，三花不二工机有限公司终于正式开业。

横山隆吉后来在公开讲话中说："在中国，不二工机从10年前开始向中国出口销售空调、冷冻设备等各种自控元器件，近年来，中国实行改革开放的经济政策，呈现出前所未有的生机，受到了世界各国的瞩目，这次，我们与中国浙江省新昌制冷配件总厂、世界规模最大的贸易商社三菱商事以及精通中国经济贸易的东方贸易株式会社四方一起参与投资，成立了在中国生产、销售的合资企业——三花不二工机，对此我充满信心。"

同是1994年，10月19日，庆祝新昌制冷配件总厂创业10周年，同时也是庆祝"浙江三花集团"正式成立庆典活动的日子。这一天正好也同时庆祝了三花不二工机有限公司的成立。

## 三花之歌

三花这个名字，来源于1985年冷配厂注册的商标，最初的含义仅仅是制冷行业熟知的低温状态下水汽凝结成冰，既切合行业主题，又有冰花灿烂、光彩夺目的美好寓意。曾在新昌县政府工作，后来成为冷配厂办公室主任的寿济成想起张道才一向强调的科技、管理、人才，就为三花这个名字赋予了新的内涵：科技之花，管理之花、人才之花。

《三花人手册》对此进行了阐释：科技之花是三花的核心竞争力，用自己的开发能力，开发出技术含量高、附加值高的产品，以自己的力量开发高科技设备，形成独立的知识产权；管理之花是以贯彻ISO9000标准作为提升管理水平的突破，博采众长，学习国内外优秀企业的管理经验，形成具有三花特色的管理模式；人才之花是我们最宝贵的财富，发展培养一大批知识化、年轻化、专业化的经营、管理、科技人才作为三花不断发展壮大的动力。

哈佛大学公共卫生学院对气温与认知的关系进行了研究，结果发现，居住在无空调、温度更高的住所的年轻人，认知功能明显受到影响，反应速度下降13%，对事件的处理能力也降低了约10%。

对消费者来说，三花是一家让人类生活更舒适、美好的企业，它连接着绿色环保及智能化的发展方向，使人们走向未来更先进、高效、文明的世界。

在进行企业文化建设时，张道才酝酿良久，提笔为《三花之歌》作词，请中国音乐文学学会常务理事钱建隆谱曲。

多少年雪雨风霜
三花茁壮成长
大潮中快速反应
稳健经营
辛勤开创
科技是推动三花发展的动力
管理是保证三花效益的源泉
人才是实现三花未来的希望
新的团队，已经出发
齐心合力，再创辉煌
看新的团队，已经出发
齐心合力，再创辉煌

在三花10周年庆典晚会上，张道才上台献唱京剧《智取威虎山》选段

## “中国有三花”

在这之前，由冷配厂转型为具有“三花”品牌的企业，属于张道才为冷配厂制定的发展思路的一部分：股份制，集团化，外向型，高起点，专业化，大生产，实现小型巨人，争取行业和市场领先。

1994年1月19日，冷配厂召开“三花集团”筹备领导小组全体会议，讨论集团章程，组建方案，拟定集团名称为“浙江三花集团”，集团公司的法定地址位于浙江省新昌县城关镇下礼泉。

集团的宗旨是根据国家产业政策，大力发展各种制冷空调自控元件和配件，坚持以市场需求为导向，科技进步为依托，强化管理为基础，提高质量为主线，发展外向型经济为突破口，争行业领先，创企业一流，充分发挥集团整体功能和规模效益，增强市场竞争力，为我国机械工业的发展作出较大贡献。

集团的组建则以社会主义市场经济体制的要求为原则，推动生产要素合理流动，优化企业组织结构，充分发挥群体优势，促进科技进步，提高规模效益。

当月底，在《组建浙江三花集团协议书》上，所有集团单位签字。之后浙江省经委、省体改委发文批复同意浙江三花集团成立。集团以冷配厂为核心层，以控股分厂、分公司为紧密层，以大专院校科研单位为半紧密层，以经销、外协单位为松散层。集团公司实行董事会领导下的总经理负责制，原行政隶属关系、财务税收渠道不变，挂靠省乡镇企业局，行业归口省机械工业厅。集团总资产2.75亿元，由45家企事业单位组成。

这一年张道才45岁，三花这个词被命名为他的事业，成为整个曾经的“新昌制冷配件总厂”的品牌。他靠着一腔热血与实干精神，在天时地利人和的基础上，走出了自己“小商品、大市场、专业化、大生产”的小型巨人之路，从此，他的一生以及后辈，都将为了这个名字投入奋斗，像他一样，投入最好的青春年华。

这一年也是中华人民共和国成立45周年，改革开放的第15年。在冷配厂10周年庆典上，张道才亲自上台献唱《智取威虎山》选段，并在致辞时动情地说："这个日子举行庆祝大会，具有特别深远的意义。这10年是我们国家突飞猛进的10年，也是我们企业发展最快的10年，经济效益最好的10年，职工收入幅度增长最大的10年。"

新昌电视台现场直播的庆典上，张道才对着40万新昌人民总结自己当厂长以来10年的工作成果："这10年，新昌冷配厂工业总产值由1984年的245万，发展到1993年的8715万元，增长了35倍；利税由53万元发展到1472万元，增长了27倍；实有资金由24万元，发展到6700万元，增长278倍，职工年平均收入由686元，增长到6140元，增长了8倍。企业先后被评为全国乡镇企业先进企业、部级科技进步企业、省优秀企业和省文明单位。

"在新的形势面前，首先我们要充分发挥集团的综合优势，实行工科贸一体，在科研方面，进一步发挥大专院校、科研单位的技术、人才、信息优势，开发高新产品，提高技术含量；在经营方面，和全国各大中城市的经销公司组成销售网络，提供优质的三花产品；在协作方面，与各地原材料供应单位和生产协作单位进行合作，形成集团的供应和加工基础。其次，要实施集团的发展战略，做到点线面相结合，抓住制冷配件这个'点'；所谓'线'，就是实现从单一生产制冷配件到科工贸一体化，形成多种经营格局；'面'就是朝综合性的跨国公司方向发展，向机电、金融、贸易、房地产等方面拓展。把发展外向型经济作为振兴集团的一个新的突破口来抓，积极吸引外资，扩大与国外的经济技术交流和合作。"

低调的企业家，在叙述了实际情况与目标方向后，此时终于说出了一句豪情壮语："使我们的集团逐步向国际化、多元化发展，使我们在冷配行业中成为中国之首、国际一强。日本有三菱，中国有三花，这就是我们的奋斗目标。"

# 车轮上的三花

张道才身上对产品所谓的敏感性，其实更多的是他的虚心。他会善于收集行业内的各种信息，很能听取不同人的意见、观点，然后加以学习利用。

## 看准汽车市场

关于张道才为什么看产品的眼光如此前卫和精准，仿佛预见性这种品质像天赋一样存在于他身上，不同的人有不同的看法。其中一种看法是，张道才身上对产品所谓的敏感性，其实更多的是他的虚心。他会善于收集行业内的各种信息，很能听取不同人的意见、观点，然后加以学习利用。比如在他坚定信念开发四通阀之前，自己也不是百分百确定这是个有未来的产品。于是他请教了许多人，最终判断四通阀是个必须要做的好产品，必须全力以赴。

做不做汽车空调整机，这个问题与当年做不做冰箱或空调整机一样，张道才给出的答案都一样坚定，答案也类似："三花已经开发了许多汽车空调部件，如果我们也开始搞汽车空调整机，就会与主机厂形成竞争的局面，这对整个汽车空调控制元器件的生产经营都是不利的。"

汽车空调贮液器是1994年开发成功的，这也是汽车空调制冷系统中的重要部件，安装于冷凝器和膨胀阀之间的管路中，具有干燥、过滤、系统压力保护等多项功能。开发成功的第二年，汽车空调贮液器的主要技术性能指标就达到了20世纪90年代初国际同类产品的水平，并成为国家重点新产品和国家级星火推广项目。汽车空调贮液器先向天津夏利小批量供货，然后与上海德尔福、法雷奥、空调国际、昭和电工等公司配套，后来常常获得客户授予的“优秀供应商”称号。

新世纪来临，中国汽车市场开始以惊人的速度发展，汽车工业的进步速度也紧跟市场发展的脚步。2002年，中国汽车产量达到325万辆，其中轿车就有106万辆，2003年中国汽车产量444万辆，轿车202万辆。这一时期汽车生产的平均年增长率保持在33%以上，而其中轿车的增幅是60%。在整个汽车工业中，轿车的比重从1990年的不到10%增长到1997年的30%，2003年更是达到了45%——这代表着人民生活水平的大幅提升。张道才的视线也随之变化：老百姓用家用冰箱，他就开发二位三通电磁阀；老百姓开始购买空调，他就开发四通换向阀；如今，他更加重视汽车温控的零部件了。

在全球最有潜力的轿车市场，三花集团拥有巨大的市场机会，而比起冰箱与空调，汽车制造业不管在资金还是技术上，都是更加密集型的产业，核心技术与雄厚的资金实力缺一不可。张道才判断，虽然外资企业仍是中国汽车零部件的主导力量，但中国民营企业的力量总归会越来越强，成为汽车零部件中不可缺少的主导力量。

## 布局汽零产业

1998年，为了更好地服务客户，将业务做到客户家门口，三花与合作伙伴联合开办了上海三花电气有限公司。这是三花第一家办到了客户“家门口”的汽车业务子公司，总投资300万元，由三花集团与上海汽车空调器厂、上海安建工贸公司合资成立，主要生产销售制冷配件、汽车电器、电机、电子电气控制元器件。

从1998年建立上海三花电气有限公司开始，三花逐步涉足汽车零部件的经营。2003年11月，吕祖善与张道才交流，告诉他汽车是继家电产业之后的又一个大产业，中国将成为全球汽车零部件的制造基地。他十分支持三花在汽车零部件上的投入。2004年，张道才在杭州为三花控股集团召开了新一年的经营计划会议，明确提出了发展汽车零部件产业对集团未来发展的重要性及战略意义。

这是三花第三个10年发展阶段的开头，张道才让领导班子意识到，三花的持续成长需要寻找新的产业空间，而汽车产业就是三花新的梦想家园。只是，无论从产品布局、技术储备还是企业竞争力上看，在新领域三花还只是开始，有很长很长的路要走。

2003年6月，浙江三花钱江实业有限公司、沈阳金杯汽车工业有限公司在沈阳设立合资企业，注册资金3500万元，其中三花方占比80%。沈阳经济技术开发区是中国北方汽车零部件的重要生产基地，沈阳金杯三花汽车部件有限公司主要生产铝塑汽车散热器、暖风散热器、冷凝器、蒸发器等汽车部件，是辽宁当时唯一的铝制汽车热交换器制造企业，产品主要出口欧美、东南亚等20多个国家和地区。

同年7月，杭州三花东汽车桥有限公司成立，其中三花钱江实业公司出资560万元，东汽实业公司出资240万元。三花东汽公司主要生产和销售各类汽车的前后桥总成、空气悬架总成、缓速器总成及零配件。三花规划，未来这家公司要将客车车桥的产品市场化、系列化，涉及多种客车车型，然后在此基础上开发技术含量高、附加值高的产品，掌握核心部件的自主研发能力。

当年年底，三花集团通过青岛法院判决，购买韩国都瑞60%的股权，第二年就投资5500万元，新建了三花都瑞轮毂有限公司，其中沈阳都瑞轮毂有限公司投资2500万元。公司规模为年产100万只轮毂，一期规划产能100万只铝合金轮毂，计划未来年产达到500万只。张道才的设想是，等年产值达到150万只时，就开始重点考虑成本问题，将高能耗和低能耗、高附加值的工序分开，分别设厂，比如压铸等高耗能的工序，把厂设在电力充裕并靠近原材料的厂区，将精加工工序设厂到汽车生产厂附近，以都瑞作为过渡品牌，最后要主推三花品牌。

仅仅2003这一年，三花就投资成立了3家汽车部件业务的公司，布局了汽车的散热器、冷凝器、轮毂、前后桥等多个零部件。2002年9月，以研发技术含量高的汽车空调膨胀阀为突破口，迅速占领汽车空调领域的制高点，三花集团还成立了汽车空调部件事业部，从原先在新昌的管组事业部分离出来，后来搬迁到杭州下沙的三花工业园，主要生产汽车空调膨胀阀、贮液器、压力开关、电磁阀等。

2004年，三花20周年庆典上，三花汽车零部件集团正式宣布成立，初步形成的产业架构由桥、泵、轮毂、“两器”（蒸发器和冷凝器）及各种汽车空调控制元器件搭建而成。

从三花布局汽车零部件产业的速度和投资额度可以看出，张道才看准了汽车市场，并在汽零产业寄托了自己关于未来的野心。他要为三花的下一个10年寻找支柱产品，不管这个支柱产品是不是汽车空调膨胀阀，张道才能确认的是这个支柱产业一定会出现在汽车领域。

未来会验证他的哪些设想成功、哪些布局失误，但是此阶段的汽车零部件积累，为日后三花在汽车产业的地位奠定了基础。之后中国汽车产业的发展速度、客车的销量增速、千人汽车保有量、占全球汽车市场的份额等数据，都足以让三花的汽零布局为之振奋。

## 牵住“牛鼻子”

1994年到2001年三花与日本不二工机有限公司合作生产开发，三花原本是想通过与品牌企业合资经营，学习先进技术，既避免受到进入WTO的冲击，又可以提高企业的技术水平与管理水平，抓住汽车工业的发展机遇，使企业在专业化的道路上更加深入。但是，由于种种原因，直到与不二工机合资6年后的2000年，不二工机依然不肯将膨胀阀的关键技术与三花共享，这显然违背了三花当初与其合资的初衷，于是最终停止了该业务的合资合作。

2000年，三花重新检讨了与日本不二工机长达6年的合资合作，感到日方并没有按照约定与三花分享汽车空调膨胀阀的关键技术，继续合作已无意义，甚至会制约三花在汽车空调零部件领域的发展，经过考虑，三花下决心回购合资公司的日方股份，重新启动了汽车空调膨胀阀系列的开发工作。

张道才认为汽车空调膨胀阀与四通换向阀的研发会很相似，都是先从拥有一定技术含量的产品做起，然后开发延伸产品系列，逐渐实现“路越走越宽”的过程。这一阶段的市场竞争态势也与研发四通换向阀时接近，面临几家强大的竞争对手，也要通过几年的努力追赶实现产品超越。但不同的是，三花当下的技术实力已经与研发四通阀时大不相同。因此张道才有信心：虽然汽车空调膨胀阀的技术难度大于四通阀，但现在的三花有优秀的人才和相当的经济实力，只要有信心，敢冒风险，能够拿出一整套可行性方案，那么主动权就在自己手里，不用依赖任何外部公司就能自主研发成功。

经过前期多年的市场摸底和技术准备工作，如今重新整合开发，三花在2003年底突破了汽车空调膨胀阀的技术瓶颈，完成了产品的设计开发，实现了项目目标，并通过了上海德尔福等客户的认可。2003年到2004年是三花的汽车膨胀阀进入大批量生产的阶段，2003年产量还只是2.78万只，2004年就达到了22.56万只，堪称井喷式增长。此后几年几乎每年保持了翻番的增长。天津三电也把所有膨胀阀业务给了三花，台湾松下、一汽杰克赛尔等主机厂也成了三花的客户。

其中日本三电的市场开拓是一个里程碑。日本企业对产品质量的要求之高无须赘述，据当时日本三电采购人员的回忆，当时三电想要降低生产成本，便在全球范围内寻找潜在供应商。在天津三电的推荐下，三花进入日本三电的视野。

当时日本三电给三花、TGK、不二工机3家候选供应商分别打分，通过技术、成本、质量、交货期4个方面的比对，刚刚在汽车膨胀阀上起步的三花总分排名第三，弱项是技术和质量。但三电并没有把三花划为价格低廉质量堪忧的坏品牌，三电的采购商跟三花有过直接接触，认为三花是有理想、有热情和有事业心的未来合作伙伴，于是用半年时间派技术和品质人员到三花厂区内进行技术沟通和指导。三花也用最快的速度弥补了自己的短板。近一年的磨合与改进，三花汽车空调膨胀阀的量产能力和质量水平较之前已不可同日而语，完全有竞争力成为日本三电的标准供货商。一向不肯降价、态度强势的不二工机此时已来不及改变市场策略，三花打开了日本市场的配套大门，开始配套伊朗三电标致车型，年用量20万套，之后又成功为泰国三电、印度三电、日本三电等全球的三电项目配套膨胀阀。

直到2005年，汽车空调膨胀阀通过了省级新产品鉴定，技术水平与国际同类产品开始齐平。之后两年被认定为省级高新技术产品，后又成为国家级重点新产品。

## 汽零产业发展期

2004年10月，浙江三花汽车零部件有限公司成立，其中三花控股集团出资7200万元，浙江三花钱江实业公司出资800万元。当时的三花汽零主要从事汽车空调零部件的销售工作。但从那时起，张道才开始筹划将位于新昌的汽车空调部件事业部从三花制冷集团内剥离，并搬迁转移到杭州。因为杭州经济技术开发区对汽车产业的政策扶植力度，加上三花东汽车桥等公司在开发区打下的基础，所以张道才打算把杭州三花工业园建成汽车零部件的产业基地，用新项目和新产品推进园区进一步发展，打造汽车部件产业发展的新平台。而在此之前，张道才已经“下重手”，把时任浙江三花集团副总裁，分别主管制冷空调主业制造、技术的大将王大勇、史初良，都调到汽车空调部件事业部，兼任这个只有事业部的部长和技术负责人。当时的汽空事业部，在三花制冷集团内是最小的“小弟弟”，只有几百万销售规模。但是，它的领导班子配置却是最高的。

2006年底，三花汽车零部件公司出资1400万元，占投资比例70%，与海克赛尔新加坡有限公司合资成立了浙江三花汽车控制系统有限公司，主要生产和销售汽车空调铝膨胀阀、铜膨胀阀、贮液器等产品。

2008年，全球金融危机爆发。这一年对中国几乎所有企业来说都是至关重要的一年。到下半年，金融危机的蔓延终于影响到了飞速发展的中国汽车市场销量，但那年三花的汽零业务还是完成了计划中的销售业绩，汽车空调膨胀阀和贮液器都实现了技术和市场拓展的进步，并在2008年之后的几年业绩继续趋好。

“2008年以来的重点是大力拓展国内外市场，不断提高产品质量与市场占有率、知名度。特别是汽空膨胀阀，在经过多年精心培育与自主开发后，希望继续加强培育和开发能力，与四通阀一样成为三花新的主导产品，到2010年争取实现1000万只规模的产能与销售。因此，三花汽零2008年工作的重中之重就是提高市场和开拓能力，国内市场要集中力量向中高端车型推进，充分利用贮液器建立起来的业务关系，带动膨胀阀业务的发展；国际市场要稳定在现有市场的前提下，重点抓好法雷奥、马勒贝洱、德尔福、三电、日本昭和等重点客户新车型的配套，并向美国、日本、韩国、巴西、印度以及欧洲等市场积极推进。”

张道才在那年的经营会议上总结并提出了具体的数字目标，更重要的是，他还要加大汽车空调领域的投资与培育力度，确保该产业迅速崛起，然后等待条件成熟，通过内部重组整合和国际并购等途径，使汽车空调控制部件产业形成有竞争力的产品系列，创造条件争取上市。

2008年之后，三花汽零和汽控公司的销售体系逐渐完善，市场占有率不断扩大，国内设立了北方事务所、上海事务所、南方事务所，国际市场设立了国贸部一所、二所，在日本、美国都设立了分公司，德国、印度办事处也相继成立，除此之外还有9个驻外寄售仓库。更重要的是，三花成为法雷奥、马勒贝洱、三电、德尔福等国际一流汽车空调厂商的全球合作伙伴，奔驰、宝马、大众、沃尔沃、奥迪、别克这些品牌的车上都有了三花的零配件，三花还是通用汽车指定的两家车用膨胀阀全球战略供应商之一。

如果说与不二工机的合作促使三花在工厂管理与企业整体素质上更上了一层楼，那么三花接下来10年的“导师企业”非宝马莫属。

如今三花新昌和杭州厂区，每一条再小的路，都有醒目的白色斑马线，那就是2012年与宝马合作后提升自己的成果之一。那一年，在基础设施建设方面，三花不惜投入高成本，对整个公司内的所有辅助厂房进行了重建，划分了责任人，制定了6S作业指导书，确保了辅助厂房的整齐，对存在隐患的设备进行了严格的维修或更换，按照统一的排线方式整理了生产设备、空调设施、监控设备，甚至照明路线。这次对生产线的重新布局也让三花在大批量量产的紧张阶段，重新深刻检视自己，提高了场地利用率和作业方便性。斑马线代表着让所有员工养成遵守交通规则的好习惯，张道才也相信，细节的要求能提升员工的整体素养，减少返工，提升工作效率。最终，宝马的再次现场审核，膨胀阀以最高等级绿灯通过。这是宝马中国供应商体系中唯一一家第二次就绿灯审核通过的企业。除此之外，贮液器项目也通过了现场审核。

第二年，三花先后在宝马、奔驰、奥迪等高端车型上获得了配套资格。同年9月，日本电装株式会社的一位顾问在考察三花之后，就精益生产的持续改善，以及精益化与自动化的相互关系方面向三花提出了建议：今天的改善工作先从昨夜改善做起，不断提高精益生产管理水平；在减少浪费、降低成本的基础上，再考虑自动化的改善与投入，完善生产整流化，使精益生产深入人心，全员参与，不断提高精益生产管理水平。

精益生产是三花汽零自认为的强项，但是在精益生产的鼻祖日本电装看来，“到处都是改进的空间”。电装顾问用日本式的含蓄说道，“你们的生产线，在日本是要推倒重来的”。对于三花上下正热烈讨论的生产半自动和自动化改造话题，电装顾问不置可否，对三花的提问却是：“你们实现了生产线上的节拍最优、浪费最低、没有改进空间了吗？”

面对这样多少有些“打脸”的建议，张道才大力欢迎和支持。这种检视自己、推翻自己的做法，正是一个合格的隐形冠军所追求的。市场领导地位对隐形冠军来说其实只是市场竞争的自然结果，它不仅仅意味着最大的市场份额，更本质的是自身内在素质的第一流。三花想要追求的不仅是市场地位的第一，还有行业的最高标准。如果通过学习提升走到行业顶峰，再来自己设定行业标准，这将意味着未来对客户、竞争对手乃至市场趋势的更强领导。

三花汽空事业部成为一个独立公司之后，三花的贮液器业务蒸蒸日上。2009年4月，浙江三花汽车零部件有限公司收购了苏州一家汽车贮液器的同业企业，进一步整合细分行业。上海三花电气有限公司在连续几年盈利后，2006年出现了首次亏损，亏损额达296万元，并在之后几年的经营和整顿中，始终未见起色。张道才分析：上海城市扩张，要素成本飞涨，不是搞制造业的地方。于是为了发挥三花汽零公司的管理和销售优势，带动三花电气的产品发展，张道才决定将上海三花电气有限公司的生产线搬迁到杭州工业园，划归整合到三花汽零来经营管理，将资源进行有效整合，同时为上市作准备。

## 上市梦遇阻

至此，三花在汽车产业的公司整合、整理告一段落。2011年，三花的汽车空调膨胀阀、贮液器销售都突破了1000万套，成为三花汽零业务的两大主导产品。三花离拥有第二家上市公司的道路更近了一步。

IPO筹备工作开始。三花控股对三花汽车零部件产业各个子公司的经营状况和股权结构作了初步讨论，决定将浙江三花汽车零部件有限公司作为上市主体，并以此为中心，将三花汽车零部件相关产业整合进去，打包上市。

浙江三花汽车零部件有限公司成立于2004年，2006年承接了三花制冷集团汽空事业部的部分资产和业务，开始独立经营，第二年就开始盈利。2010年三花汽零（含三花汽控、哈德森、苏州新智等三花汽车控制业务单元）实现营业收入6.99亿元，净利润1.12亿元，建立起独立、完整的供产销系统和相对完善的技术研发体系与质量管理体系，主导产品汽车空调膨胀阀和汽车空调贮液器全球市场占有率达到了15%左右，成为国内唯一一家、全球四家之一的能够批量配套中高档汽车空调零部件的企业。

从行业地位、经营规模、经济效益和管理水平上来看，三花汽零已经具备了独立上市的条件。在此背景下，为借助资本市场的力量促进公司长期、稳定发展，三花控股集团作出了三花汽零单独上市的战略性决策。

上市工作时间表已制定，计划2011年6月30日以前完成相关重组工作，2012年上报上市申请材料。

遗憾的是，中国证监会发行部告知三花，同业竞争问题难以避免。由于三花汽零主要从事汽车空调零配件的业务经营，而由同一控制人控制的三花股份已于2005年在深圳证券交易所上市，并且其主营业务是制冷空调元器件，短期内这种同业竞争问题难以解决。2012年8月，三花汽零的股东大会形成决议，同一公司性质由股份有限公司变更为有限责任公司，这也宣告了三花汽零上市之路的中断，三花集团第二个上市公司的战略决策暂时中止。

## 汽零产业再调整

为了进一步整合实业资源，三花控股集团在2013年提出了对产业组织架构进行重新调整与划分的构思，其中明确了要将三花汽零划为制冷主业范畴，制定统一运营管理的目标。这将是2007年汽空事业部搬迁至杭州后，三花汽零与制冷产业的再度融合，预示着三花汽零回归制冷产业大家庭，不仅可以充分利用制冷产业的技术和资金资源，更能够将汽车行业严格的管理要求引进制冷产业，两者优势互补，共同扩张三花的实体产业。同样，三花汽零在合适的条件下并入制冷产业，注入上市公司三花股份，是三花控股集团作出的与其单独上市一样重要的战略性选择。

张道才还在2012年底"关于研究控股集团各产业经营发展的重点问题与解决思路"的总裁班子会议上补充道："汽车零部件产业如果仍以现有产品经营为主，则以注入三花股份为首要考虑。如果能通过并购扩充产品线，成为汽车零部件产业概念，则考虑H股海外上市的各种选择。并购的主要考虑要点是并购项目要能在经营上与三花汽零发挥协同效应，比如扩充汽零产品线，带来优质客户资源，促进三花技术研发能力提升等，以并购换取时间，以并购换取市场；在资本运作上能够发挥价值放大效应，具备丰富的持续运作题材，有利于和资本市场对接。"

三花在汽车零部件产业的布局与试探，是张道才多元化设想的其中一元，经过多年的摸索，他与轮毂、车桥等几个错误的产品擦身而过，闪了下腰，最终还是在冷热控制、温度管理的本行领域，沉淀下了拥有自主技术的核心产品。

# 新能源中国

三花一直在等待这样一个全球化、电动化下的历史性拐点。为此，张道才已准备多年，他不想放弃任何一个引领技术、引领未来的机会。

## 新能源汽车市场来了

新能源汽车发展了约20年，2011年则被称为全球电动汽车行业商业化的元年。面对全球能源短缺、环境污染问题越来越多的讨论，以美国、日本及欧洲一些国家为代表的汽车强国纷纷表示将新能源汽车提升至国家战略，尤其是欧洲部分国家不仅提出了禁止销售燃油汽车时间表，还上升到具体法律层面，采取一些限制措施作为缓解能源压力、减轻环境污染的重要方式。各个国家相继出台了一系列具体的政策，鼓励新能源汽车的发展和市场推广。

电动汽车是新能源汽车系列中的耀眼明星，不同国家的路径也不尽相同。美国早在克林顿时期就提出了以提高燃油经济性为目标的计划，之后经历了混合动力技术解决方案、氢燃料电池汽车方案、生物质燃料，还计划过用10年时间实现20%的石油替代，2008年金融危机后，才开始大力发展插电式混合动力电动汽车。2011年，美国拥有全球最大的电动汽车市场，以销量两万辆占全球市场总份额的29.41%。

日本与欧盟的电动汽车分别以销量1.5万辆和1.3万辆分居二、三位。日本采用了双重战略，曾提出2030年交通领域对石油的依赖从100%降到80%的目标，实现方式是提高汽车燃油经济性标准，推进生物质燃料的应用。之后很长一段时间，日本同时发展三类电动汽车：混合动力、纯电驱动、燃料电池。欧洲侧重于温室气体减排战略，对新能源汽车的二氧化碳排放要求日益严格，新能源汽车主要以生物质燃料、天然气、氢燃料为主，后来又开始重视电动汽车发展，并设立了具体时间目标。

在中国，发展新能源汽车是中国从汽车大国走向汽车强国的必由之路。由此，新能源汽车成为七大战略性产业之一，中央财政和地方财政同时补贴新能源车辆生产成本差价，在购置税上进行减免，在新能源公交车运营上予以补贴，还设置了新能源车辆专用车牌不限购等支持政策。2011年中国新能源汽车的销量跟随美日欧之后，达到0.82万辆，并在2014年迎来第一个爆发期，销量占全球市场份额的21.16%。2015年，随着中国对电动汽车市场的政策支持力度加大，全球电动汽车市场格局发生较大变化，中国以51.49%的市场份额跃居全球首位。

如此趋势下，全球电动汽车市场规模呈现迅猛发展态势，从2011年的仅6.80万辆，增长至2015年的64.30万辆，年均复合增长率为75.36%。中国新能源汽车市场需求更是螺旋式上升，2020年规划为200万辆。据中国汽车工业协会发布的数据，2017年中国新能源汽车产、销量分别达到了79.4万辆和77.7万辆，同比分别增长53.8%和53.4%。

综合各方数据，发展新能源汽车作为国家的重点战略之一，各项数据都处在不断上涨期，而电动汽车更是成为新能源汽车的主流。近几年，仅新的电动汽车品牌就数不胜数。不止一家调研机构预测，按照这个发展趋势，纯电动汽车将在2033年前后与对应的传统燃油汽车成本持平，2030年私人新能源乘用车销量占比将在30%以上，其中中国市场这一比例将在40%以上；2050年新能源乘用车销量占比将达70%，其中纯电动汽车型占比为62.4%，“去油化”日益普遍。《经济学人》2017年8月刊发的封面文章说，属于内燃机汽车的日子不多了。瑞银（UBS）乐观地预测，到2025年，电动汽车将占全球汽车销量的14%，远高于今天的1%，性能提升——每千瓦时的成本已经从2010年的1000美元降至今天的130至200美元。其他机构的预测要谨慎些，但也在加紧调高预测结果，原因就是电池成本的降低。

## 三花的历史性拐点

而在汽车零部件产业布局多年的三花，在温控这件事上，新能源带来的意义更是远远大于上述这一切。

新能源汽车的热管理系统，比燃油汽车的更复杂，对零部件的需求也更多。汽车热管理系统是调节汽车座舱以及汽车电池、电机和电子元器件的环境温度，使得座舱和汽车各系统环境温度处于适宜工作条件的重要系统。从旧能源到新能源，对电子膨胀阀、电池冷却器、冷却板、PTC加热器、热泵系统等部件的需求都急剧增加，汽车电动化显著提升了热管理系统的单车价值量。比如根据一份研究报告数据，2017年传统车的热管理系统单车平均价值约为2800元，而新能源汽车热管理系统单车平均价值约为6700元——翻倍增长。

根据《汽车产业中长期发展规划》，到2020年，我国新能源汽车年产销要达200万辆；到2025年，新能源汽车占汽车产销20%以上。数据显示，传统汽车的热管理系统市场较为稳定，预计2025年国内市场空间约743亿元，全球市场空间约1886亿。考虑适当年降，预计2025年传统燃油汽车热管理系统的单车价值降至2500元，预计2018～2025年全球和中国传统乘用车年均复合销量增速分别为1%和2.5%，2025年对应热管理系统市场空间分别为1886亿元和743亿元。

可以说，从内燃机时代到新能源时代的迭代中，汽车热管理行业的变化尤为重要，其竞争格局有机会发生巨变。

根据法雷奥年报，2017年全球传统汽车热管理系统54%的市场份额主要由电装、法雷奥、马勒、汉拿4家国际巨头瓜分——它们的营收几乎覆盖了德系、日系、韩系、美系等全线车系，分别为131.1亿美元、56.0亿美元、49.4亿美元和31.6亿美元。多年来，内燃机时代的它们强大且强势，像当年的日本不二工机在汽车空调膨胀阀领域一样，轻易不降价。

相比巨头，中国几家大的二级供应商，比如三花，成立时间虽晚，但用极快的速度实现了对汽车部件同业竞争对手的追赶和并跑，并在新能源汽车兴起的浪潮中，独具慧眼，先人一步，在自主核心技术和产品开发上抢占全球先机，实现领跑，又用最快的速度提高质量，稳定工艺，获得了越来越多、越来越高端的客户。

三花一直在等待这样一个全球化、电动化下的历史性拐点。为此，张道才已准备多年，他不想放弃任何一个引领技术、引领未来的机会。就像当年三花用一个四通阀产品反向收购兰柯，这个历史拐点也有可能让三花冲破另一个“庞然大物”的防线。

2017年6月，旧金山。在汽零技术产品发展路线会议上，对于三花汽零业务发展中与系统客户关系处理的策略、新能源汽车与无人驾驶汽车的市场和技术发展趋势、公司战略性研发的定位和布局等问题，张道才与参会人员统一思想后，形成了三花今后几年要实际执行的行动计划：三花的产品技术发展定位是“研究系统性能，开发经营子系统与部品”，即在研究新能源汽车热管理系统的基础上，根据客户需求，更好地为客户开发和提供核心部件和组件产品；对于新能源汽车热泵空调系统，三花只做内部研发，不去向市场与客户作商务推广；在系统性能研发真正取得突破、掌握一定主动地位后，再向客户提供技术服务，展开技术合作，更好地为客户提供技术解决方案。

## 机遇与挑战并存

汽车行业特别是新能源汽车、无人驾驶汽车的发展趋势，使三花意识到，三花真正的发展路线，是要通过加强与各类汽车制造商的直接交流和对应，直接获取市场最前沿的需求信息，并根据客户需求开发多种新产品，直接响应，成为汽车制造商的一级供应商。对于和汽车空调系统客户的关系，争取做到不直接和正面竞争；与同类部品存在竞争关系时，可以采取加强合作经营的方式，努力实现共赢。

张道才总结，三花在汽车制造商那儿的地位越巩固，三花对汽车空调系统客户的谈判就越主动，但关键还在核心技术与产品。因此，对于主要的整车厂客户，要有专门的市场、经营和技术团队，与其展开经常性的信息交流，既通过三花迅速反应、以客户为中心的服务态度，也通过不断成功配套的产品项目，不断提升整车厂客户对三花的信任程度，加快拓展三花与整车厂客户的合作关系。

在保证质量的基础上，张道才认为三花要进一步思考产品和技术发展方向，要对三花定义的核心技术系列，包括控制阀件、热交换、电机（泵类）、电子控制技术等，作出全面梳理，在与主流客户深度交流的基础上，分析市场需求及发展趋势，全面整理三花核心技术与市场需求的结合点，识别战略性、纵深性的市场机会，梳理出中长期的产品与技术发展路线图；再通过立项开发，加大人才引进和培养，加强研发设备投资，使三花更好地服务客户需求，创造客户价值，成为全球行业前列的领军者。

不用说，成为“未来公司A”“未来公司B”“未来公司C”这一全球最先锋电动汽车品牌方阵的优质供应商，三花已经迈出了重要一步。

张道才后来对这一阶段的创新进行了总结："我们也要冷静地看到，以科技创新驱动持续发展的道路不会是一帆风顺的。从市场需求调研和创意灵感的诞生，到新技术新产品的开发设计与市场推广，再到对产品的不断验证成熟，对工艺流程的不断优化和最终实现高品质的批量生产，每一个环节都有可能出现反复或挫折；甚至越是行业内重大创新的产品和技术，因为没有前例可以参照，因此在某些环节出现失败的风险也可能会越大。这就是创新的辩证法：追求高技术含量、高附加值的同时，也蕴含着潜在的高风险。所以我们在大力推进科技创新的同时，也要深刻认识到创新的风险，以高度的警觉性发现风险、防范风险、控制风险、化解风险，同时也适当地包容失败。只有这样，三花的创新之路才能更加少走弯路，多出成果。我们接下来的重点，就是要抓产品质量的可靠性，争取上批量规模生产的前提就是必须保证产品质量的零缺陷。只有这样，才能使三花不断超越自我，实现持续发展。"

而这第一步，以及三花汽零近年来市场销售火爆、经营形势火热向好的态势，则得益于更早几年打下的产品和技术研发基础，而这个基础则来自三花战略性研发的载体和发动机——中央研究院。

# 中央研究院

绝不能仅仅着眼于两到三年的产品研发角度，而要从行业竞争与长远发展的视角来思考与规划研究，使三花中央研究院能起到企业研发的大脑角色，甚至起到未来整个行业技术变革发动机的角色。

隐形冠军最重要的理论是第13条和第17条：

“隐形冠军对研发的投入是一般工业企业的两倍多。平均每个员工的专利数量相当于大公司的5倍，也就是说他们的每项专利的成本相当于后者的五分之一。技术和客户需求对驱动创新起着同等重要的作用。”

“隐形冠军是高绩效的组织，它们力图使每个员工都有超出其平均水平的工作职责，它们大量投入员工培训，以提升员工素质，员工的离职率和缺勤率非常低。但在招聘时它们面临很大的挑战。”

——赫尔曼·西蒙：《隐形冠军：未来全球化的先锋》

## 百年三花的“引擎”

张道才正式提出创建三花中央研究院是在2008年的最后一天。

当时正在开2009年度经营计划工作会议，他几乎是发表了一番演讲：“三花中央研究院的筹建事关公司长远发展的大计，要实现“百年三花”的目标，靠什么？要靠能够持续不断地推出市场需要、引领行业发展潮流的新产品和新技术。因此，必须充分理解中央研究院对公司长远发展的战略意义，在2009年度真正把三花中央研究院的筹建工作提上日程，启动这一战略性工程。筹建中央研究院的基本指导思想是：绝不能仅仅着眼于两到三年的产品研发角度，而要从未来五到十年，乃至二十到三十年行业竞争与长远发展的视角来思考与规划研究，同时兼顾服务好现有的产业和产品发展，使三花中央研究院能起到企业研发的大脑角色，甚至起到未来整个行业技术变革发动机的角色，持续研发和推出行业最前沿的新技术和新产品，有力保证企业的可持续发展，始终走在行业发展的前沿。”

金融危机期间，大公司人人自危，小企业则不断停产倒闭，许多研发中心等企业内技术机构裁员事件此起彼伏。三花逆势而上，在直面挑战的同时，也有更多机会招聘到优秀的高新技术人才。

当时张道才的长子张亚波已经是集团专职副总裁。他带领总工程师史初良会同各公司高管，从人才招聘、市场和产品调研、规划定位三个方面入手，根据公司实际、外部兄弟公司建设技术中心的成功经验、三花面对的市场和行业特点等问题，专门研究讨论，切实规划研究院的筹建工作，提出方案。

## 三花“博士史”

张道才一向爱惜人才，对待高学历高素质人才，他是礼敬有加，无论什么场合，见到了就亲切地打招呼，问候几句。三花的“博士史”就非常值得记载。

第一次有博士学位的人来三花应聘时，张道才非常兴奋，特意安排张钢亲自去宁波机场接机，这位清华的博士到达三花后，张道才一直陪伴，亲自开车送对方回宾馆，对方考虑再三后，并没有留下来，张道才只是叹息："看来是我们的原因，是我们没有好的环境让他留下来。"

贾正余是第一位正式加入三花的博士。他1963年生于安徽，在20世纪80年代末留学日本东京工业大学，1992年获得博士学位，两年后回国，在济南创建了通产有限责任公司。他的成功案例是专利产品泄漏检测仪。张道才看中了这个产品，同时看中了贾博士。1998年，贾博士以技术入股的方式加入三花，合作生产ALT泄漏检测仪。三花通产实业有限公司成立，注册资金1048万元，贾博士拥有40%的技术股——这也是"三花400万引进一个博士"的典故。2001年贾博士进入三花的董事会和总裁班子，2002年被任命为三化集团技术中心主任，2003年出任控股集团投资部总工程师，尽管后来泄漏检测仪并没有在市场上取得巨大成功。据张钢回忆，张道才在工作中"对高管要求非常严格，但是对技术人员从来都是客气接待，这都令我很感动"。

后来，三花有了张博士、尹博士、黄博士、邹博士、鲍博士、崔博士、刘博士……而三花最稳定的技术骨干史初良自1989年加盟三花后，在多年的工作中证明了自己的人品以及技术、管理能力，成为三花的CTO（首席技术官）和中央研究院院长。

史初良看上去总是踏实稳重，沉默却不木讷，好像总在低头思考着什么。张道才对史初良的评价是"很能团结人"，"工作上为了事业成功，可以不计个人得失，能得到大家的信任，凝聚了一批高学历的人才共创事业"。

史初良初期跟三花产生的感情，一多半来自张道才。在冷配厂工作期间，外部经常有待遇更好的工作找他。"我总是下不了决心，'情'字上过不去，跟厂长的感情上过不去。下班时候，厂长经常叫我去他家吃饭。"史初良回忆说。

多年以后，要筹建研究院了，张道才第一个想到的就是他。张道才把史初良找来，对他说："小史，我给你10个亿，10年时间。1年1个亿，你放手做，前3年资金不限制，将研究院组建起来。"听到这话，史初良没有兴奋，反而感到了前所未有的压力。

## 研究院落址下沙

初建时期，研究院没有办公室，办公地点暂时设在杭州下沙三花工业园的1号楼，三花汽零2楼的一间办公室，办公桌椅也都是暂时借用。不久之后，三花控股财务部确定了中央研究院的财务管理模式，即依托三花科技有限公司这样一个实体，采用月度资金计划报批管理，从财务管理角度明确了研究院长期运行的模式。

研究院即将盖成的大楼也很有三花特色：其中四楼办公区中央空调系统由时任研究院副所长的尹斌博士设计，包括了空气源热泵、水源、太阳能、电加热四套系统，该系统起到了研究院今后在节能设计和实际使用中的示范作用，在初期就奠定了研究院的风格与"气质"。

截至2009年底，中央研究院工作的开展主要围绕着研发方向调研、科研目标确定、人才引进、研究所基础工程建设等展开，基本确定了新能源汽车空调系统、太阳能清洁技术、家用和商用空调系统、电控技术这四大领域，在后来又扩展为制冷、暖通、汽车空调部品、太阳能等研究领域，车用电子膨胀阀、空调变频控制器、中央空调系统、汽车空调自动控制器、高效节能微通道换热器、太阳能碟式光热发电技术、智能卫浴坐便器控制器等具体产品项目。

2010年后，中央研究院推动了三花控股集团与以色列HelioFocus公司太阳能光热发电项目的合作，启动了三花在新能源产业的布局。2010年4月，研究院办公大楼正式启用，占地面积26亩，建筑面积20458平方米，包括研发综合楼、实验楼、试制中心楼3栋大楼。

## “引擎”发挥作用

当年9月，研究院从杭州三花科技有限公司更名为杭州三花研究院有限公司，法人代表史初良，管理模式也随之调整，将其中的制冷研究所划归为上市公司三花股份的分支机构，科研经费从三花股份列支。确定了研究院与各个产业公司技术中心的定位和分工，就是研究院以系统设计和电子控制技术为主，产业公司技术中心以面向市场的产品开发和改良为主，而一家叫作通产机械的非标设备公司作为研究院自动化装备事业部，承接研究院试制和工艺工作。研究院主要管理人员还在当月确定了技术开发流程与产品开发流程的管理框架，完成了电装实验室、一拖二焓差实验室和EMC实验室的初步建设。

研究院成立初期只有17名员工，其中包括3名博士。一年后，研究院就将员工的人数扩大至56人，其中博士6人，硕士12人，外籍专家5人。

史初良一直坚持“技术专家”引进与“基层骨干”培养相结合，构建科研人才梯队。到2012年底时，研究院总共有员工151人，其中博士10人，硕士33人。

这期间，成相茂，原松下（中国）研发中心总经理、技术总监入职研究院，担任制冷研究所所长。他具有30多年的空调研发经验，入职后又通过猎头公司引进了多名日籍技术专家，其中熊川范夫是松下各类实验室建设的主要承担者，实验室建设经验丰富。

张荣荣博士从三花丹佛斯合资公司调入研究院，他2005年博士毕业于上海交通大学，毕业后就加入三花集团，之后又进入上海联合技术研发中心工作，2009年回到三花，被集团指派到三花丹佛斯合资公司做新产品开发。

美国通用资深空调专家Edwin也加盟研究院，他曾是美国通用公司在汽车空调领域的资深科学家，具有30多年研发经验。

中央研究院管理层在2011年版的《三花控股集团五年计划（2011—2015）和十年规划（2011—2020）》中描述了所达成的共识，有几点甚至决定了三花日后的产品战略走向：中长期规划的目标要实现从零部件的开发向模块子系统的研发、系统集成技术解决方案提供者的转型；实现从“回避”走向“原创”的知识产权战略转型；实现从分散型技术系统管理走向整合型技术资源利用的转型。

精兵强将相聚，研究院在几个重点研发项目上都取得了不错进展，特别是在新能源汽车空调和热管理领域、高效节能换热器领域，包括汽车电子膨胀阀、微通道换热器在内的几个主导产品都已经成为行业内的创新风向标。到2017年，中央研究院在编的研发人员已有500多人，只是各研发团队已有部分实际划分到产业公司，以加快推进战略性新产品的产业化。但张道才认为，发展到一定阶段之后，公司必须将基础技术与生产技术、应用技术的开发适当分开，根据不同技术的研发特点，适当分工，加强协同，形成“技术研发—市场推广—验证通过—批量供货”的良性循环。

同时，将生产技术和应用技术集中在产业公司来开发，主要面向客户应对、现场工艺优化、生产降成等实际问题的解决，重点保证客户对产品质量和技术性能的要求。重要技术的开发都要“专利先行”，优先考虑从源头上实现保护，树立起有效的进入壁垒，防范和打击行业内对手的不正当竞争。

关于中央研究院，三花内还流传着这样一个故事。2014年10月，刚过完三花创业30周年庆典，喜庆热烈的气氛还未平息，张道才就开始给自己“减负”，一个个卸去了自己担任的职务，从集团法人代表、CEO到各子公司董事长，都交给了长子张亚波。但唯独中央研究院，张道才说，“我自告奋勇，提出担任名誉院长一职”。结果大家认为中央研究院是决定三花未来的重要战略机构，必须由张道才亲自把握方向，于是在“荣誉院长”之外另外建议兼任“资深院长”一职，张道才欣然接受了。事后，张道才说：“所有的实职，我能卸的卸；但是中央研究院的名誉院长和资深院长，我是接受了的。”

## “这是真正创新的工作”

2011年11月，吕祖善卸任浙江省省长一职后，应张道才邀请，到三花下沙工业园参观中央研究院。作为一名“老机械”，他从20多年前还在担任浙江省机械厅副厅长的时候，就知道了当时的三花前身新昌制冷配件厂。当时的缘起是他带队到新昌考察企业，结果发现这家乡镇企业的自动化生产设备比国营大厂还多，就直接把调研现场会放到了冷配厂，并用冷配厂的例子教育国有大企业“要向他们学习”。在三花下沙工业园，吕祖善在张道才陪同下参观了汽零工厂和研究院，对研究院的规模和投入表示非常震惊，“现在三花的技术研发已经上升到系统的层次、解决方案的层次，很大、很重要的研发工作，都要靠研究院完成。这是真正创新的工作！”吕祖善很直接地表示，“钱投在中央研究院，是不会把企业拖垮的，真正拖垮的是胡来、浮躁、急功近利。中央研究院是三花可持续发展的关键，也是中国制造业发展的薄弱点。”也许这番话是对张道才中央研究院战略最好的褒奖。

同时，吕祖善老省长对三花这一阶段的价值观与文化进行了总结与升华：

“你这个企业不浮躁，心无旁骛，专心做实业，有悟性有定力；再拓宽到系统，还有三十年、五十年可以发展。百年老店的可持续发展，关键是平稳、健康。这不仅是企业发展的要点，也是地方经济发展的要点。

“在开拓性领域做研发要抓住国情，而中国最大的国情就是要节约能源，这个课题是有生命力的，特别又跟浙江的实际结合很紧密；从这些方面着眼去做工作，更具创新意义。

“三花的研发管理，搞得好的话，对中国的科研体制创新也是个试验。通过中央研究院，从市场需求的前瞻性出发，出研究题目，组织课题团队，整合资源，最后出成果。企业有了钱，搞研发，吸引人才，培养人才，形成企业的文化，增加职工凝聚力。有了这样几条，就能立于不败之地。”

·丨附 录丨·

# 三花人物画像之黄宁杰

2014年，三花30周年大庆，张道才给了黄宁杰和史初良一个任务——规划三花未来30年的产品方向。在交流中，张道才说，“低碳环保节能减排是大方向，产品规划要从机械往电子电控转型”。具体来说，要将原来的热力膨胀阀、机械式水泵向电子膨胀阀、电子水泵的方向发展，不做传统汽车空调部件的延伸，而是做可以适应于电动汽车、混合动力汽车、插电式燃料电池汽车的智能化热管理系统的控制部件和集成模块。

2016年10月29日，黄宁杰在三花二届一次科技创新大会上发表获奖感言

电动汽车热管理在技术上要如何实现？全世界都不明朗。

黄宁杰对张道才说，我们一定要把三花30年来积累的最先进的技术，变频和热工（工程热力学与传热学的简称）移到电动汽车热管理系统上来。

张道才知道，自己收获了一位技术路线上的战略高参。

黄宁杰与三花的故事，某种程度上是黄宁杰与张道才的故事，是一个“宾主尽欢”的故事。在这个故事当中，是科技家与企业家之间的惺惺相惜，是未来探索者与追求者之间的心心相印。

如前文所述，黄宁杰是全球微通道换热器顶尖专家，又有美国通用公司院士、中国“千人计划”入选者等头衔，他之前任职的通用汽车、德尔福、丹佛斯，都比三花大几倍甚至几十倍。

加盟三花前，黄宁杰在丹佛斯公司供职，为三花和丹佛斯的合资公司效力。后来两家公司分手，他萌生了去意，尽管丹佛斯老板极大挽留，他还是下定决心离开。回国前他调研了26家企业，有的企业规模也比三花大，但他最终选择了三花。其中的关键，便是他与张道才的相互欣赏。

黄宁杰说，选公司第一是看老板，第二看企业文化，第三看实际，三者一结合就看出来了。

具体到三花，黄宁杰说，他的判断中枢是：老板是不是诚信？答案是确定的。文化有没有贯穿和落实？答案是确定的。“当时我来的时候，三花四通阀全球市场份额占50%以上，所以我就知道，他其实是一直在落实。他其实就是想找一个更加合适的人，真的让三花全世界遍地开花，所以我就来了。我不看公司大小，而是看企业是否有创新的驱动力。”

“老板就是公司的魂，老板什么性格，公司就是什么性格。”张道才提出绿色环保的发展方向和黄的志向不谋而合，而张把管理、人才和科研放在首位的做法，更是让黄一看就看到了三花的魂。黄也了解过接班人张亚波的背景，“他跟我一样，理工科科班出身，毕业后到公司锻炼，又去中欧商学院读书”。

张道才是“人才控”，一部三花发展史，半部是张道才的“挖人史”。别的企业家是见到利润眼就绿了。张道才也喜欢利润，但他更喜欢长久的利润，而这利润之源，便是人才。有了人才，就会有科技，就会有管理，原本“花开三朵，各表一枝”，一下子就可以凝结成一朵绚丽的“三花”。

招揽黄宁杰是笔“好买卖”，不但有买，还有赠——不仅自己加盟三花，黄宁杰还带着张道才去底特律，给其介绍了两位汽车行业专家——通用汽车前同事海睿和埃德温。

此后多年三花的发展，证明了黄当初选择是正确的。

“当时我们以空调部件为主，慢慢开始在专业范围内基于核心技术向多产业扩展，这就不简单了。因为单单空调核心部件行业，峰顶只有几百个亿，但眼光向外扩展，电动汽车行业几千个亿，冷藏又是一个无限大的市场，从核心组件到系统又是一个超越，根本没有峰顶。”

并不是所有民营企业都有那样的远见和前瞻性，技术研发投入巨大，一旦技术、机遇、市场等条件不成熟，极易将一家公司拖入深渊。黄宁杰以自己过往的经历举例。

过去30年，全球汽车空调行业都在寻找一个环保门类，这个大产业起起伏伏，每次亏损以百亿计，2000年至2007年，全球七大汽车公司联合选冷媒，欧洲派支持爱华的HFO，美国派支持哈里威的$CO_2$。黄宁杰投了哈里威一票，在他看来当时HFO代价太高，每产一部车就会增加一倍成本，谁愿意来买单?

“如果三花只有三四个亿的体量，我在研发拓展的时候，就不会做10年的研发，会先做两三年就能成功的研发，让公司运营起来。”

通用、德尔福的实战经验赋予了黄宁杰兼顾技术研发和公司发展的平衡能力，这也是产业公司和科研院校走出来的科学家的不同之处。

黄宁杰相信10年后的三花会是超过千亿市值规模的三花。“我们原来的产品也还是有很大潜力，像电子膨胀阀，我们转型转得很好。我们还有后继的源源不断的新产品，这个发展空间是不可估量的。现在研究院的几个新产品还没出去，我就知道它们的前景是上千亿的市场。我们就是以创新来驱动每一个产业，以市场来支持每一个产业，所以不简单。千亿市值不是梦想。”

挑战也同样存在。黄宁杰觉得，以前三花比较保守，资本运作体系单一，现在慢慢在放开。“多元化方向上，主席和总裁这个判断是对的，我们不能无限地多元化，我们要把我们专长、核心技术多元化，这个出发点是对的。我们的资本运作只要在相关领域就行，在产业的、实体的投资上，需要主席和总裁的这种判断；研究院研发机制要慢慢完善，但这个概念是好的，要源源不断地出一些技术孵化的、前瞻性的、市场前景大的大产业。”

和张道才、张亚波一样，黄宁杰认为三花要实现更大、更持久的雄心，需要真正打通研发与产业化的转化问题。“把新产品比作一个孩子的话，那么研发就是生孩子，产业化就是养孩子。从产品研发到产业化的转化，关键问题之一就是新产品这个‘孩子’怎么定价，就是怎么在研发部门和产业部门之间定价。双方都要付出很大的投入，但谁都会觉得自己对‘孩子’的功劳最大，研发部门会认为我搞出来的这个孩子‘基因好’，所以要卖个高价。产业部门会认为我后期要对孩子投入很多，孩子长得好是因为我培养得好，所以高价不合理。最后结果就是不能成交：产业部门不肯花大价钱买新产品这个‘孩子’，而研发部门不肯再‘生孩子’搞新产品，研发和产业化的路就不能持续打通。这个问题在国外大企业中已经解决，有很成熟的模式和流程来运转。但是在中国企业中，还需要更长的路去探索与磨合。”

在张道才看来，黄宁杰是为数不多的在技术和产业领域拥有战略远见的人，是三花正需要的那个人。

黄宁杰遇见了张道才，他希望只遇见张道才；张道才找到了黄宁杰，他还想找到更多的黄宁杰。王勃在《滕王阁序》中写道：“台隍枕夷夏之交，宾主尽东南之美。”“尽东南之美”，才是张道才真正的野心。

·｜附　录｜·

# 三花人物画像之张荣荣

“张荣荣，他是车用热力膨胀阀噪音性能改善的技术突破者；他是车用电子膨胀阀从概念到量产的技术负责人。他和他的团队，依托电子膨胀阀全球领先技术，让全球知名高端汽车厂商认识到三花不仅是汽车零部件制造商，更是一家拥有较强研发能力的新能源汽车热管理系统解决方案的优秀供应商。”

这是三花科技创新大会给予张荣荣博士的颁奖词，某种程度上它可以被当作是张道才对张荣荣的评价。

这样的评价使人们确信，对于张道才来说，张荣荣是自己为三花设计的未来当中，不可或缺的关键人物之一。正如我们前文所述：

“坚持与最终将未来之路走通，并非同一概念。张道才的战略能够贯彻落实，三花新能源汽车之路能走通，除了他带着张亚波与史初良的谋划外，张荣荣博士是个非常关键的枢纽点。张荣荣有三个特点：第一研发能力很强，第二对生产线很熟悉，第三经常跑市场。”

《三花人》报曾经描述说：“三花在汽车零部件方面新品开发不断，与全球汽车行业的变革发展非常契合，特别是新能源汽车热管理系统的电子膨胀阀、电子水泵、板式换热器、电子水阀等新产品，在全球市场上均取得了很好的拓展成果，在传统客户如马勒、法雷奥等之外，还不断获得

2016年10月29日，张荣荣在三花二届一次科技创新大会上发表获奖感言

奔驰、宝马、奥迪、大众、通用、福特等国际主流与顶尖客户的直接认可。”

这些认可与褒奖，被视为是对“凝聚着包括张荣荣博士在内的广大三花优秀科技工作者的不懈努力和智慧心血”的认可与褒奖，《三花人》报将这些成果定义为“三花汽车零部件发展史”。

张荣荣获得的这些认可与褒奖可谓实至名归。

2005年夏天，张荣荣从上海交大制冷空调低温工程专业博士毕业加入三花。他在微通道项目里做了一年多研发经理后，被史初良选中，向张道才推荐，2010年起转到三花中央研究院从事汽车零部件研发。

在任何一家企业当中，最终能够赢得未来的，一定是成功。张荣荣在三花的汽车空调部件事业部刚站稳脚跟的时候，目光锁定在热力膨胀阀上。他在热力膨胀阀研发上的成功，奠定了他在三花的位置，也给自己在张道才的心中留下了一个位置。

2010年，有一次张荣荣从新昌到杭州向其汇报工作。张道才问他：“热力膨胀阀的下一代产品做什么？”

张道才信任张荣荣。他相信张荣荣知道如何找到“下一代产品”。

“主席非常明确电动汽车是以后的方向，”张荣荣说，“中央研究院也是主席很重要的里程碑式决策。”

产品是张道才战略与战术的融合。作为三花中央研究院副院长、三花汽车零部件研究所所长，张荣荣多年后回忆说，中央研究院建立以后，就开始研究具体做什么样的产品。“有很多系统专家和市场同事去找产品，三花有非常好的客户群，客户也在推动我们做一些事情。”

张荣荣也曾对人说，（**成功**）最重要的就是专注，专注于认真聆听客户的声音，深入了解客户的需求；专注于产品领域的潜心开发、不懈创新。

当然，说起来简单，要在实践中达成目标却远非那么容易。以车用电子膨胀阀项目为例，这是先进研发项目转化成批量项目的典型案例。EXV（**电子膨胀阀**）对公司和行业来说都是一个新产品，实际市场应用经验非常少，甚至没有。产品应用存在风险，连最初提出开发需求的美国通用都感到“没有太多应用前景”而不再支持，开发一度遇到很大困难。是继续坚持，还是就此放弃？在公司高层的支持下，张博士团队主动出击，与营销部门紧密合作，从2011—2013年整整3年时间不断跑客户，参加展会，建立渠道。他从客户端了解到，虽然市场上还没有这个产品，但存在对新一代节能环保产品的真实需求，通过EXV的应用可以给行业带来一个新方向，一旦成功，价值不可估量。内部团队增强了信心，挺过了最艰难的时期，逐步打开了奔驰及“未来公司A”“未来公司B”“未来公司C”等高端客户的大门。在某个行业尖端项目的竞争中，EXV作为关键零部件的设定定型对整车热管理系统开发极其重要和急迫。三花EXV团队夜以继日加班加点，在非常短的时间内就完成了对RFQ（**客户报价请求**）包的拆解和分析。为了快速回应客户需求，EXV团队克服北美和国内的时差因素，经常在国内凌晨时间就围坐在会议桌旁，跟客户进行电话会议，进行屏幕共享，沟通EXV的开发理念和结构方案，最终用权威数据和显著技术优势，赢得了客户的认可和满意，确定了EXV的技术路线和设计方案，在全球新能源汽车热管理系统关键零部件开发领域拔得了头筹。

张荣荣与其团队对“下一代产品”的探索，从一开始就锁定了3个产品：热泵模块、自动空调控制器和电子膨胀阀。这几个产品都获得了成功，但比较成功的还是电子膨胀阀。“这两三个产品往市场上推的时候，客户的需求就慢慢过来了，这种需求再加上我们对行业的理解，一步步把下一个产品定义出来了。这对后续热泵系统市场的打开有很大作用。”

“从机械产品到电子产品，每往前走一小步，其实都非常艰难。”张荣荣说。

家用热泵中有一个很重要的产品叫四通换向阀。

车用热泵需要四通换向阀吗？

车用热泵系统该怎么设计？

张荣荣他们沿着问题分析，沿着设想推演和论证。他们知道，车用热泵系统比家用热泵系统复杂得多，四通换向阀只是其中一种解决方案。冷媒产品、水系统产品、油路产品，一系列的创新都需要符合整个电动汽车发展，顺应产业的潮流。

我们在前文曾经描述过，如何从一些小小的问题点匹配上产业未来、引导出更大的产业潮流？张荣荣他们并不清楚。但是在2008年夏天往后的那些日子里，在张道才拜访鲁冠球回家之后，他们就已经全力以赴地投身于电动汽车热管理系统的设计中。

“大家对热管理都不清晰，我们正好抓到了这个点，理解客户需求，给客户提供了相应的产品。”

从热泵开始，张荣荣在张道才设计的未来当中拥有了不可动摇的地位。热泵系统如今也成为电动汽车热管理的主流发展趋势。“有了热泵系统，有了电子膨胀阀，三花便开始围绕系统四处开花，各类控制阀件、电子泵、换热器等零部件，甚至集成模块，也伴随着客户的需求和系统的配套一并出现了。”

张荣荣曾对《三花人》报说：“很多新的机会，如果你没有创新，没有努力，那机会就不成为机会。特别是在市场变革期，必定存在很多机会，这就要求你一定要时刻准备好，要求我们研发人员随时有创新的想法，并随时去落实。只要方向是对的，就一定要坚持去做，那必然会有机会等待你。”

对于三花来说，热泵系统只是一个开始；对于张道才来说，未来也才刚刚开始；对于张荣荣来说，自己的事业与三花融为一体的美好人生，一下子踏入了未来的曲径通幽处。

·丨附　录丨·

# 三花人物画像之海睿

Harry（海睿）准备了一个PPT，向我们展示他的个人工作经历和在三花的事件。PPT很短，前面是在通用汽车（GM）的34年，后面是在三花。

海睿在通用汽车一直从事热管理的研发。2006年，由于全球变暖的议题再次热了起来，整个汽车行业都需要换新的制冷剂。通用汽车命令海睿去寻找新的制冷剂相关企业与技术。海睿便带着PPT全球巡回演讲、写论文。他认识了全球的很多专家，也迅速被行业熟知。

海睿在调研过程中听说了三花。那时，海睿负责通用汽车的制冷剂系统，也包括系统应用的热力膨胀阀。当时通用的热力膨胀阀供应商只有两家，其中一家便是三花。

2008年爆发的全球金融危机愈演愈烈，通用汽车到了破产边缘。美国政府付出了数百亿美金拯救通用汽车，因为通用曾经是“美国制造”的代名词，在二战的时候人们相信“通用（汽车）就是美国”。

通用汽车摇摇欲坠，但海睿并没有挪窝的念头。2010年，海睿到三花杭州总部考察，三花与张道才都给他留下了极为深刻的印象。他的老部下埃德温此时已在三花工作，张道才待之如上宾，甚至将自己在九溪的私人别墅让给了埃德温夫妇居住。

埃德温的待遇毫无疑问影响到了海睿，但对海睿的选择产生更大影响

吕虎（中）、海睿（右）和埃德温（左）三人合影

的，是他与张荣荣博士的交流。张在技术上的理解以及三花在新能源汽车热管理系统上的雄心与潜力，使海睿作出了人生中一个重要的决定。

2015年，海睿决定离开通用汽车，“寻找更多外部的精彩，寻找新的公司”。他想到中国寻找机会。他来到杭州，选择了三花。海睿在杭州住了3年，直到有一天张道才重新将他派回美国，负责三花在底特律的美国研发中心。

海睿在三花的最初工作是设计产品和科技的路线图。这是三花的研发系统所欠缺的——多年来，三花在研发上一直依靠自己的直觉，摸石头过河，但海睿给他们带来了“路线”。

海睿说：“我先来帮助培训设计人员的六西格玛设计（DFSS）。三花是第一家培训DFSS的中国企业。”

“我在三花的另外一个工作就是在全球寻找合适的OEM（原始设备制造商），‘未来公司A’业务是其中的一项。这源于几年前在‘未来公司A’

技术日交流活动上对三花产品和技术的推销和介绍。另外两家是雷诺和捷豹路虎，那里都有我的朋友帮忙联系拜访，建立初步联系。我在这几家公司都有朋友，通过他们，我帮助三花与这些公司建立了合作关系。我在通用打交道的都是一级供应商。因为有这样一层关系，很多客户会首先找到我，我会将相关信息转给公司内部。”

“现在三花汽零设置了新的部门市场部，所以我目前很大一部分工作是协助三花汽零部署全球的架构。我在市场部的第一件事就是建立了三花汽零的首个官网，一年发布了英文版本，中文版本也将很快发布。第二件事情就是组织团队申请PACE（**全球汽车供应商杰出创新贡献**）奖，PACE奖是颁给汽车行业供应商的创新大奖，由美国《汽车新闻》主办。三花汽零是24年来第一家获得PACE奖的中国企业。这是一个很特殊的奖项，因为这是OEM和供应商之间的联合申请。我们获奖的产品是电子膨胀阀，我们在申请的第二个产品是集成热管理模块。”

海睿曾经说，从商业战略上讲，三花开发新能源汽车零部件是正确的，“这是个新行业，这些部件都是全新的产品，所以我们与所有供应商都处于同等位置”。

“我们知道‘未来公司B’，我们想进入成为其供应商，我们花了一整天在那儿向他们做PPT陈述，他们也开始逐渐了解我们。这是2015年夏天，在‘未来公司B’的技术交流会上发生的事。‘未来公司B’知道他们在电池冷却方面遇到了一些困难。我们三花做EXV（**电子膨胀阀**）比竞争对手领先很多，‘未来公司B’也知道这一点。也正因为在EXV方面的“技术领先”，我们打开了‘未来公司B’和戴姆勒的大门。既然大门已经打开，我们也供应了chiller（**电池冷却器**），并且把chiller+EXV集成在一起，做了其他人没有做过的一个组件。和‘未来公司B’关联的另一件事情是，我们对他们的产品有所了解后，我意识到他们需要电子冷却模块，没有人比我更了解这一点。因为有了这个产品，我们获得了‘未来公司B’的另一个项目。”

2018年1月，海睿从杭州回到美国底特律。三花在底特律建立了美国研发中心，海睿担任副总裁。他给美国研发中心做了5年规划。他想看到他的成果能够深刻影响那座城市，影响到美国乃至全球的汽车行业。

海睿30年前就开始喜欢赛车。他每年都要参加赛车比赛。去年（2018年）在宾夕法尼亚的一场赛事中，有2.5万人现场观看。海睿将三花汽零的名字与logo喷在了赛车上面，“很多人都可以看到”。

宾夕法尼亚是海睿的家乡。他参加的赛事已有一百一十多年历史。与他一起赛车的很多人是来自福特、通用的工程师。有一场比赛，凯迪拉克的总工程师与他直接竞赛，最后海睿赢了。“也许我不应该打败我们的客户。”他得意地说。

海睿说，未来两年他在美国研发中心的主要任务是招募优秀的人才、工程师，以及新建很多测试设备。目前已经有两个项目，一个是LG的电池冷却系统，另一个是福特的chiller+EXV组件。

“我们在北美的主要任务是做好零件的集成，这样可以加大我们竞标时的竞争力。在汽车行业，我们必须要和客户走得很近，最好每天都与客户沟通交流，所以现在很多测试研发中心会放在客户附近。”

他还打算买一辆车，把三花的热泵系统部件放在里面。“我想买一辆电动汽车，用我们的热泵产品改装，展示给福特看。因为福特在热泵系统研发上还没有投入特别专业的人员，所以这就是我们的机会；通用紧随其后，也会考虑热泵系统。”

海睿说他喜欢张家人，喜欢张道才与张亚波。“我第一次见到他们的时候，他们非常亲和，我们的交谈很愉快。我喜欢他们的性格。我知道张主席主要在家用和商用方面有很多年的发展经历和经验，并且已经取得成功。我知道他是一位优秀的企业家。我初次见到张主席时，他有着强大的人格魅力和个人特质，你们可以看到他是一个优秀的领导者，他的团队成员对他非常尊重。因此我认为张主席有很好的领袖气质。”

“张亚波继承了他父亲的优秀基因，他和他的父亲很像，他同样获得了许多尊重，他从他父亲那里学到了很好的领袖气质。有趣的一点是，我看到张亚波比他的父亲更‘正式’一些，更具备一个职业经理人的领袖气质，也更强大、更牢固。”

海睿与史初良交流很多。他评价史初良说，“他的视野和思维非常开阔”，“与他交流非常融洽”，“我们俩的个性非常相似”。

“这对我来说很重要，如果你与你的老板关系很好，像史总和张荣荣博士那样的人，我就可以敞开来讲任何事情，而不惧怕他们。我知道史总大学就读于中国顶尖的大学，他有两个兄弟也在很好的大学接受良好的教育。史总是我所认识的人里面为数不多的在面对任何事情的时候都非常冷静的人，非常有耐心，他可能是我见过最冷静的人了。”

海睿来到三花之前，三花是用制冷空调业务的方式在做汽车业务，成本第一，海外市场没几个人。海睿说了句话：“三花在欧洲和美国布点的人这么少，业务能做这么大，很了不起。”

海睿的话既有褒奖的成分，也有提醒的成分。他相信真正的业务不应该用这种方式去做，而应该靠近客户，了解客户，深入客户。这需要投入，巨大的人力与财力投入。

海睿很早就相信，汽车行业将分两个方向前进，当下是传统汽车，因为有一个燃油经济的利益群体；另一条路径就是新能源汽车。“这两条路径是并行发展的，不是单线发展的。这很重要，因为这提供了巨大的机会。”

在来三花之前，他通过水泵发现了这条分岔路。传统汽车的水泵是由引擎驱动的，海睿曾想过用电子水泵替代，而电子水泵正是纯电动汽车所需要的。

三花在新能源汽车热管理领域的摸索，打开了未来的罅隙；海睿到来后，罅隙豁然开朗，别有洞天了。海睿带来了路线图，带来了逻辑，带来了来自汽车行业内部的方向感。

·|结 语|·

# 致敬未来

是什么让三花成为三花？

是什么让三花始终能够抓住未来？

很多人认为三花发现了潮流，跟随了潮流。事实倒也如此。

然而全世界那么多企业，为什么只有为数不多的企业能够发现并跟随潮流？

对于三花来说，至为关键的是为未来所进行的准备，多年来始终坚持不懈的“深挖洞，广积粮”。

“三花”是管理之花、科技之花、人才之花。三花对未来的储备，始终围绕着科技、管理与人才进行，尤其是人才的储备。

就三花的规模来说，35年来，几乎每一时刻，其对人才的储备都是“超配”的。三花初创的时候，不满足于成为手工作坊，而是从上海的高校借了很多外脑，并迅速组建了自己的工程师队伍。

1989年前后，史初良、王大勇、陈雨忠、倪晓明等第一批大学生被引进三花，他们迅速成长为技术和管理骨干，被张道才委以重任。事实证明了张道才的战略远见。这批大学生或者成了三花科技创新历史上的核心力量，完成了三花多个核心产品的开发与升级；或者成为三花管理升级和国际经营的核心团队，推动了三花从乡镇小厂向全球行业领军企业的扎实进步。

2008年，当三花决心在新能源汽车领域闯出一条路来的时候，张道才建立了三花中央研究院，引进了大批博士、硕士。以张荣荣、邹江、鲍俊峰为代表的这些年轻人，为三花的“科技”带来了新的活力与生命力。他们是三花未来的基石。

没有什么是唾手可得的，三花之所以成为今天的三花，全赖于张道才的战略远见，以及三花持之以恒守望着的管理、科技、人才三个根本。

1996年，赫尔曼·西蒙从德国充满活力的中小企业中找到了德国经济高速成长的秘密，写了《隐形冠军：全球最佳500名公司的成功之道》一书，并阐明，并不总是只有那些大公司才能征服市场，那些行动迅速、市场集中、高度专业化的公司同样能够取得市场领先地位。

多年以来，“吨位决定地位”的事实，让很多中国企业都将做大做强作为自己的终极目标。然而，细究世界企业发展历史，有很大一批中小微企业在各

2014年10月8日，杨玉昌（左二）、张长才（右一）代表早期支持三花创业的基层领导，与代表三花全体干部员工的张亚波，共同向张道才颁发三花30周年司龄奖章及证书

自的细分领域十年如一日地做专做精，无意中成了这个领域中的无法撼动者。

在中国民营经济的前沿地浙江，从过去的打火机大王、吸管大王，到袜子大王……一批隐形冠军曾在中国工业转型升级中扮演着非常重要的角色。有报告显示，浙江企业在全国300多个产业门类中有100多个占据细分领域的前三名。

三花就是其中的佼佼者之一。他们用了整整20年时间才成为制冷空调零配件领域中的隐形冠军。经过35年的市场洗礼，三花集团的业务版图已经完成从制冷空调控制元器件转身，朝着新能源汽车等领域进行产业延伸。

三花智控是典型的细分市场世界级制造业产业链巨头，在制冷、空调行业控制元器件领域全球排名第一。应当说，中国具备世界级规模水平、核心技术能力、牢固产业链地位的制造业公司并不多，在中国制造普遍面临升级挑战的今天，显然，三花智控是一个不可多得的样本。

销售96亿元、利润14.7亿元，同比分别增长25%、35%，这是上市公司三花智控（原名“三花股份”）2017年交出的漂亮成绩单。2005年6月在深圳证券交易所A股首发上市后，三花智控从11亿元市值发展到350亿元左右市值，13年间翻了30多倍。

## 做符合逻辑的事

列夫·托尔斯泰在《安娜·卡列尼娜》中写道：“幸福的家庭总是相似的，不幸的家庭却各有各的不幸。”放诸工商领域，这句话同样适用。

从2018年开始，又一批中国民营企业陷入了困境。这当中，既有涉及财务造假的上市公司，也有盲目扩张的企业集团。有的企业资金链断裂了，企业家走上了绝路。

在浙江，有企业家选择了自杀，有企业家选择了“跑路”，也有企业家锒铛入狱。他们的不幸，与其说是受到外部经济环境的影响，毋宁说是自身的选择。

三花同样面临着严峻的外部环境。它同样承受着中美经贸摩擦带来的压力，同样面临着经济调整周期的负担，然而人们却发现，原本灿烂绽放的“三花”，如今更加绚丽。

三花发生了什么？

对于张道才来说，为三花赌一个未来是其天然选择，然而张绝不是一个不计一切后果的赌徒，他是一位甘冒风险但又稳健扎实的企业家。

作为一位中国第一代创业的企业家，张的身上天然具有风险意识。有时候他会采用集中全力冲刺的战略，但却从来不会不计后果孤注一掷。对于究竟要什么，骨子里他想得很清楚。十几年前，三花第一次多元化扩张的时候，他就品尝到了盲目多元化的苦涩。但他将这种苦涩转化成了美酒中特有的味道。十多年后，当三花的同行者们一个个倒在时间的路侧时，他开始品尝起“谨慎”的美味。

张的“谨慎”也传承给了其长子张亚波。

张亚波有一次说起内蒙古的太阳能光热发电项目。他说，风险与收益起码要对称。如果是几个亿的风险底线，但是可能创造几十亿、几百亿市场价值的宏伟愿景，那么公司可以承受得住，为此投入也是值得的。“符合逻辑的事，我就可以干。但如果这个事情收益只有2000万，你说投两亿去干，那我肯定就反对了。”

“符合逻辑”是三花对未来进行投资的理念架构。张亚波说，他做事情喜欢量力而行，有多大框架就做多大的事，不能让对未来的冒险影响公司的生存。

“我希望这家企业走得更长远一点。”张亚波说。他觉得这是他作为家族事业守护者的使命。

他或许并未意识到，在他和张道才之间，他们对风险的渴望与控制，达到了一种微妙的均衡。他们用不同的方式选择了均衡，也选择了在通往未来的道路上，跌跌撞撞也好，大步流星也好，始终前行，也始终能够走下去。

## 父与子

哪怕在三花员工眼里，张道才都是一个慈父形象。他严厉，但从不斥责谩骂。

张道才有两个儿子。长子张亚波，不可否认，他似乎继承了父亲全部低调温和的品质，在接受访谈时，他不像正装照里那样意气风发，他穿着白色汗衫，灰扑扑的蓝色牛仔裤，倚靠在沙发上，率性自然，随身携带一个暖水瓶大小的保温杯。

他在上海交通大学完成学业，两个学位分别是机械制造工艺与设备专业、低温技术专业。先弄懂机械，又在制冷技术——三花的主业上深造，张亚波本人说是自主选择下的巧合。比如父亲说他有小聪明，但是吃不起苦，于是他大学便选择据说最苦的机械专业，但这种专业路径，对任何一个想要培养自己的孩子继承父业的父亲来说，都十分精准。

毕业后，张亚波先在日本东方贸易的上海办事处任职，然后进入上海三花电气，从基层做起。2001年任三花不二工机董事长，之后兼任三花控股集团董事、副总裁，现任三花控股集团董事局副主席、总裁，三花智能控制股份有限公司董事长，他一步步取得了客户与三花人的认可，这种认可决然不是模棱两可的赞同，他们赞不绝口，并举出各种实例佐证。

学生时代的张亚波有时候会旁听父亲开会，目睹父亲作为一个企业家的辛苦，这些过程也许潜移默化地影响了他，以至于他也不能肯定地说出，是从什么时候起，他开始认为自己人生中大部分时间所做的事，就应该是这样经营一家企业，并成为这家企业的主要角色。

诚然，张道才从不会强迫谁去做某件事，对自己的儿子更是如此。他喜欢引导。大部分成功企业家有一个共同标志，他们的身体很疲惫，并长时间处于

父子仨（左为张少波，右为张亚波）

这种疲惫状态，但他们能在这种长期疲惫的状态下保持头脑的清醒，而不用刻意保持的是他们与生俱来的激情，这种激情常常表现为眼里兴奋的光彩。张亚波说："别人觉得我很辛苦，但我也没有（除去经营一家企业之外）其他的工作阅历，没比较，所以我也不知道哪种工作更辛苦。关键是，在这里我自己不觉得辛苦。大家都在讲制造业的艰辛，我看着我们的企业，觉得也没什么辛苦可言，有时候做事情也蛮有乐趣，你一件件事情完成，也有成就感。"如此看来，张亚波从来不用张道才"强加"些什么，他已经成了另一个"张道才"。

张少波是张亚波的弟弟，张道才的小儿子，初识者也许不会觉得张少波与张亚波是同一个时代的人。他向你走来，你会感受到一个年轻人的自由和潇洒气息。他踩着穆勒皮鞋，胸前的T恤上印着一个金发美女头像，一只手把挎在肩上的背包拿下，径直放在地上，姿态里满是不羁。他会轻声慢语，很有礼貌地跟你说，哥哥亚波太累了，他不想过那种生活。"他太稳重了，性格决定了他也没什么兴趣和爱好，就是爱喝茶，他的朋友我接触下来，都是'一本三正经的'。倒是很真实，但也属于不好玩的，没有情趣的人。"

张少波是财务专业出身，曾在国外留学。回国后，从三花股份公司财务部出纳做起，把财务部每个岗位都做了一遍，现任三花控股集团董事、总裁助理、三花金融投资与房地产集团董事长。在投资角度，他更愿意关注互联网项目。

"亚波总"，张少波也像三花其他人一样称呼自己的哥哥，虽然在他的形容里，兄长与自己像是两个世界的人，但是当他有问题想交流时，找的人总是

张道才全家福

张亚波，并且无话不谈。他承认，某种层面来说，张亚波甚至像是一个父亲的角色，他非常愿意听取长兄给的建议和意见。

多数企业家在家庭当中的角色都有所缺位，而在父亲这个角色上，张道才像是一位富有智慧的长者，他宽容又不动声色，不多言说，却一直在为两个孩子的未来铺路，让他们按照自己的性格发展，当两人都找到自己在企业中的定位和角色后，他所表达的期待只是最朴素的——多健身，保持身体健康。

## 接班人

2014年10月15日，三花控股集团30周年庆典过后，64岁的三花控股董事局主席张道才卸任集团CEO一职，将其交给长子张亚波。

在庆典晚会上，张道才向张亚波颁发了“三花经营管理卓越功勋奖”。这是三花管理的最高奖项。颁发这一大奖，既是创业一代对接班一代的肯定和嘉许，也是对其更大的嘱托和希望。而父亲对儿子的浓浓亲情，也饱含在这颁奖和交接仪式中。应邀出席晚会，目睹此情此景的著名表演艺术家焦晃，即兴创作了一段话剧朗诵，为这场父与子的交接，作了艺术化的注脚。

焦晃设定的故事场景是张亚波得知父亲要为自己颁奖，心感不安，匆匆找到父亲，请求收回成命，结果却反被父亲说服——

张亚波说：“我是公司的领导层，我怎么可以给自己颁奖呢？”

父亲张道才似乎早有准备：“怎么不可以，这是董事局的决定。”

“那您是老板，您这个态度人家能不同意吗？”

张道才说：“我咨询过不少人，大家都公认你是一个全能的选手。”

“您咨询过谁？”

“哎，我是不是还可以有保留一点秘密的权利啊。”

“父亲……我不喜欢出风头，我不喜欢这个强势风头。”

“我晓得，可大家都说你强势推动了国际的并购，推动企业战略升级、全球经营。大家都觉得跟你在一起，不像是在做事情，而像在做事业。所以，我代你同意了。”

沉默了30秒钟，张亚波说：“其实，关于德国项目并购的事情，是您董事长鼎力推进，一言九鼎，那这个奖应该您自己得。”

“哎，我怎么可以给自己颁奖呢——侬勿要哈七搭八。”（随着焦晃突然冒出的一句上海话，全场从紧扣心弦的聆听中得到片刻舒缓，一片笑声）

又沉默了30秒钟，张亚波说：“不是，我只是从概念到事实，做了件实践工作，许多具体的事情都是好些人做的，心里很不安。”

张道才说：“你得这个奖等于我得这个奖，你代表我，哦不不，你不代表我，你代表你可敬的团队，以后为发展低碳经济的营造，引领世界发展的潮流，你可以给你的团队发更多的奖，那我就更开心了。”

（全场响起长时间热烈的掌声）

过去的30多年，张道才带领一个资产仅有18万元的农机厂，迅速成长为年

张道才向张亚波颁奖，著名表演艺术家焦晃祝贺张道才父子俩传承交接

2017年11月29日，张亚波（左五）荣获“2017全球浙商金奖”

销售额超过150亿元的全球制冷空调控制行业领导企业，为他追求的“百年三花”奠定了坚固的基石，也塑造了成长的基因。

但是“百年三花”的梦想需要几代人去完成。张道才的长子张亚波，23岁从上海交通大学毕业后就在父亲的指点下锻炼，经过20多年的成长，从基层做起，逐步承担起经营管理重任。

张道才对自己培养起来的这支经营团队非常信任，“他们到了年龄，也经历了20多年的经营磨炼，是时候考虑让年轻的团队全面接班去经营了”。而他有了更多时间去思考更宏观的问题，比如公司战略、人才、制度、文化等。因为在张道才看来，追求“百年三花”也好，未来发展成为更伟大的企业也好，核心问题还是在产业方向决定后，对管理、科技、人才的把握和持续升级。

不同年代的企业家有不同的使命，第一代企业家都逃脱不了做大的宿命。张道才坦承，没有一个企业家不想做大。二十世纪八九十年代追求先做大再做强是因为跟随，换跑道之后三花变成领跑的了，做强成了继承者们的使命，通过技术创新占领市场制高点，成了企业发展新的路径。

在张亚波的描述里，未来的三花应该是在建筑暖通和交通运输热管理的行业内，做一个节能或能源有效应用领域里的专家和解决方案提供商，是一家全球化的公司。但通往未来的道路，从来不是坦途。三花未来的竞争对手不再是兰柯、不二工机，而是

张亚波为三花领航精英班学员讲授《企业文化与公司战略》课程

站上了一个更大的舞台，是在每一个细分领域的国际前三；在少数领域则是别人追赶三花，竞争维度也随着升级。

黄宁杰和两个老板都有深入接触。在他看来，两个老板的性格差异很明显，张道才会放手让下属去做，最后决策可能会很保守；但张亚波的风格是一直都收得很紧。如果说前者是结果干预型，后者就是过程干预型。但对他们来说，在做决策时，他们都希望从下属的描述中看到未来的前景。

小儿子张少波负责三花房地产及投资业务，他对父亲的安排很满意，“我们这样的组合挺好的，老大做实业，我做投资，有点和而不同的感觉，像阴阳太极合在一起。”

张道才接受采访时说，少波现在干得挺好的。但他从来没有对张少波说过“今年效益不错”之类的话。“我隐约感觉到还不够努力，他可能对我的要求是要做到像我哥那样。”张少波说。

## 未来之花

三花的未来，是一家企业的未来，也是一代代创业者的未来，更是精神传承的未来。

张道才那一代企业家，承担着实现中国改革开放的使命，承担着在全球市场竞争中追赶、替代和超越的使命。如今，他们完成了自己的使命，并且为未来定下了基调。

三花的未来是张亚波他们的，是更年轻一代创业者的，但那种创业精神，却确定无疑地永久性地属于张道才。

“奋斗者的终点，就是坟墓。”

张道才对老友鲁冠球的这句话心有戚戚。但他知道，奋斗者的终点绝对不是坟墓。当奋斗者的精神可以持续地生长在企业之中，当他的创业梦想可以持久地根植于三花之上，未来开出的每一朵花，都能散发出奋斗者的气息。

对于三花来说，从来就没有什么终点，有的只是一名创业者永不停歇的激情、梦想和对未来的渴望，有的只是探索者对使命的负载与前行。

对于张道才来说，从来就没有什么天才，他只是一名不甘贫穷落后，发奋改变命运，从而被时代选中、被使命驱动，坚守“方向与灵魂”的行路者罢了。

他，还在路上。

他，依旧是一名探索者。

红旗出版社
HONGQI PRESS
推动进步的力量

图书在版编目（CIP）数据

张道才传：探索者之路 / 迟宇宙著 . -- 北京：红旗出版社，2019.10
ISBN 978-7-5051-4934-2

Ⅰ.①张… Ⅱ.①迟… Ⅲ.①张道才－传记 Ⅳ.①K825.38

中国版本图书馆 CIP 数据核字（2019）第 192870 号

书　　名　张道才传：探索者之路
作　　者　迟宇宙

| | | | |
|---|---|---|---|
| 出品人 | 唐中祥 | 责任校对 | 曾晓蓉 |
| 总监制 | 褚定华 | 责任印务 | 金　硕 |
| 特邀编审 | 陆　熙　莫　杨 | 封面设计 | 戴　影 |
| 责任编辑 | 徐　澜　周婷婷 | 图片提供 | 三花控股集团 |

出版发行　红旗出版社
地　　址　（南方中心）杭州市体育场路 178 号
邮　　编　310039　　编 辑 部　0571-85310271
E-mail　1793516722@qq.com　　发 行 部　（北京）010-57270296
（杭州）0571-85311330
欢迎项目合作　项目电话　（北京）010-57274627
（杭州）0571-85310806
图文排版　杭州美虹电脑设计有限公司
印　　刷　杭州广育多莉印刷有限公司

开　　本　710 毫米 ×1000 毫米　1/16
字　　数　353千字　　印　　张　25.75
版　　次　2019 年10月北京第1 版　　2019 年10月杭州第1 次印刷

书　　号　ISBN 978-7-5051-4934-2　定　　价　68.00 元